Ovídio

Tristia
Tristezas

EDIÇÃO BILÍNGUE

**Tradução, introdução e notas
Júlia Batista Castilho de Avellar**

© Relicário Edições, 2023
© Júlia Batista Castilho de Avellar, 2023

Esta obra contou com o apoio do Programa de Pós-Graduação em Letras: Estudos Literários (Pós-Lit/UFMG) para a sua publicação. A tese que deu origem a ela foi realizada com o apoio de bolsa da CAPES.

Dados Internacionais de Catalogação na Publicação (CIP) de acordo com ISBD

O96t   Ovídio

Tristia/Tristezas: edição bilíngue / Ovídio; traduzido por Júlia Batista Castilho de Avellar. - Belo Horizonte: Relicário, 2023.
260 p.; 15,5cm x 22,5cm.

Tradução de: *Tristia*.
Inclui bibliografia.
ISBN: 978-65-89889-65-6

1. Autobiografia. 2. Poemas de exílio. 3. Elegia. 4. Poesia lírica latina. 5. Ovídio. 6. Tristia. I. Avellar, Júlia Batista Castilho de. II. Título.

CDD 920
CDU 929

2023-711

CONSELHO EDITORIAL
Eduardo Horta Nassif Veras (UFTM), Ernani Chaves (UFPA), Guilherme Paoliello (UFOP), Gustavo Silveira Ribeiro (UFMG), Luiz Rohden (UNISINOS), Marco Aurélio Werle (USP), Markus Schäffauer (UNIVERSITÄT HAMBURG), Patrícia Lavelle (PUC-RIO), Pedro Süssekind (UFF), Ricardo Barbosa (UERJ), Romero Freitas (UFOP), Virginia Figueiredo (UFMG)

COORDENAÇÃO EDITORIAL Maíra Nassif Passos
EDITOR-ASSISTENTE Thiago Landi
PROJETO GRÁFICO Ana C. Bahia
CAPA Tamires Mazzo
IMAGEM DA CAPA Obra *Ovidiu în exil*, de Ion Theodorescu-Sion (c. 1915)
DIAGRAMAÇÃO Cumbuca Studio
PREPARAÇÃO Lucas Morais
REVISÃO Thiago Landi

RELICÁRIO EDIÇÕES
Rua Machado, 155, casa 1, Colégio Batista | Belo Horizonte, MG, 31110-080
contato@relicarioedicoes.com | www.relicarioedicoes.com
@relicarioedicoes   /relicario.edicoes

SUMÁRIO

LISTA DE ABREVIATURAS DE NOMES DE AUTORES E OBRAS   7

APRESENTAÇÃO   9
Matheus Trevizam

INTRODUÇÃO   13

Livro I   29
I, 1   29
I, 2   35
I, 3   41
I, 4   47
I, 5   49
I, 6   53
I, 7   55
I, 8   59
I, 9   61
I, 10   65
I, 11   67

Livro II   71

Livro III   103
III, 1   103
III, 2   107
III, 3   109
III, 4   113
III, 4B   117
III, 5   119
III, 6   121
III, 7   123
III, 8   127
III, 9   129
III, 10   131

III, 11   *135*
III, 12   *139*
III, 13   *143*
III, 14   *145*

Livro IV *149*
IV, 1   *149*
IV, 2   *155*
IV, 3   *159*
IV, 4   *163*
IV, 5   *167*
IV, 6   *169*
IV, 7   *173*
IV, 8   *175*
IV, 9   *177*
IV, 10   *179*

Livro V   *189*
V, 1   *189*
V, 2   *193*
V, 2B [PRECE]   *195*
V, 3   *197*
V, 4   *201*
V, 5   *203*
V, 6   *207*
V, 7   *209*
V, 8   *213*
V, 9   *215*
V, 10   *219*
V, 11   *221*
V, 12   *223*
V, 13   *227*
V, 14   *229*

NOTAS   *233*

REFERÊNCIAS   *253*

SOBRE A TRADUTORA   *259*

LISTA DE ABREVIATURAS DE NOMES DE AUTORES E OBRAS

Aug. = C. Iulius Caesar Octauianus Augustus (Augusto)
Res gest. Res gestae Diui Augusti.
Catul. = C. Valerius Catullus (Catulo)
Carm. Carmina.
Cic. = M. Tullius Cicero (Cícero)
Leg. De legibus.
Q. fr. Epistulae ad Quintum fratrem.
Hes. = Hesiodus (Hesíodo)
Theog. Theogonia.
Hom. = Homerus (Homero)
Il. Ilias.
Od. Odyssea.
Hor. = Q. Horatius Flaccus (Horácio)
Carm. Carmina.
Ep. Epistulae.
Ep. Pis. Epistula ad Pisones.
Hyg. = C. Iulius Hyginus (Higino)
Fab. Fabulae.
Liv. = Liuius (Tito Lívio)
Ab Vrbe Condita.
Ov. = P. Ouidius Naso (Ovídio)
Am. Amores.
Ars. Ars amatoria.
Fast. Fasti.
Her. Heroides.
Met. Metamorphoseon libri.
Tr. Tristia.
Pind. = Pindarus (Píndaro)
Ol. Olympica.
Plin. = C. Plinius Secundus (Plínio, o Velho)
Nat. Naturalis Historia.
Prop. = Sextus Propertius (Propércio)
El. Elegiae.

Sen. = M. Annaeus Seneca (Sêneca, o Velho)
        Contr. Controuersiae.
Suet. = C. Suetonius Tranquillus (Suetônio)
        Aug. Vita Diui Augusti.
Virg. = P. Vergilius Maro (Virgílio)
        Aen. Aeneis.
        Georg. Georgica.

APRESENTAÇÃO

Matheus Trevizam
Faculdade de Letras da UFMG-Pós-Lit

A tradução dos *Tristia* ovidianos que aqui se apresenta como *Tristia-Tristezas*, feita integralmente como "fecho" de uma tese defendida por Júlia Batista Castilho de Avellar no Pós-Lit da FALE-UFMG em 2019,[1] significa a coroação de um longo esforço da pesquisadora, a fim de aproximar-se com rigor dessa produção elegíaca antiga.

Nos capítulos teóricos da mesma tese, com efeito, Avellar unira o conhecimento e a assimilação de abalizadas teorias críticas ao exame direto dos originais de Ovídio, tendo em vista propor exercícios interpretativos próprios, mas nunca descolados dos elementos fornecidos pela Letra dos poemas do autor antigo.

Desejo, com isso, destacar que o contínuo exercício interpretativo da autora não se tem identificado com a mera "imposição" de teorias ou visadas pré-estabelecidas sobre os *Tristia*, obra delicadamente tecida, a cada um de seus versos, pela perspicácia, talento e espantosa erudição mítico-poética do escritor romano.

Sem essa sutileza de trato com tais elegias da fase derradeira da produção ovidiana, as quais constituem como que um "inventário" crítico – ou, nos termos de Avellar, "epitáfio" – dos principais temas, questões metapoéticas e culturais que Ovídio desenvolvera durante toda sua carreira, decerto a obra em pauta teria sido falseada por anacronismos e pré-conceitos danosos à sua apreciação fidedigna.

Semelhante cuidado persistiu na parte da tese constituída pelas traduções da autora, de modo que o poeta antigo continua aqui a fazer-se ouvir, a despeito do aparato filológico moderno das notas e de todo o exercício interpretativo implicado na integração de seus poemas a um trabalho acadêmico desse tipo, com as formalizações e limites de praxe.

....
1 Título: *Uma teoria ovidiana da literatura*: os *Tristia* como epitáfio de um poeta-leitor.

Poderíamos exemplificar alguns procedimentos tradutórios mobilizados por Avellar já com os versos de abertura da primeira elegia de *Tristia* I:

> *Parue – nec inuideo – sine me, liber, ibis in Vrbem.*
> *Ei mihi, quod domino non licet ire tuo!*
> *Vade, sed incultus, qualem decet exulis esse:*
> *infelix habitum temporis huius habe.*
> *Nec te purpureo uelent uaccinia fuco –*   5
> *non est conueniens luctibus ille color –*
> ***nec** **t**itulus **m**ínio, **n**ec **c**edro **c**har**t**a **n**o**t**etur,*
> *candida nec **nigra** cornua fronte geras.*

> Livrinho – não te invejo – sem mim irás a Roma.
> Ai de mim, pois não é lícito ao teu amo ir!
> Parte, mas descur**ado**, qual convém ao livro de um exil**ado**:
> desditoso, assume os ares destes tempos.
> Nem mirtilos te cubram de púrpura tinta –   5
> essa cor não convém à dor do luto –
> **n**em **m**ín**i**o **m**arque o **t**í**t**ulo, ou cedro o **p**a**p**iro,
> nem tragas beiras **brancas** na negra face.

Um aspecto que se percebe, pelo trecho acima traduzido, é a atenção da tradutora em manter, na medida do possível, as expressões em português na ordem aproximada daquelas originalmente ovidianas: notem-se, a propósito, "Livrinho" (que "condensa" *Parue... liber* de v. 1); "Roma" (espécie de desdobramento conciso da ideia contida em *Vrbem*, de v. 1); "pois" (tendo como equivalente a terceira expressão de v. 2, *quod*); "desditoso" (cujo equivalente é *infelix*, termo inicial de v. 4) etc.

A isso se junta a atenção à sonoridade dos versos latinos, como se nota em v. 3 – no qual a rima propiciada por "descur**ado**" e "exil**ado**" evoca algo da repetição das sibilantes finais nos termos correspondentes *incultus... exulis*; em v. 4 – no qual "**a**ssume os **a**res", sem ser tradução literalmente feita de **hab**itum... **hab**e, recupera à sua maneira o efeito de reiteração sonora contido na expressão em latim; em v. 7 – no qual, apesar das adaptações vocabulares, as marcadas aliterações em "t", "n" e "c" do idioma antigo puderam ainda ser evocadas por meio do uso das mesmas letras (ou de outras) em "**n**em **m**ín**i**o **m**arque", "**t**í**t**ulo", "**p**a**p**iro" etc.

Apresentação

Em um nível que diríamos do próprio estilo expressivo de Ovídio, havia em v. 8 uma enumeração pareada de elementos – na verdade, dois substantivos (b) precedidos de suas respectivas qualidades (a):

candida...	**cornua**
nigra...	**fronte**
a	b

Ao traduzir esses termos com recorrência a um quiasmo, ou enumeração cruzada de elementos ("**beiras** brancas" – ba – *versus* "negra **face**" – ab), a solução proposta por Avellar, antepondo "beiras brancas" a "negra face", já recupera o aspecto de o sintagma atinente à alvura ter, de fato, começado v. 8 em Ovídio; ainda, do mesmo modo que *nigra* (*fronte*) trazia sugestão cromática no "meio" desse pentâmetro, "(beiras) brancas" a traz em posição similar do verso traduzido.

A essas generalizadas sutilezas na "transposição" tradutória do legado de Ovídio a nosso idioma, acrescentamos a solidez dos conhecimentos a respeito da Antiguidade – e do próprio latim – que a autora detém, conduzindo o leitor deste trabalho com mão segura pelos meandros de uma cultura, língua e tempos tão distintos. Assim, não é pequeno privilégio poder desfrutar dos *Tristia*, instigante obra de Ovídio, através do rigor analítico e sensibilidade manifestos no livro que ora se entrega ao público.

INTRODUÇÃO

A obra fez-se vida do poeta e instituiu o mito do exílio.

No ano 8 d.C., Públio Ovídio Nasão (43 a.C. – 17/18 d.C.), poeta já célebre em Roma devido a suas elegias de temática amorosa, teria sido supostamente expulso da Urbe pelo imperador Augusto e enviado para a distante cidade de Tomos, situada às margens do Ponto Euxino (atual Mar Negro), nos confins do Império Romano. A *relegatio*[1] é atribuída a duas acusações (*duo crimina*), um poema e um erro – *carmen et error* (*Tr*. II, 207) –, segundo as palavras do próprio Nasão, eu poético homônimo do autor nas obras ovidianas, nesta primeira coletânea de poemas de exílio intitulada *Tristia* (*Tristezas*).

O poema causador do suposto exílio é identificado com a *Ars amatoria* (*Arte de amar*), obra contendo uma série de ensinamentos sobre conquista amorosa, sedução e adultério, que teria desagradado o imperador e entrado em conflito com sua política de retomada do *mos maiorum* e de instituição de leis para regular os casamentos e coibir o adultério, como a *Lex Iulia de maritandis ordinibus* ("Lei Júlia sobre os casamentos entre as ordens", 18 a.C.), que regulava as uniões dos cidadãos romanos, e a *Lex Iulia de adulteriis coercendis* ("Lei Júlia sobre a coerção dos adultérios", 17 a.C.), que tornou o adultério um crime público, passível de punição e julgamento em tribunal. O erro, por sua vez, não é explicitado em momento algum, o que levou estudiosos a confabularem as mais diferentes hipóteses,[2] que englobam desde a participação do poeta em círculos de oposição ao imperador Augusto e seu envolvimento, político ou sexual, com Júlia Menor, neta do imperador, até a observação involuntária, por parte do poeta, de cultos em honra de Ísis,

---

[1] Embora utilizemos indistintamente os termos "exílio", "relegação", "desterro" e "banimento", cabe destacar que, no âmbito latino, havia diferenças jurídicas entre as penas de *exilium* e *relegatio*. A *relegatio*, geralmente identificada com a situação ovidiana, não envolvia a perda de bens nem da condição de cidadão romano, mesmo que o condenado fosse enviado para um local de onde não podia se afastar. Já o *exilium* era o agravamento da *relegatio* e envolvia a perda dos bens e do título de cidadão (cf. ANDRÉ, 2008, p. XVI-XVII; WHEELER, 1996, p. XVIII). Para uma análise dos termos que o eu poético das *Tristezas* emprega para se referir à sua punição, cf. Avellar (2015, p. 38-47).

[2] Para a síntese dessas hipóteses, ver Claassen (2008, p. 3); André (2008, p. IX-XV); Avellar (2015, p. 15-16).

que eram restritos a mulheres, ou mesmo a contemplação de Lívia, esposa de Augusto, nua, durante as celebrações à *Bona Dea*.

Diante da punição pelos mencionados *crimina*, Nasão lamenta em suas *Tristezas* as dores e sofrimentos de um desterro em terras bárbaras, longe da urbanidade e da vida refinada do centro do Império, chegando ao ponto de até mesmo afirmar ter desaprendido o latim e ter passado a falar como os povos géticos e sarmáticos da região do Ponto. Isso é o que nos diz o eu poético Nasão nas obras tematizando o desterro – *Tristezas* e, depois, *Cartas do Ponto*. Não obstante, não há nenhum registro ou documento contemporâneo do autor que mencione sua relegação, apenas suas próprias obras, nas quais ele atribui a si mesmo uma *persona* de "relegado" (*Naso relegatus*), imagem que é retomada e reforçada pela recepção posterior. Com efeito, ainda na Antiguidade, há algumas menções ao exílio de Ovídio[3] – Plínio, o Velho (I d.C.), Estácio (I d.C.), Aurélio Vítor (IV d.C.), São Jerônimo (IV d.C.) e Sidônio Apolinário (V d.C.) –, as quais certamente foram inspiradas pelos próprios versos do poeta.

Essa ausência de documentos ou registros oficiais, para além do âmbito literário, sobre o exílio de Públio Ovídio Nasão, autor-empírico, levou alguns estudiosos, como Fitton Brown (1985), a duvidarem de sua real ocorrência, considerando-o uma construção inteiramente literária. Esse tipo de posicionamento radical explica-se como uma reação às interpretações biografistas que tradicionalmente acompanharam a obra. Dos versos ovidianos de exílio foram frequentemente retiradas informações para serem atribuídas ao autor-empírico, como evidencia o exemplo da célebre elegia IV, 10 das *Tristezas*, que ficou conhecida como "elegia autobiográfica" e foi incorporada aos manuais de literatura latina como fonte de informações biográficas para o autor histórico Públio Ovídio Nasão. Além disso, as afirmações do eu poético nas elegias de exílio foram amiúde lidas ao pé da letra. Suas irônicas asserções sobre a perda de habilidade poética ou do domínio da língua latina, levando-o a carecer de *ars* ("arte", "técnica") e *ingenium* ("engenho", "talento") em razão das condições adversas do banimento, serviram para fundamentar apreciações negativas da obra e fizeram vários estudiosos considerarem a produção ovidiana de exílio como um período de decadência poética.

Sendo a questão histórica do banimento do autor-empírico um ponto insolúvel, ter que optar pela ocorrência (ou não) do exílio mostra-se não só temerário, dada a escassez de informações, mas também limitador em

....
3 As fontes antigas que expomos a seguir foram listadas por Williams (2002, p. 341).

termos interpretativos, pois fecha o debate numa única possibilidade. Entre um e outro extremo – o inteiramente biografista e o puramente literário – talvez seja interessante jogar com esse ponto de indeterminação no que se refere ao fato histórico e refletir sobre uma questão poética: o poder que uma obra tem para criar tradições e cristalizar determinada imagem do poeta. Assim, independentemente da relegação histórica, pode-se dizer que a obra de exílio ovidiana contribuiu para a construção de uma autobiografia literária do poeta, fixando-o na tradição como um exilado, e foi responsável por conferir a Ovídio o título de precursor da lírica de exílio no Ocidente.

Embora a temática possa ser observada em obras anteriores, como as cartas de Cícero ou a prosa helenística, as *Tristezas* foram a primeira coletânea de poemas em primeira pessoa em que o assunto é tratado de forma sistemática, com a autorrepresentação do eu poético como "relegado". Por isso, Ingleheart (2011, p. 2) confere a Ovídio o papel de exilado arquetípico, enquanto Williams (2006, p. 234) e Claassen (2009, p. 174) atribuem um caráter fundador à sua poesia. De fato, a lírica ovidiana de exílio ecoará na posteridade, com a retomada e a ressignificação de seus traços em novos contextos, como se vê em escritores como Sêneca, Dante, Petrarca, Joachim du Bellay, os autores de poesia neolatina do humanismo português (Henrique Caiado, António de Gouveia e Diogo Pires), Milton, Camões, Cláudio Manuel da Costa, Madame de Staël, Victor Hugo, Pushkin, Rousseau, Nabokov, Brodsky...[4]

As *Tristezas*, obra composta por cinco livros, reúnem 50 poemas escritos em dístico elegíaco, esquema métrico composto por pares de versos contendo, respectivamente, um hexâmetro e um pentâmetro, característica do gênero "elegia" na Antiguidade. O primeiro livro discorre sobre a partida de Nasão de Roma e sua viagem rumo ao local de exílio, a cidade de Tomos (correspondente hoje a Constança, no litoral da Romênia), na margem oeste do mar Negro e nas proximidades do rio Istro, antigo nome do Danúbio. Ao longo de seus onze poemas, o eu poético narra os sofrimentos da despedida, as tempestades marinhas enfrentadas durante o percurso e o trajeto realizado até alcançar as sinistras terras junto ao Ponto Euxino.

O segundo livro das *Tristezas* constitui uma elegia única, de 578 versos, destinada ao imperador Augusto. Por meio dela, Nasão empreende

....
[4] Queiroz (1998) apresenta um amplo estudo sobre a literatura de exílio em vários autores, e Ingleheart (2011) organiza um volume com ensaios sobre ecos do exílio de Ovídio em obras de escritores posteriores.

uma refinada defesa de si mesmo e de seus poemas, quase ao modo de um discurso em versos, com o objetivo de convencer o imperador a permitir seu retorno a Roma ou, ao menos, a impor uma pena mais leve e um lugar mais tolerável para o banimento. Essa elegia é especialmente rica por trazer inúmeras reflexões acerca da natureza de um texto poético e das relações entre obra e autor, além de constituir um verdadeiro panorama da poesia greco-romana – quase como o que hoje chamaríamos de história literária –, mas segundo um viés altamente parcial, que reinterpreta a tradição sob uma perspectiva erótica.

O terceiro livro, contendo 14 poemas, enfoca as vivências e experiências de Nasão em terra estrangeira, descreve o ambiente belicoso, marcado por constantes ataques, e os povos bárbaros e incivilizados que habitam o local. Expõe, enfim, as dificuldades enfrentadas pela personagem, que, antes habituada à urbanidade de Roma, não se adapta ao novo destino e diz sofrer tanto no corpo quanto no espírito os males do exílio. Esses assuntos também serão a tônica dos dois livros seguintes, compostos, respectivamente, por 10 e 14 elegias, nos quais aumenta paulatinamente a quantidade de poemas em forma de cartas, endereçadas à esposa, aos amigos que ainda apoiam o exilado e mesmo a seus detratores.

No livro terceiro, merece especial destaque a elegia III, 3, destinada à esposa de Nasão. Nela, o eu poético informa não ter escrito de próprio punho a carta por estar doente, desacostumado aos ares e à terra do Ponto. Cético quanto à cura, ele insere em meio aos versos um epitáfio para si mesmo (Ov. *Tr.* III, 3, 73-76), no qual se identifica como autor de poesia amorosa – "versejador de tenros amores", *tenerorum lusor amorum* – e diz ter sido lesado pelo próprio talento. Por sua vez, na elegia de fechamento da obra (Ov. *Tr.* V, 14), sua esposa, que não é nomeada em nenhum momento, figura mais uma vez como assunto para o poeta. Verdadeiro manifesto metapoético, essa elegia sublinha o poder da poesia em eternizar aquilo que canta, constituindo um monumento à memória. Assim, ao celebrar a esposa, Nasão lhe confere o mesmo estatuto das heroínas mitológicas da tradição literária, possibilitando-lhe ser lembrada pela posteridade.

Em razão do metro do dístico elegíaco, as *Tristezas* são vinculadas ao gênero da elegia romana. Diferentemente dos exemplares gregos de elegia arcaica, que apresentavam temática bastante variada, podendo até mesmo versar sobre assuntos bélicos e militares, é importante assinalar que a elegia em contexto latino foi reinterpretada como o gênero, por excelência, do lamento. Essa transformação encontra um precedente no uso do dístico elegíaco (além do hexâmetro) como o metro das inscrições fúnebres e epitáfios, que usualmente lamentam o morto e registram seus principais feitos em vida.[5]

Na *Epístola aos Pisões* (ou *Arte Poética*), por exemplo, Horácio assimila o tema lamentoso ao gênero elegíaco, além de considerar as queixas como sua temática originária: "versos desigualmente unidos primeiramente [encerraram] **lamentos**" (*Ep. Pis.* 75). Ao longo de suas obras, Ovídio também explora essa associação. Nos *Amores*, a Elegia é personificada como uma mulher manca, por causa dos versos de extensão desigual, e também chorosa, devido a seu caráter lamentoso (*Am.* III, 9, 3: *flebilis Elegeia*, "Elegia chorosa"). Nas *Heroides*, a carta XV, que tem Safo como eu poético, descreve a si mesma como um "poema choroso" (*Her.* XV, 7, *elegi flebile carmen*). No entanto, se nessas produções ovidianas anteriores o lamento estava vinculado à temática do amor e resultava da impossibilidade de realização amorosa ou da ausência da pessoa amada, nas *Tristezas* a lamentação é transferida para a temática de exílio: Nasão chora a ausência da pátria, dos amigos e da esposa, bem como a impossibilidade de retornar a Roma.

No entanto, essa tópica do lamento é a tal ponto empregada na obra, seja por meio de símiles hiperbólicos, seja por seu uso excessivo, que adquire um caráter que beira o cômico. Nasão mina os próprios lamentos e os desconstrói na medida em que os estrutura sob a forma de autoderrisão. Para além do tom irônico adquirido pelas lamentações excessivas, o eu poético ainda se autorrepresenta como um poeta em decadência e, constantemente, reafirma ter perdido, por causa do exílio, tanto sua *ars* quanto seu *ingenium*, que são dois conceitos-chave na tradição poética clássica.[6] O *ingenium* ("engenho", "talento") diz respeito a uma característica inata, uma disposição natural do espírito, ou seja, refere-se às habilidades naturais do artista, as quais provêm de seu interior. Por sua vez, a *ars* ("arte", "técnica")

....
5 De acordo com Bowie (1986, p. 24-25), o termo grego ἔλεγος com o sentido de "lamento cantado" remonta apenas ao século V a.C. e difunde-se nos períodos helenístico e greco-romano, juntamente com a associação da elegia a inscrições e epigramas fúnebres.

6 O par *ars/ingenium* celebrizou-se por sua ocorrência na *Epístola aos Pisões*, de Horácio, em que se afirma que um poema louvável resulta da combinação simultânea de arte e engenho (Hor. *Ep. Pis.* 408-411), mas o par de conceitos também ocorre em uma das cartas de Cícero a seu irmão Quinto (*Q. fr.* 2, 9, 3). Segundo Laird (2007, p. 135), essas noções já estavam difundidas em contexto helenístico, por meio do binômio *téchne* e *dýnamis*, como demonstra o tratado de Neoptólemo de Pário, datável do século III a.C. e cujos fragmentos foram transmitidos por Porfírio.

engloba as habilidades passíveis de ser adquiridas e aprendidas, isto é, todos os aspectos relacionados à técnica do fazer poético. Ao se dizer desprovido desses dois elementos, cuja conjunção era considerada pelos antigos como fundamental para a constituição do bom poeta, Nasão assume, nas palavras de Williams (1994, p. 51), uma "pose de declínio poético".

Trata-se de uma "pose" pelo fato de tais afirmações serem perpassadas por aguda ironia e minarem a si mesmas, uma vez que os versos ovidianos de exílio caracterizam-se por conter sofisticadas alusões literárias e demonstrar maestria em sua feitura. Ou seja, aquilo que o eu poético afirma sobre seus versos no plano do enunciado, com o objetivo de construir sua imagem de desterrado em terra bárbara, não corresponde àquilo que depreendemos, enquanto leitores, da enunciação e da constituição do texto. Desse descompasso, nasce uma ironia sagaz e autoderrisória, que se insinua na conformação da *persona* do relegado e que suscita, ao longo de toda a obra, desconfiança quanto ao que afirma Nasão.

O leitor certamente se indagará: em que medida acreditar nos ditos apresentados nos versos? Em que medida devemos nos fiar nas asserções do eu poético e nas informações que ele veicula em suas elegias? Uma das respostas possíveis é: na medida do poético. Algo que, ainda hoje, essas *Tristezas* ovidianas têm a nos mostrar é que a poesia, o fazer poético, é capaz de construir histórias, fundar mitos e constituir uma imagem de seu autor que irá perdurar para a posteridade. Ovídio moldou-se como exilado nesses versos, e assim se inseriu na tradição literária. Ovídio reinterpretou suas obras anteriores à luz do exílio, e assim deixou registrada sua própria autobiografia literária.

Esse aspecto autorreflexivo da obra, que suscita discussões sobre as relações entre texto, obra e leitor e introduz teorizações literárias em meio ao texto poético, também fica assinalado na própria feitura das *Tristezas*. Ainda que o metro e a temática lamentosa a aproximem da poesia elegíaca romana, a obra incorpora diversos elementos e características também de outros gêneros literários, de modo a instaurar uma problemática com relação às definições de gênero ou mesmo a ampliar os limites do gênero elegíaco.

Uma das presenças mais marcantes é a do gênero épico, na medida em que Nasão frequentemente se equipara a heróis como Ulisses e Eneias, ou estabelece paralelos (mesmo que irônicos) entre sua situação de exilado e a dessas personagens, como ocorre claramente na elegia I, 5, em que diz ter

Introdução

sofrido e enfrentado mais percalços que o herói homérico.[7] Os paralelos com Eneias e a *Eneida*, por exemplo, foram amplamente explorados por Prata (2002 e 2007), que identifica várias alusões à épica virgiliana e considera Nasão um *alter Aeneas*, pois herói às avessas (2007, p. 58). Ela assinala que tal relação fica explicitada por meio de um marcador alusivo na elegia I, 3 (v. 25-26), quando a partida de Nasão de Roma é equiparada à noite em que Eneias foge de Troia capturada. Além disso, Prata (2002, p. 49) destaca que, assim como é usual nas obras épicas, também a coletânea ovidiana principia *in medias res*, isto é, não no princípio da ação, mas com os acontecimentos já se desenrolando – no caso das *Tristezas*, em meio à tempestade marítima abordada na elegia I, 2. De acordo com ela (2007, p. 74), há também um nítido paralelo estrutural entre as elegias I, 2; I, 3 e I, 4 das *Tristezas* e os três primeiros livros da *Eneida*.

Sendo assim, pode-se dizer que, por trás da estrutura de elegias a princípio autônomas entre si, depreende-se nas *Tristezas* uma linha narrativa, como usual no gênero épico. Mais que isso, essa linha funda-se em dois temas típicos da épica: a viagem marítima, abordada no livro I, desde a partida de Nasão de Roma até sua chegada nas terras de exílio, e a guerra, assunto que perpassa várias elegias nos quatro livros restantes da obra, nos quais são mencionados e descritos os embates dos povos bárbaros habitantes da região. A isso ainda se soma o emprego de elementos tipicamente épicos ao longo da obra, como o *tópos* da tempestade marítima, o abundante uso de símiles, os epítetos e os patronímicos, bem como as inúmeras referências a personagens mitológicas a que Nasão se equipara.

Outro gênero presente de forma manifesta nas *Tristezas* é o epistolar. Várias elegias estruturam-se em forma de carta, empregando, inclusive, a denominação *epistula* para se autodesignarem, e contêm traços característicos desse gênero, como as fórmulas convencionais de saudação e de despedida, as menções à mão que escreve e às marcas na superfície do papiro ou pergaminho, a existência de um destinatário (embora não seja nomeado em nenhuma das elegias, exceto no livro II, endereçado ao imperador Augusto). A forma epistolar, por constituir uma possibilidade de diálogo à distância, aproxima pessoas fisicamente afastadas e revela-se bastante apropriada para colocar Nasão em contato com Roma e seus entes queridos. A separação

....
7 Analisamos as comparações entre Nasão e Ulisses nessa elegia em dois outros estudos: *As Metamorfoses do Eu e do Texto: o jogo ficcional nos Tristia de Ovídio* (AVELLAR, 2015, p. 103-107) e *Uma teoria ovidiana da literatura: os Tristia como epitáfio de um poeta-leitor* (AVELLAR, 2019, p. 210-211).

entre escritor e destinatário, pressuposto da escrita epistolar, instaura nas *Tristezas* uma poética de solidão e ausência que se alinha à temática lamentosa do gênero elegíaco e faz da carta um modo de sobrevivência de Nasão exilado. Mesmo que os elementos epistolares não se façam presentes em todas as elegias, sua ocorrência em parte delas acaba por estabelecer uma interessante ambiguidade entre o caráter epistolar, que estabelece um destinatário específico (mas não identificado) para alguns dos textos, e o caráter poético da obra, evidente nas referências a um leitor não especificado (*lector*) ou no uso do termo "poema" (*carmen*) em outros dos textos. Essa ambiguidade reforça a mescla de gêneros e deixa assinalada a complexidade dessa questão na obra.

Para além disso, as *Tristezas* apresentam igualmente uma riqueza de metáforas para fazer referência ao banimento, as quais indicam a perda que ele representou para Nasão. Tais metáforas frequentemente se combinam com a menção de personagens mitológicas e literárias, às quais a figura de Nasão é igualada, ou então são evocadas como *exempla* para sua situação, num procedimento que funciona como uma espécie de "mitologização" do poeta. Com efeito, de acordo com Claassen (1988), ao se aproximar de personagens mitológicas, o eu poético institui para si um "mito do exílio", que é também um triunfo poético. Entre as principais representações metafóricas do desterro, estão o naufrágio, a ferida, a queda e, especialmente, a morte.

Essa metáfora do exílio como morte reverbera no próprio título da obra, que, em latim, é uma substantivação do adjetivo *tristis*, empregado no neutro plural *Tristia*. Numa primeira leitura, mais imediata, o termo tem o sentido de "triste" e "lamentoso", e poderia ser simplesmente uma referência aos lamentos tão frequentes na obra. Assim, *Libri Tristium* seriam "Livros de cantos tristes" ou "Livros de tristezas". Não obstante, o vocábulo latino também contém os sentidos de "fúnebre" e "lúgubre", e, sob essa perspectiva, o título da obra poderia ser vertido também como "Livros de cantos fúnebres" ou "Livros de funerais". Embora tenhamos optado pelo título *Tristezas*, a fim de manter a mesma raiz latina, é de fundamental importância destacar aqui esse segundo significado do termo, visto que ele amplia as possibilidades de interpretação e confere novas potências de significação à obra.

As *Tristezas* constituem precisamente a primeira coletânea ovidiana escrita após a morte metafórica do poeta, consubstanciada com o exílio. Desse modo, elas configuram-se como um epitáfio de Nasão, que registra sua autobiografia literária ao fornecer um retrato de sua trajetória ou carreira poética até este ponto. As *Tristezas* são a obra em que Ovídio realiza uma retrospectiva de suas produções anteriores, reavaliando-as e reinterpretando-as em termos literários. Não por acaso, Ingleheart (2011, p. 12) assinala que Ovídio seria o primeiro "leitor" do "mito de exílio" que ele próprio constrói, e Hardie (2006, p. 3), de forma similar, afirma que o próprio Ovídio inaugura a história de sua recepção.

Com efeito, as *Tristezas* estabelecem fortes diálogos com toda a produção ovidiana anterior, desde suas obras de temática amorosa (*Amores, Heroides, Arte de amar, Remédios do amor, Cosméticos para a face feminina*) até as obras de temática mítico-cultural (*Fastos* e *Metamorfoses*).[8] Nessa coletânea de exílio, Nasão faz uma espécie de balanço de suas produções pregressas. Por um lado, ele as discute e reavalia na posição de leitor das próprias obras, num rico processo de autorrecepção. As *Tristezas* são um exemplo de poesia da Antiguidade que realiza crítica literária e teoriza sobre si mesma e sobre o próprio fazer poético, trazendo em seu bojo questões e implicações extremamente modernas. Por outro lado, diante da mudança instaurada pela relegação, Nasão se autoficcionaliza e se transforma em personagem de suas próprias obras, de modo a retomar e reescrever suas produções anteriores, mas agora sob a perspectiva do exílio. A poesia de exílio não é uma ruptura em relação ao que a antecede, mas sim um selo de continuidade. As *Tristezas* tornam-se a súmula da produção ovidiana, um epitáfio do poeta que revisita retrospectivamente suas obras e as deixa registradas numa nova coletânea que lhe servirá de testamento para a posteridade, como forma de eternizar seu nome, sua trajetória poética e sua autobiografia literária.

Nesse contexto teórico e autorreflexivo, o exílio adquire um caráter metapoético. Nas *Tristezas*, Nasão, relegado aos confins do Império, afastado da pátria e de tudo aquilo que lhe é caro, faz da poesia sua forma de permanecer em Roma. Se seus pés não podem tornar à Urbe, ao menos os pés métricos de seus versos podem dirigir-se para lá, possibilitando uma momentânea e ficcional presença do poeta. Ao enviar seus livrinhos para Roma, Nasão suspende temporariamente o isolamento e, graças à poesia, transforma a solidão em diálogo.

....
8 Investigamos em detalhes, no estudo *Uma teoria ovidiana da literatura: os Tristia como epitáfio de um poeta-leitor* (2019), esses pontos de diálogo das *Tristezas* com a produção anterior ovidiana, de modo a evidenciar seus elementos de continuidade e sublinhar o caráter de epitáfio dessa primeira coletânea de elegias de exílio.

Sobre o texto latino e a tradução

A presente tradução dos *Tristia/Tristezas* resulta de parte de minha tese de doutorado, intitulada *Uma teoria ovidiana da literatura: os Tristia como epitáfio de um poeta-leitor*, executada junto ao Programa de Pós-Graduação em Letras: Estudos Literários da Universidade Federal de Minas Gerais (Pós-Lit/FALE/UFMG), sob a supervisão do Prof. Dr. Matheus Trevizam e com o apoio de bolsa da Coordenação de Aperfeiçoamento de Pessoal de Nível Superior (CAPES). Defendido em agosto de 2019, o trabalho recebeu, no ano seguinte, o Prêmio UFMG de Teses como a melhor tese daquele ano no âmbito do Pós-Lit UFMG; em 2020, também obteve menção honrosa no Prêmio Antonio Candido de Teses e Dissertações da ANPOLL (Associação Nacional de Pós-Graduação e Pesquisa em Letras e Linguística). A tradução ora apresentada é uma versão revista, com alguns ajustes, modificações e acréscimos de algumas notas em relação à tradução originalmente desenvolvida na tese.[9] Uma versão preliminar da minha tradução das elegias I, 2; I, 4 e I, 11, que tematizam as tempestades enfrentadas por Nasão no percurso rumo ao exílio, foi publicada na antologia ao fim do livro *Tempestades clássicas: dos antigos à era dos descobrimentos* (AVELLAR; BARBOSA; TREVIZAM, 2018).

O texto em latim aqui apresentado teve como base a edição de R. Ehwald (Teubner, 1884), que está em domínio público. Realizei sua comparação com outras edições a que tive acesso, e, sempre que necessário, foram feitas alterações, devidamente assinaladas em notas, a partir das seguintes edições consultadas: a italiana Garzanti (1999); a Loeb, na primeira edição de Wheeler (1924, reimpressão 1939) e em segunda edição revista por Gold (1996); a francesa Les Belles Lettres (2008); e o texto do "Livro II" estabelecido por Ingleheart (2010). Em início de frases e nomes próprios, sempre foram usadas maiúsculas; a pontuação adotada sofreu mudanças nos casos que se julgou conveniente para melhor fluidez do texto em português. As notas explicativas, com o objetivo de trazer esclarecimentos de natureza cultural, linguística, histórica e literária, foram elaboradas com base em

....
9 A tradução apresentada na referida tese dava continuidade à pesquisa desenvolvida em minha dissertação de mestrado, *As Metamorfoses do Eu e do Texto: o jogo ficcional nos Tristia de Ovídio* (2015), realizada sob a supervisão do Prof. Dr. Matheus Trevizam com bolsa de estudos do CNPq. Na ocasião, traduzi algumas elegias da obra, selecionadas de acordo com os objetivos daquele estudo (I, 1; I, 5; I, 7; I, 11; II, 349-362; III, 1; III, 2; III, 7; III, 9; III, 10; III, 14; IV, 1; IV, 4; IV, 10; V, 1; V, 4; V, 12 e V, 14).

textos e fontes da Antiguidade e também a partir das notas e comentários presentes nas edições modernas supracitadas (WHEELER, 1996; BONVICINI, 1999; ANDRÉ, 2008; INGLEHEART, 2010).

No Brasil, existem até então duas traduções completas dos *Tristia* que são de nosso conhecimento: a de Augusto Velloso (1940), que se autodenomina "literal" e tem um propósito principalmente didático, ao modo de uma glosa do texto latino; e a da tese de Patricia Prata (2007), tradução acadêmica, em versos, mas não metrificada, que objetiva servir de apoio à leitura intertextual com a *Eneida* empreendida pela estudiosa (PRATA, 2007, p. 115-116). Além disso, há ainda duas traduções parciais da obra: a de José Paulo Paes (1997), tradução poética e metrificada de oito elegias selecionadas dos *Tristia*, reunidas na antologia *Poemas da carne e do exílio*; e a tradução do livro II dos *Tristia*, presente na dissertação de Daniel Carrara (2005).

Proponho aqui uma tradução em versos livres e justalinear, a fim de facilitar a remissão ao texto latino. Ainda que não tenha grandes pretensões literárias, a tradução buscou, sempre que possível, explorar a musicalidade e destacar alguns elementos e figuras poéticas que caracterizam a obra e o estilo ovidiano, como as aliterações, os trocadilhos, as figuras etimológicas e os jogos de palavras. Quanto ao âmbito formal da tradução, foram tomadas algumas liberdades em relação às estruturas sintáticas do texto latino – por exemplo, a substituição de advérbios por adjetivos; a versão da voz passiva, às vezes, por voz ativa; a preferência pela ordem direta das orações; a tentativa de evitar formas verbais perifrásticas. Tais liberdades tiveram o intuito de conferir à versão em português um caráter fluido, como convém ao gênero elegíaco, caracterizado, por excelência, como *suauis* ("suave") e *leuis* ("leve"). Não obstante, uma vez que Ovídio, com frequência, estende as fronteiras da elegia, visando a abarcar em seus versos elementos épicos, a presente tradução buscou explorar esse traço por meio da seleção lexical, com o emprego de termos do português que fossem de âmbito mais formal ou erudito. Por exemplo, o adjetivo *minax* (Ov. *Tr.* I, 2, 24; I, 11, 14; II, 135), em vez de ser traduzido pelo vocábulo mais comum "ameaçador", foi vertido como "minaz", mantendo, inclusive, a forma da palavra latina.

Ademais, uma vez que toda tradução é, em última instância, uma interpretação do texto que é traduzido, esta tradução pretende explorar aspectos que destaquei ao analisar a poesia ovidiana, como a ironia, a metapoesia e a autoconsciência literária. Ela também tenta ressaltar os elementos de continuidade que caracterizam as relações da poesia das *Tristezas* com as obras ovidianas precedentes, em consonância com o trabalho de análise e abordagem teórica que desenvolvi no livro *Uma teoria ovidiana da literatura: os Tristia como epitáfio de um poeta-leitor*, originado da já mencionada tese e publicado por esta mesma editora. Dessa forma, a tradução se torna um modo de expressar as contribuições fornecidas pela pesquisa e pelo estudo da obra e, nesse sentido, configura-se como uma nova tradução.

Por fim, convém destacar que, enquanto ato de interpretação, a tradução se propõe como "uma constante negociação do mesmo-na-diferença e da diferença-no-mesmo" (MARTINDALE, 1993, p. 86).[10] Ela se funda num dizer o mesmo com outras palavras, mas, ao mesmo tempo, busca preservar a alteridade do texto de origem no texto de chegada. Com efeito, esta tradução para o português é um "outro" em relação ao texto latino dos *Tristia*; todavia, não se trata de um "outro" diferente por inteiro. Uma tradução assimilando completamente o texto de origem ao contexto do texto de chegada correria o risco de colapsar aquilo que a Antiguidade tem de particular, apagando sua diferença em relação ao mundo contemporâneo. Sob a perspectiva oposta, também uma tradução visando à completa identidade com o texto de origem seria igualmente problemática, pois cairia na falaciosa crença em uma tradução inteiramente fiel. Diante disso, minha proposta de tradução apresenta-se como uma tentativa de colocar em diálogo texto de origem e texto de chegada, fazendo da diferença um importante elemento de produção de sentidos.

Agradecimentos

A existência deste livro só foi possível graças ao inestimável auxílio do Programa de Pós-Graduação em Letras: Estudos Literários (Pós-Lit) da Faculdade de Letras da Universidade Federal de Minas Gerais, que concedeu apoio financeiro integral para a publicação tanto da presente tradução quanto do estudo teórico-crítico *Uma teoria ovidiana da literatura: os Tristia como epitáfio de um poeta-leitor*, lançado em volume separado. Meus profundos agradecimentos ao Pós-Lit, no nome dos professores Georg Otte e Antonio Orlando Dourado Lopes, que integravam a Coordenação à época da concessão do auxílio, e à Secretaria do Programa, no nome dos funcionários Camila, Fabrício, Giane, Letícia, Leise e também Bianca, que negociou

....
10 *[...] a constant renegotiation of sameness-within-difference and difference-within-sameness.*

os trâmites burocráticos para a publicação. Agradeço ainda aos professores pareceristas anônimos que fizeram parte da Comissão de Melhor Tese do Pós-Lit, responsável por eleger meu trabalho em 2019 e possibilitar, com isso, a sua publicação.

Um agradecimento especial ao Prof. Matheus Trevizam, atencioso orientador de minha pesquisa de doutorado, por ter acompanhado a realização da tradução, ter sido seu primeiro leitor e também um cuidadoso revisor crítico. Agradeço à CAPES pela bolsa que me foi concedida durante o doutorado e permitiu minha verdadeira imersão na pesquisa.

Agradeço ainda aos professores que fizeram parte da banca de defesa de minha tese, por terem sido os primeiros leitores críticos do trabalho: à Prof.ª Heloísa Penna, à Prof.ª Patricia Prata, à Prof.ª Sandra Bianchet, à Prof.ª Tereza Virgínia Barbosa e ao Prof. Wellington Lima; bem como ao Prof. Alexandre Agnolon e ao Prof. Olimar Flores, por terem aceito ser membros suplentes da banca. Obrigada ao Prof. Antônio Martinez de Rezende, *aeterno magistro*, pelo incentivo sempre e pelas indicações e sugestões de leitura, e à Profª. Maria Cecília de Miranda, pelo estímulo e pelas oportunidades de aprendizado.

Agradeço principalmente à minha família, pela presença constante, pelo apoio sempre e pelos ensinamentos que me trouxeram até aqui. Um agradecimento especial à minha mãe e ao meu pai, que fizeram toda a diferença como exemplos formadores, avivando a curiosidade por novos conhecimentos e alimentando a esperança no aprendizado.

Por fim, gostaria de agradecer à equipe da Relicário Edições, nos nomes de Maíra e Thiago, pelo profissionalismo, pela lida atenciosa com os textos e pelo processo de revisão dialogada tão cuidadoso e atento às particularidades da publicação.

TRISTIA

TRISTEZAS

LIBER I

I, 1

Parue – nec inuideo – sine me, liber, ibis in Vrbem.
    Ei mihi, quod domino non licet ire tuo!
Vade, sed incultus, qualem decet exulis esse:
    infelix habitum temporis huius habe.
Nec te purpureo uelent uaccinia fuco –   5
    non est conueniens luctibus ille color –
nec titulus minio, nec cedro charta notetur,
    candida nec nigra cornua fronte geras.
Felices ornent haec instrumenta libellos;
    fortunae memorem te decet esse meae.   10
Nec fragili geminae poliantur pumice frontes,
    hirsutus sparsis ut uideare comis.
Neue liturarum pudeat. Qui uiderit illas,
    de lacrimis factas sentiet esse meis.
Vade, liber, uerbisque meis loca grata saluta: 15
    contingam certe quo licet illa pede.
Siquis, ut in populo, nostri non inmemor illi,
    siquis, qui, quid agam, forte requirat, erit,
uiuere me dices, saluum tamen esse negabis;
    id quoque, quod uiuam, munus habere dei.   20
Atque ita tu tacitus, quaerenti plura legendum,
    ne, quae non opus est, forte loquare, caue!
Protinus admonitus repetet mea crimina lector,
    et peragar populi publicus ore reus.
Tu caue defendas, quamuis mordebere dictis;   25
    causa patrocinio non bona peior erit.
Inuenies aliquem, qui me suspiret ademptum,
    carmina nec siccis perlegat ista genis,

LIVRO I

I, 1

Livrinho[87] – não te invejo – sem mim irás a Roma.
    Ai de mim, pois não é lícito ao teu amo ir!
Parte, mas descurado, qual convém ao livro de um exilado:
    desditoso, assume os ares destes tempos.
Nem mirtilos te cubram de púrpura tinta[88] –   5
    essa cor não convém à dor do luto –
nem mínio marque o título, ou cedro o papiro,
    nem tragas beiras brancas na negra face.[89]
Tais apararatos ornem livrinhos ditosos;
    convém que te lembres da minha sina.   10
Nem lustre as duplas faces a frágil pedra-pomes,[90]
    para pareceres hirsuto com pelos esparsos.
Nem te envergonhes das rasuras. Quem as vir
    perceberá que resultam de minhas lágrimas.
Parte, livro, e saúda em meu nome os locais queridos: 15
    decerto irei tocá-los ao menos com o pé permitido.[91]
Se houver alguém, lá entre o povo, não esquecido de mim,
    se houver alguém que acaso pergunte como passo,
dirás que vivo, mas negarás que estou salvo;
    mesmo isto – estar vivo – considero graça do deus.   20
Então te cala (leia quem quer saber mais),
    nem acaso fala o desnecessário, cuidado!
Advertido, o leitor logo relembrará meus crimes
    e, réu público, serei acusado na boca do povo.
Cuidado! Não me defendas, mesmo mordido pelos ditos;   25
    uma causa não boa será pior com a defesa.
Encontrarás alguém que me chore a partida
    e não leia estes poemas do início ao fim com olhos secos

et tacitus secum, ne quis malus audiat, optet,
    sit mea lenito Caesare poena leuis. 30
Nos quoque, quisquis erit, ne sit miser ille,[1] precamur,
    placatos misero qui uolet esse deos;
quaeque uolet, rata sint, ablataque principis ira
    sedibus in patriis det mihi posse mori!
Vt peragas mandata, liber, culpabere forsan 35
    ingeniique minor laude ferere mei.
Iudicis officium est ut res, ita tempora rerum
    quaerere. Quaesito tempore tutus eris.
Carmina proueniunt animo deducta sereno:
    nubila sunt subitis tempora nostra malis. 40
Carmina secessum scribentis et otia quaerunt:
    me mare, me uenti, me fera iactat hiems.
Carminibus metus omnis abest;[2] ego perditus ensem
    haesurum iugulo iam puto iamque meo.
Haec quoque quod facio, iudex mirabitur aequus, 45
    scriptaque cum uenia qualiacumque leget.
Da mihi Maeoniden et tot circumice casus,
    ingenium tantis excidet omne malis.
Denique securus famae, liber, ire memento,
    nec tibi sit lecto displicuisse pudor. 50
Non ita se praebet nobis Fortuna secundam,
    ut tibi sit ratio laudis habenda tuae.
Donec eram sospes, tituli tangebar amore,
    quaerendique mihi nominis ardor erat.
Carmina nunc si non studiumque, quod obfuit, odi, 55
    sit satis. Ingenio sic fuga parta meo.
Tu tamen i pro me, tu, cui licet, aspice Romam!
    Di facerent, possem nunc meus esse liber!
Nec te, quod uenias magnam peregrinus in Vrbem,
    ignotum populo posse uenire puta. 60
Vt titulo careas, ipso noscere colore;
    dissimulare uelis, te liquet esse meum.
Clam tamen intrato, ne te mea carmina laedant;
    non sunt ut quondam plena fauoris erant.

e, calado consigo, deseje – para ninguém maldoso ouvir –
    que, abrandado César, me seja leve a pena.[92]   30
Também eu imploro não seja desventurado
    quem quer que deseje o favor dos deuses ao desditoso;
aquilo que desejar se realize, e a ira do Príncipe, aplacada,
    permita-me morrer em solo pátrio!
Mesmo que cumpras as ordens, ó livro, serás talvez   35
    incriminado e considerado menor que o valor de meu engenho.
É dever do juiz os fatos, bem como as circunstâncias dos fatos
    buscar. Buscada a circunstância, estarás seguro.
Poemas fluem fiados por ânimo sereno:
    tempestuosos são meus dias, por inesperados males.   40
Poemas exigem retiro e repouso ao escritor:
    arremessam-me o mar e os ventos e um feroz temporal.
Dos poemas, afasta-se todo o temor; eu, arruinado, julgo que
    uma espada se há de cravar já já em minha garganta.
Um juiz justo se admirará pois ainda faço estes versos,   45
    e com vênia lerá os escritos, mesmo ruins.
Dá-me o Meônio[93] e põe em volta tantos infortúnios,
    todo o engenho sucumbirá em meio a tamanhos males.
Enfim, livro, lembra-te de ir indiferente à fama,
    e não tenhas vergonha de, lido, desagradar.   50
A Fortuna não se me apresenta tão propícia,
    a ponto de que tu devas considerar a medida de teu louvor.
Enquanto eu era venturoso, movia-me o amor à glória
    e me queimava o desejo de um nome famoso.
Agora, se não odeio os poemas e a paixão que me foi danosa,   55
    já é muito. O desterro assim nasceu do meu engenho.
Tu, porém, vai em meu lugar, tu, a quem é lícito, contempla Roma!
    Permitissem os deuses que eu pudesse ser agora o meu livro!
Nem tu, que estrangeiro chegas à grande Roma,
    julgues poder chegar desconhecido do povo.   60
Mesmo que não tenhas título, serás reconhecido pela própria cor;
    mesmo que queiras dissimular, é evidente que és meu.
Entra, porém, às escondidas, para meus poemas não te lesarem;
    não são cheios de favor como outrora eram.

Tristia I

Siquis erit, qui te, quia sis meus, esse legendum 65
   non putet, e gremio reiciatque suo,
'inspice' dic 'titulum. Non sum praeceptor amoris.
   Quas meruit, poenas iam dedit illud opus.'
Forsitan expectes, an in alta Palatia missum
   scandere te iubeam Caesareamque domum? 70
Ignoscant augusta mihi loca dique locorum!
   Venit in hoc illa fulmen ab arce caput.
Esse quidem memini mitissima sedibus illis
   numina, sed timeo qui nocuere deos.
Terretur minimo pennae stridore columba, 75
   unguibus, accipiter, saucia facta tuis.
Nec procul a stabulis audet discedere, siqua
   excussa est auidi dentibus agna lupi.
Vitaret caelum Phaethon, si uiueret, et quos
   optarat stulte, tangere nollet equos. 80
Me quoque, quae sensi, fateor Iouis arma timere:
   me reor infesto, cum tonat, igne peti.
Quicumque Argolica de classe Capherea fugit,
   semper ab Euboicis uela retorsit aquis;
et mea cumba semel uasta percussa procella 85
   illum, quo laesa est, horret adire locum.
Ergo caue, liber, et timida circumspice mente,
   ut satis a media sit tibi plebe legi.
Dum petit infirmis nimium sublimia pennis
   Icarus, aequoreis nomina fecit aquis. 90
Difficile est tamen hinc, remis utaris an aura,
   dicere: consilium resque locusque dabunt.
Si poteris uacuo tradi, si cuncta uidebis
   mitia, si uires fregerit ira suas,
siquis erit, qui te dubitantem et adire timentem 95
   tradat, et ante tamen pauca loquatur, adi.
Luce bona dominoque tuo felicior ipse
   peruenias illuc et mala nostra leues.
Namque ea uel nemo, uel qui mihi uulnera fecit
   solus Achilleo tollere more potest. 100

Se houver alguém que não julgue digno te ler 65
    porque és meu e te aparte de seu seio,
diz: "Examina o título. Não sou mestre de amor.
    As punições merecidas já sofreu aquela obra".⁹⁴
Talvez queiras saber se, enviado aos altos palácios,
    te ordenarei subir até a casa de César?⁹⁵ 70
Perdoem-me os locais augustos e seus deuses!
    Daquele cume caiu um raio sobre minha cabeça.
Lembro decerto que numes bem bondosos vivem
    nessas moradas, mas temo os deuses que me prejudicaram.
Ao mínimo estridor de asas, aterroriza-se a pomba 75
    ferida por tuas garras, ó gavião.
Nem ousa apartar-se muito do redil a ovelha
    que foi arrancada dos dentes de ávido lobo.
Faetonte,⁹⁶ se vivesse, evitaria o céu,
    e os cavalos que tolo ansiara, não desejaria tocar. 80
Também eu confesso temer as armas de Júpiter que experimentei:
    creio ser atacado, quando troveja, por fogo hostil.
Qualquer um da frota argólica que escapou de Cafareu⁹⁷
    sempre desviou as velas das águas da Eubeia;
minha barca, uma vez batida por borrasca desmedida, 85
    horroriza-se de ir ao lugar em que foi avariada.
Portanto, cuidado, livro! Cauteloso, espreita em torno,
    para que te baste ser lido pelo povo comum.
Enquanto aspirava às máximas alturas com frágeis asas,
    Ícaro⁹⁸ deu nome às águas do mar. 90
É difícil, porém, dizer daqui se deves usar remos ou vento:
    a ocasião e o lugar darão conselho.
Se puderes ser apresentado em tempo ocioso, se vires tudo
    calmo, se a ira tiver diminuído suas forças,
se houver alguém que, vendo-te hesitante e temeroso de ir, 95
    te apresente e fale antes, ainda que pouco, vai.
Sendo o dia favorável e tu próprio mais ditoso que teu amo,
    possas lá alcançar e aliviar meus males.
Pois ninguém, ou somente quem me fez a ferida,
    pode, ao modo de Aquiles, curá-la.⁹⁹ 100

Tantum ne noceas, dum uis prodesse, uideto –
　　nam spes est animi nostra timore minor –
quaeque quiescebat, ne mota resaeuiat ira
　　et poenae tu sis altera causa, caue!
Cum tamen in nostrum fueris penetrale receptus, 105
　　contigerisque tuam, scrinia curua, domum,
aspicies illic positos ex ordine fratres,
　　quos studium cunctos euigilauit idem.
Cetera turba palam titulos ostendet apertos,
　　et sua detecta nomina fronte geret. 110
Tres procul obscura latitantes parte uidebis –
　　sic quoque, quod nemo nescit, amare docent.
Hos tu uel fugias, uel, si satis oris habebis,
　　Oedipodas facito Telegonosque uoces.
Deque tribus, moneo, si qua est tibi cura parentis, 115
　　ne quemquam, quamuis ipse docebit, ames.
Sunt quoque mutatae, ter quinque uolumina, formae,
　　nuper ab exequiis carmina rapta meis.
His mando dicas, inter mutata referri
　　fortunae uultum corpora posse meae. 120
Namque ea dissimilis subito est effecta priori,
　　flendaque nunc, aliquo tempore laeta fuit.
Plura quidem mandare tibi, si quaeris, habebam,
　　sed uereor tardae causa fuisse uiae;[3]
et si quae subeunt, tecum, liber, omnia ferres, 125
　　sarcina laturo magna futurus eras.
Longa uia est, propera! Nobis habitabitur orbis
　　ultimus, a terra terra remota mea.

I, 2

Di maris et caeli – quid enim nisi uota supersunt? –
　　soluere quassatae parcite membra ratis,
neue, precor, magni subscribite Caesaris irae!
　　Saepe premente deo fert deus alter opem.
Mulciber in Troiam, pro Troia stabat Apollo; 5
　　aequa Venus Teucris, Pallas iniqua fuit.

Apenas atenta para que não me prejudiques ao querer servir –
    pois a esperança em meu ânimo é menor que o temor –,
para que, agitada, a ira que repousava não se enfureça de novo,
    e cuidado para não seres tu próprio outra causa de punição!
Quando, porém, fores acolhido em meu refúgio   105
    e atingires tua casa, estojo cilíndrico,
ali verás, postos em sequência, teus irmãos,
    que o mesmo zelo, a todos, compôs em vigília.
A turba restante mostrará aberta e publicamente os títulos
    e trará seus nomes na face descoberta.   110
Três verás, ocultos ao longe, em canto escuro –
    assim também, ninguém desconhece, ensinam a amar.
Deles, ou fujas ou, se tiveres audácia o bastante,
    chama-os de Édipos e de Telégonos.[100]
Dos três, se te preocupas um pouco com teu pai, advirto: 115
    não ames nenhum, embora eles próprios o ensinem.
Há ainda os quinze rolos das formas mudadas,
    poemas há pouco arrancados de minhas exéquias.
Encarrego-te de lhes dizer que entre os corpos mudados
    pode-se contar o rosto de minha fortuna.   120
Pois ela de súbito se fez diversa da anterior,
    lastimável agora, outrora foi próspera.
Decerto poderia, se perguntas, recomendar-te mais coisas,
    mas receio ser causa de atraso da viagem;
e se levasses contigo, livro, tudo o que me vem à mente,   125
    serias carga enorme a quem te carrega.
A viagem é longa, apressa-te! Habitarei o fim
    do mundo; uma terra remota de minha terra.

I, 2

Deuses do mar e do céu – o que resta além de votos? –,
    poupai da destruição os membros do barco abalado,
não vos associeis, rogo, à ira do grande César![101]
        Amiúde quando um deus persegue, outro deus auxilia.
Mulcíbero[102] contra Troia, por Troia assistia Apolo;   5
    Vênus foi favorável aos teucros,[103] Palas desfavorável.

Oderat Aenean propior Saturnia Turno;
   ille tamen Veneris numine tutus erat.
Saepe ferox cautum petiit Neptunus Vlixen;
   eripuit patruo saepe Minerua suo. 10
Et nobis aliquod, quamuis distamus ab illis,
   quis uetat irato numen adesse deo?
Verba miser frustra non proficientia perdo.
   Ipsa graues spargunt ora loquentis aquae,
terribilisque Notus iactat mea dicta, precesque 15
   ad quos mittuntur, non sinit ire deos.
Ergo idem uenti, ne causa laedar in una,
   uelaque nescio quo uotaque nostra ferunt.
Me miserum, quanti montes uoluuntur aquarum!
   Iam iam tacturos sidera summa putes. 20
Quantae diducto subsidunt aequore ualles!
   Iam iam tacturas Tartara nigra putes.
Quocumque aspicio, nihil est, nisi pontus et aer,
   fluctibus hic tumidus, nubibus ille minax.
Inter utrumque fremunt inmani murmure uenti. 25
   Nescit, cui domino pareat, unda maris.
Nam modo purpureo uires capit Eurus ab ortu,
   nunc Zephyrus sero uespere missus adest,
nunc sicca gelidus Boreas bacchatur ab Arcto,
   nunc Notus aduersa proelia fronte gerit. 30
Rector in incerto est nec quid fugiatue petatue
   inuenit: ambiguis ars stupet ipsa malis.
Scilicet occidimus, nec spes est ulla salutis,
   dumque loquor, uultus obruit unda meos.
Opprimet hanc animam fluctus, frustraque precanti 35
   ore necaturas accipiemus aquas.
At pia nil aliud quam me dolet exule coniunx:
   hoc unum nostri scitque gemitque mali.
Nescit in inmenso iactari corpora ponto,
   nescit agi uentis, nescit adesse necem. 40
O bene, quod non sum mecum conscendere passus,
   ne mihi mors misero bis patienda foret!
At nunc, ut peream, quoniam caret illa periclo,
   dimidia certe parte superstes ero.

Satúrnia,[104] mais chegada a Turno,[105] odiava Eneias;
　　defendia-o, porém, o poder de Vênus.
Amiúde Netuno feroz atacou o sagaz Ulisses;
　　amiúde Minerva o salvou de seu tio.　　　　　　　　　　　10
Embora deles eu diste, quem impede
　　que um nume me proteja do irado deus?
Infeliz, em vão gasto inúteis palavras.
　　Ao falar, volumosas ondas inundam-me a face,
o Noto[106] terrível lança meus ditos sem deixar　　　　　　　15
　　as preces chegarem aos deuses a que se destinam.
Então os mesmos ventos, para não ser único meu prejuízo,
　　levam para não sei onde meus votos e velas.
Ai de mim, quantas montanhas de água se revolvem!
　　Já já, pensar-se-á, tocarão os astros supremos.　　　　　20
Quantos vales afundam apartando as ondas!
　　Já já, pensar-se-á, tocarão o negro Tártaro.
Para onde quer que eu olhe, nada há senão mar e ar,
　　um inchado de ondas, o outro minaz pelas nuvens.
Entre eles rugem os ventos com brutal murmúrio.　　　　　25
　　A água do mar não sabe a que amo obedecer.
Pois ora o Euro[107] se aviva desde o purpúreo oriente,
　　ora o Zéfiro[108] vem enviado do tardio ocidente,
ora o gélido Bóreas[109] se enfurece desde a seca Ursa,[110]
　　ora o Noto combate com face contrária.　　　　　　　　30
Incerto está o piloto e não encontra o que evitar
　　ou procurar: até a arte se assombra com os dúbios males.
Decerto estou perdido e sem esperança alguma de salvação,
　　e enquanto falo, a água sepulta o meu rosto.
A onda sufocará meu alento, e na boca que roga　　　　　35
　　em vão, receberei águas assassinas.
Mas a fiel esposa nada mais lamenta senão o exílio:
　　só conhece e deplora um de meus males.
Não sabe que meu corpo é lançado pelo imenso mar,
　　nem que é levado pelos ventos, nem que vem vindo a morte.　　40
Ó, ainda bem não consenti que embarcasse comigo,
　　para eu não sofrer, ai de mim, duas vezes a morte!
Mas agora, mesmo que eu morra, como ela carece de perigo,
　　decerto sobreviverei nessa outra metade.

Tristia I

Ei mihi, quam celeri micuerunt nubila flamma! 45
    Quantus ab aetherio personat axe fragor!
Nec leuius tabulae laterum feriuntur ab undis,
    quam graue balistae moenia pulsat onus.
Qui uenit hic fluctus, fluctus supereminet omnes;
    posterior nono est undecimoque prior. 50
Nec letum timeo; genus est miserabile leti.
    Demite naufragium, mors mihi munus erit.
Est aliquid, fatoue suo ferroue cadentem
    in solida moriens ponere corpus humo,
et mandare suis aliqua et sperare sepulcrum 55
    et non aequoreis piscibus esse cibum.
Fingite me dignum tali nece, non ego solus
    hic uehor. Inmeritos cur mea poena trahit?
Pro superi uiridesque dei, quibus aequora curae,
    utraque iam uestras sistite turba minas, 60
quamque dedit uitam mitissima Caesaris ira,
    hanc sinite infelix in loca iussa feram.
Si quam commerui, poenam me pendere[4] uultis,
    culpa mea est ipso iudice morte minor.
Mittere me Stygias si iam uoluisset ad undas 65
    Caesar, in hoc uestra non eguisset ope.
Est illi nostri non inuidiosa cruoris
    copia; quodque dedit, cum uolet, ipse feret.
Vos modo, quos certe nullo, puto, crimine laesi,
    contenti nostris iam, precor, este malis! 70
Nec tamen, ut cuncti miserum seruare uelitis,
    quod periit, saluum iam caput esse potest.
Vt mare considat uentisque ferentibus utar,
    ut mihi parcatis, non minus exul ero!
Non ego diuitias auidus sine fine parandi 75
    latum mutandis mercibus aequor aro,
nec peto, quas quondam petii studiosus, Athenas;
    oppida non Asiae, non loca uisa prius;
non ut Alexandri claram delatus ad urbem
    delicias uideam, Nile iocose, tuas. 80
Quod faciles opto uentos – quis credere posset? –
    Sarmatis est tellus, quam mea uela petunt.

Ai de mim! Com quão rápida chama faiscaram as nuvens! 45
    Quão grande estrondo ressoa do orbe celeste!
O costado é golpeado por ondas não mais suaves
    que o enorme peso com que a balista bate as muralhas.
A onda que vem excede todas as outras ondas;
    vem após a nona e antes da décima primeira. 50
Não é a morte que temo, mas o tipo deplorável de morte.
    Retirai o naufrágio, a morte me será um favor.
A quem tomba por seu fado ou pelo ferro, já é algo
    repousar o corpo moribundo em terra firme,
fazer recomendações aos seus e esperar um sepulcro, 55
    e não ser alimento de peixes marinhos.
Suponde-me digno de tal morte; mas não viajo
    aqui sozinho. Por que minha pena arrasta inocentes?
Ai, deuses do céu e deuses do mar, que regeis as águas,
    uma e outra turba, já cessai as ameaças 60
e, a vida que a bondosíssima ira de César me deu,
    deixai-me, desditoso, levá-la para onde fui condenado.
Se quereis que eu pague a pena merecida,
    até ao juiz minha culpa é menor que a morte.
Se César quisesse me enviar às águas estígias,[111] 65
    nisso não precisaria de vosso auxílio.
Ele tem poder não hostil sobre meu sangue
    e, o que me deu, quando quiser, ele próprio tirará.
Mas vós, que decerto – julgo – com crime algum ofendi,
    já vos contentai – rogo – com meus males! 70
Porém, mesmo que todos queirais salvar o desventurado,
    a cabeça que pereceu já não pode ser salva.
Mesmo que o mar se acalme e eu me sirva de ventos favoráveis,
    mesmo que me poupeis, não serei menos exilado!
Não sulco o amplo mar, ávido em obter 75
    riquezas sem fim com a troca de mercadorias,
nem busco Atenas, que outrora, dedicado, busquei;
    nem cidades da Ásia, nem locais já vistos;
nem sou levado à ilustre cidade de Alexandre[112]
    para ver tuas delícias, ó Nilo jocoso. 80
A causa do meu desejo de ventos propícios (quem poderia crer?)
    é a terra dos sármatas,[113] que minhas velas buscam.

Obligor, ut tangam laeui fera litora Ponti;
    quodque sit a patria tam fuga tarda, queror.
Nescio quo uideam positos ut in orbe Tomitas,   85
    exilem facio per mea uota uiam.
Seu me diligitis, tantos conpescite fluctus,
    pronaque sint nostrae numina uestra rati;
seu magis odistis, iussae me aduertite terrae:
    supplicii pars est in regione mei.   90
Ferte – quid hic facio? – rapidi mea corpora, uenti!
    Ausonios fines cur mea uela uolunt?
Noluit hoc Caesar. Quid, quem fugat ille, tenetis?
    Aspiciat uultus Pontica terra meos.
Et iubet et merui. Nec, quae damnauerit ille,   95
    crimina defendi fasque piumque puto.
Si tamen acta deos numquam mortalia fallunt,
    a culpa facinus scitis abesse mea.
Immo ita, si scitis, si me meus abstulit error,
    stultaque mens nobis, non scelerata fuit,   100
quod licet et minimis, domui si fauimus illi,
    si satis Augusti publica iussa mihi,
hoc duce si dixi felicia saecula, proque
    Caesare tura pius[5] Caesaribusque dedi,
si fuit hic animus nobis, ita parcite diui!   105
    Si minus, alta cadens obruat unda caput!
Fallor, an incipiunt grauidae uanescere nubes,
    uictaque mutati frangitur unda maris?
Non casu, uos sed sub condicione uocati,
    fallere quos non est, hanc mihi fertis opem.   110

I, 3

Cum subit illius tristissima noctis imago,
    qua mihi supremum tempus in Vrbe fuit,
cum repeto noctem, qua tot mihi cara reliqui,
    labitur ex oculis nunc quoque gutta meis.
Iam prope lux aderat, qua me discedere Caesar   5
    finibus extremae iusserat Ausoniae.

Obrigo-me aos feros litorais do sinistro Ponto
    e me queixo de ser tão lento o desterro da pátria.
É para ver os tomitas[114] postos não sei onde no mundo   85
    que com meus votos abrevio o caminho.
Se me amais, refreai tão grandes ondas,
    e ao meu barco sejam propícios vossos poderes.
Se antes me odiais, empurrai-me para a terra condenada:
    parte de meu suplício é o lugar.   90
Levai (que faço aqui?) meus membros, ó ventos velozes!
    Por que minhas velas querem as fronteiras da Ausônia?[115]
César não o quis. Por que retendes quem ele desterra?
    Que a terra do Ponto contemple meu rosto.
Ele ordena, eu mereci. Nem julgo justo e honrado   95
    serem defendidos os crimes que ele condenou.
Se, porém, os feitos humanos jamais escapam aos deuses,
    sabeis que crime não há em minha culpa.
Mas, se sabeis, se meu erro me arrebatou,
    se minha mente foi tola, não criminosa,   100
se – o que é lícito até aos menores – favoreci aquela casa,
    se bem públicos foram-me os decretos de Augusto,
se, em seu governo, cantei prósperos tempos e, devoto,
    incenso ofertei por César e pelos Césares,
se este foi meu ânimo, deuses, então poupai-me!   105
    Se não, que alta onda caia e sepulte minha cabeça!
Engano-me ou começam a se esvair as nuvens pesadas,
    e se abate, vencida, a água do mar mudado?
Não o acaso, mas vós, a quem não se engana,
    sob condição invocados, prestais-me auxílio.   110

I, 3

Quando me vem à mente a tristíssima visão daquela noite,
    que foi meu último instante em Roma,
quando recordo a noite em que deixei tantas coisas queridas,
    ainda agora lágrimas escorrem de meus olhos.
Já nascia o dia em que César me ordenara   5
    partir dos territórios da extrema Ausônia.

Nec spatium fuerat nec mens satis apta parandi:
    torpuerant longa pectora nostra mora.
Non mihi seruorum, comites non cura legendi,
    non aptae profugo uestis opisue fuit.   10
Non aliter stupui, quam qui Iouis ignibus ictus
    uiuit et est uitae nescius ipse suae.
Vt tamen hanc animi nubem dolor ipse remouit,
    et tandem sensus conualuere mei,
adloquor extremum maestos abiturus amicos,   15
    qui modo de multis unus et alter erant.
Vxor amans flentem flens acrius ipsa tenebat,
    imbre per indignas usque cadente genas.
Nata procul Libycis aberat diuersa sub oris,
    nec poterat fati certior esse mei.   20
Quocumque aspiceres, luctus gemitusque sonabant,
    formaque non taciti funeris intus erat.
Femina uirque meo, pueri quoque funere maerent,
    inque domo lacrimas angulus omnis habet.
Si licet exemplis in paruis grandibus uti,   25
    haec facies Troiae, cum caperetur, erat.
Iamque quiescebant uoces hominumque canumque,
    lunaque nocturnos alta regebat equos.
Hanc ego suspiciens et ab hac Capitolia cernens,
    quae nostro frustra iuncta fuere Lari,   30
'numina uicinis habitantia sedibus', inquam,
    'iamque oculis nunquam templa uidenda meis,
dique relinquendi, quos Vrbs habet alta Quirini,
    este salutati tempus in omne mihi.
Et quamquam sero clipeum post uulnera sumo,   35
    attamen hanc odiis exonerate fugam,
caelestique uiro, quis me deceperit error,
    dicite, pro culpa ne scelus esse putet!
Vt quod uos scitis, poenae quoque sentiat auctor.
    Placato possum non miser esse deo.'   40
Hac prece adoraui superos ego, pluribus uxor,
    singultu medios impediente sonos.
Illa etiam ante Lares passis adstrata capillis
    contigit extinctos ore tremente focos,

Não houve tempo ou intento para preparar o conveniente:
    na longa espera entorpecia-me o ânimo.
Não me importei com os servos, nem em escolher companheiros,
    nem com a veste ou recursos convenientes a um desterrado.   10
Não menos me assombrei que quem, golpeado pelos raios
    de Júpiter, vive e desconhece ainda viver.
Quando, porém, a própria dor dissipou esta nuvem do espírito,
    e enfim reanimaram-me os sentidos,
partindo falo pela última vez com os tristes amigos,   15
    que de muitos eram apenas um ou dois.
A amorosa esposa retinha-me choroso, chorando mais amargamente,
    chuva contínua caía por faces não merecedoras.
Minha filha, ausente, longe, apartada nas praias da Líbia,
    não podia estar ciente de meu fado.   20
Onde quer que se olhasse, soavam prantos e gemidos,
    dentro, a aparência de funeral não tácito.
Homens, mulheres e até crianças se entristecem com meu funeral,
    e cada canto da casa contém lágrimas.
Se é lícito usar grandes exemplos em coisas pequenas,   25
    tal era o aspecto de Troia capturada.
Já repousavam as vozes dos homens e cães,
    e, alta, a lua guiava cavalos noturnos.
Olhando-a e discernindo, à sua luz, o Capitólio,
    que em vão era contíguo ao meu Lar,   30
disse: "Divindades que habitam moradas vizinhas,
    templos que meus olhos não mais verão,
deuses que devo deixar, que residem na cidadela de Quirino,[116]
    de vós eu me despeço eternamente.
Embora tarde eu tome o escudo, após as feridas,   35
    desonerai, porém, de ódios este desterro
e ao homem divino dizei que erro me enganou,
    para não julgar crime o que é culpa.
Que o autor da pena perceba também o que sabeis.
    Aplacado o deus, posso não ser infeliz".   40
Com essa prece orei aos deuses, com muitas outras orou
    a esposa, os soluços entrecortando meias palavras.
Ela, estirada diante dos Lares, cabelos desgrenhados,
    ainda tocou com lábios trêmulos o braseiro apagado

multaque in aduersos effudit uerba Penates 45
  pro deplorato non ualitura uiro.
Iamque morae spatium nox praecipitata negabat,
  uersaque ab axe suo Parrhasis Arctos erat.
Quid facerem? Blando patriae retinebar amore,
  ultima sed iussae nox erat illa fugae. 50
A! Quotiens aliquo dixi properante 'Quid urges?
  Vel quo festinas ire, uel unde, uide.'
A! Quotiens certam me sum mentitus habere
  horam, propositae quae foret apta uiae.
Ter limen tetigi, ter sum reuocatus, et ipse 55
  indulgens animo pes mihi tardus erat.
Saepe uale dicto rursus sum multa locutus,
  et quasi discedens oscula summa dedi.
Saepe eadem mandata dedi meque ipse fefelli,
  respiciens oculis pignora cara meis. 60
Denique 'Quid propero? Scythia est, quo mittimur', inquam,
  'Roma relinquenda est. Vtraque iusta mora est.
Vxor in aeternum uiuo mihi uiua negatur,
  et domus et fidae dulcia membra domus,
quosque ego dilexi fraterno more sodales, 65
  o mihi Thesea pectora iuncta fide!
Dum licet, amplectar: numquam fortasse licebit
  amplius in lucro est quae datur hora mihi.'
Nec mora, sermonis uerba imperfecta relinquo,
  complectens animo proxima quaeque meo. 70
Dum loquor et flemus, caelo nitidissimus alto,
  stella grauis nobis, Lucifer ortus erat.
Diuidor haud aliter, quam si mea membra relinquam,
  et pars abrumpi corpore uisa suo est.
Sic doluit Mettus tunc cum in contraria uersos 75
  ultores habuit proditionis equos.
Tum uero exoritur clamor gemitusque meorum,
  et feriunt maestae pectora nuda manus.
Tum uero coniunx umeris abeuntis inhaerens
  miscuit haec lacrimis tristia uerba meis: 80
'Non potes auelli. Simul hinc, simul ibimus', inquit,
  'te sequar et coniunx exulis exul ero.

e, pelo deplorável marido, aos Penates[117] contrários 45
   derramou muitas palavras inválidas.
Já findando, a noite negava tempo de espera,
   e a Ursa Parrásia[118] tinha girado em seu eixo.
O que fazer? O brando amor à pátria me retinha,
   mas era a derradeira noite antes do desterro ordenado. 50
Ah! Quantas vezes eu disse a um apressado: "Por que a pressa?
   Aonde me instas ir ou donde partir, vê".
Ah! Quantas vezes menti ter fixado a hora
   adequada à viagem estabelecida.
Três vezes toquei a soleira, três vezes recuei, 55
   e até meu pé, propenso ao ânimo, era lento.
Amiúde, após dizer "Adeus", recomecei a falar muitas coisas
   e, como se partindo, dei os últimos beijos.
Amiúde dei as mesmas ordens e eu próprio me iludi,
   voltando-me para ver os seres caros aos meus olhos. 60
Enfim: "Por que me apresso? É para a Cítia que sou enviado", disse,
   "Devo deixar Roma. Ambas causas justas de demora.
Vivo embora, para sempre me é negada a esposa viva,
   e a casa e os doces membros da casa fiel,
e os amigos que amei fraternalmente, 65
   ó ânimos a mim unidos pela lealdade de Teseu!
Enquanto é lícito, vos abraço: talvez nunca mais
   será lícito. É lucro a hora que me é dada".
Sem demora, deixo palavras na fala inacabadas,
   abraçando cada coisa próxima do meu peito. 70
Enquanto falo e choramos, brilhantíssima no alto céu
   nascera Lúcifer,[119] estrela a mim funesta.
Reparto-me como se deixasse meus membros,
   e parte pareceu ser arrancada de seu corpo.
Assim sofreu Mécio,[120] quando teve os cavalos 75
   vingadores da traição puxando-o em sentidos opostos.
Então se eleva o clamor e o gemido dos meus,
   e tristes mãos ferem os peitos nus.
Então a esposa, prendendo-se a meus ombros na partida,
   mesclou tristes palavras às minhas lágrimas: 80
"Não podes apartar-te. Juntos aqui, juntos iremos", diz,
   "te seguirei e, exilada, serei esposa de um exilado.

Et mihi facta uia est, et me capit ultima tellus:
    accedam profugae sarcina parua rati.
Te iubet a patria discedere Caesaris ira, 85
    me pietas. Pietas haec mihi Caesar erit.'
Talia temptabat, sicut temptauerat ante,
    uixque dedit uictas utilitate manus.
Egredior, siue illud erat sine funere ferri,
    squalidus inmissis hirta per ora comis. 90
Illa dolore amens tenebris narratur obortis
    semianimis media procubuisse domo,
utque resurrexit foedatis puluere turpi
    crinibus et gelida membra leuauit humo,
se modo, desertos modo complorasse Penates, 95
    nomen et erepti saepe uocasse uiri,
nec gemuisse minus, quam si nataeque meumque
    uidisset structos corpus habere rogos,
et uoluisse mori, moriendo ponere sensus,
    respectuque tamen non periisse mei. 100
Viuat, et absentem, quoniam sic fata tulerunt,
    uiuat ut auxilio subleuet usque suo.

I, 4

Tingitur oceano custos Erymanthidos ursae,
    aequoreasque suo sidere turbat aquas.
Nos tamen Ionium non nostra findimus aequor
    sponte, sed audaces cogimur esse metu.
Me miserum! Quantis increscunt aequora uentis, 5
    erutaque ex imis feruet harena fretis!
Monte nec inferior prorae puppique recuruae
    insilit et pictos uerberat unda deos.
Pinea texta sonant, pulsi[6] stridore rudentes,
    ingemit et nostris ipsa carina malis. 10
Nauita confessus gelidum pallore timorem,
    iam sequitur uictus, non regit arte ratem.
Vtque parum ualidus non proficientia rector
    ceruicis rigidae frena remittit equo,

Também a mim abriu-se o caminho, a mim reclama a última terra:
    serei bagagem pouca à banida barca.
A ti, a ira de César ordena partir da pátria,   85
    a mim, a entrega. Esta entrega será meu César".
Tentava tais coisas, como antes tentara,
    e a custo rendeu-se vencida pela utilidade.
Saio, ou melhor, sou levado sem funeral,
    desalinhado, cabelos soltos pela face hirsuta.   90
Contam que ela, desvairada, vinda a noite,
    sucumbiu semiviva no meio da casa,
e quando reergueu-se, os cabelos sujos de imundo pó,
    e levantou do chão os membros gélidos,
pranteou ora a si mesma, ora aos Penates abandonados;   95
    amiúde chamou o nome do marido arrebatado,
e não deplorou menos do que se tivesse visto piras
    erguidas possuírem o corpo da filha e o meu;
quis morrer e, morrendo, perder os sentidos,
    mas por consideração a mim não pereceu.   100
Que viva e, pois assim quiseram os fados,
    viva para, sem cessar, socorrer o ausente com seu auxílio.

I, 4

O guardião da Ursa de Erimanto[121] banha-se no oceano
    e turba com seu astro as águas do mar.
Eu, porém, sulco o mar Jônio não por vontade
    própria, mas o medo me obriga a ser audaz.
Ai de mim! Quão fortes ventos incham o mar,   5
    e a areia fervilha desde as profundezas!
Não menor que um monte, à proa e à popa recurva
    a onda salta e fustiga os deuses pintados.[122]
Ressoa o madeirame de pinho, os cabos batidos com estridor,
    e até a quilha deplora os meus males.   10
O piloto, pálido de gélido temor, vencido,
    agora obedece, não guia o barco com arte.
Como um fraco cocheiro afrouxa os freios
    inúteis ao cavalo de rija cerviz,

sic non quo uoluit, sed quo rapit impetus undae, 15
    aurigam uideo uela dedisse rati.
Quod nisi mutatas emiserit Aeolus auras,
    in loca iam nobis non adeunda ferar.
Nam procul Illyriis laeua de parte relictis
    interdicta mihi cernitur Italia. 20
Desinat in uetitas quaeso contendere terras,
    et mecum magno pareat aura deo.
Dum loquor, et timeo pariter cupioque repelli,
    increpuit quantis uiribus unda latus!
Parcite caerulei, uos parcite numina ponti, 25
    infestumque mihi sit satis esse Iouem.
Vos animam saeuae fessam subducite morti,
    si modo, qui periit, non periisse potest.

I, 5

O mihi post nullos umquam memorande sodales,
    et cui praecipue sors mea uisa sua est,
attonitum qui me, memini, carissime, primus
    ausus es adloquio sustinuisse tuo,
qui mihi consilium uiuendi mite dedisti, 5
    cum foret in misero pectore mortis amor,
scis bene, cui dicam, positis pro nomine signis,
    officium nec te fallit, amice, tuum.
Haec mihi semper erunt imis infixa medullis,
    perpetuusque animae debitor huius ero, 10
spiritus et uacuas prius hic tenuandus in auras
    ibit, et in tepido deseret ossa rogo,
quam subeant animo meritorum obliuia nostro,
    et longa pietas excidat ista die.
Di tibi sint faciles, et opis[7] nullius egentem 15
    fortunam praestent dissimilemque meae.
Si tamen haec nauis uento ferretur amico,
    ignoraretur forsitan ista fides.
Thesea Pirithous non tam sensisset amicum,
    si non infernas uiuus adisset aquas. 20

assim, não aonde quer, mas aonde arrasta o ímpeto 15
    da onda, vejo o timoneiro dar velas à barca.
Pois se Éolo não mudar a direção das brisas,
    a locais já interditos eu serei levado.
Deixada, com efeito, a Ilíria[123] ao longe à esquerda,
    avisto a Itália a mim vetada. 20
Que a brisa deixe, rogo, de soprar para terras proibidas
    e comigo obedeça ao grande deus.
Enquanto falo, e igual temo e desejo ser desviado,
    com que força a onda quebrou no costado!
Poupai, deuses do mar azul, poupai, 25
    já basta Júpiter hostil a mim.
Vós, furtai à morte cruel esta alma exausta,
    se ao menos quem já pereceu pode não perecer.

I, 5

Ó tu, primeiro amigo a ser por mim lembrado,
    a quem sobretudo minha sorte pareceu sua,
meu caro, que a mim, atônito, lembro-me, primeiro
    ousaste consolar com tuas palavras,
que a mim deste o doce conselho de viver 5
    quando no desventurado peito havia ânsia de morte,
bem sabes a quem me refiro pelos sinais postos em lugar do nome,
    nem te foge o teu favor, amigo.
Isso sempre estará gravado no fundo do meu coração,
    e de minha vida serei devedor perpétuo. 10
Meu espírito evanescente irá a ares vazios
    e deixará os ossos em pira ardente,
antes que se insinue em meu ânimo o olvido dos teus benefícios,
    ou a afeição se apague com o passar dos dias.
Os deuses te sejam benévolos e concedam uma fortuna 15
    sem privação de ajuda e diversa da minha.
Porém, se minha nau fosse levada por vento amigo,
    seria talvez desconhecida tua lealdade.
Pirítoo[124] não teria percebido Teseu como grande amigo
    se, vivo, não tivesse ido às águas infernais. 20

Vt foret exemplum ueri Phoceus amoris,
    fecerunt Furiae, tristis Oresta, tuae.
Si non Euryalus Rutulos cecidisset in hostes,
    Hyrtacidae Nisi gloria nulla foret.
Scilicet ut fuluum spectatur in ignibus aurum,   25
    tempore sic duro est inspicienda fides.
Dum iuuat et uultu ridet Fortuna sereno,
    indelibatas cuncta sequuntur opes:
at simul intonuit, fugiunt, nec noscitur ulli,
    agminibus comitum qui modo cinctus erat.   30
Atque haec, exemplis quondam collecta priorum,
    nunc mihi sunt propriis cognita uera malis.
Vix duo tresue mihi de tot superestis amici;
    cetera Fortunae, non mea turba fuit.
Quo magis, o pauci, rebus succurrite laesis,   35
    et date naufragio litora tuta meo,
neue metu falso nimium trepidate, timentes,
    hac offendatur ne pietate deus!
Saepe fidem aduersis etiam laudauit in armis,
    inque suis amat hanc Caesar, in hoste probat.   40
Causa mea est melior, qui non contraria foui
    arma, sed hanc merui simplicitate fugam.
Inuigiles igitur nostris pro casibus, oro,
    deminui siqua numinis ira potest.
Scire meos casus siquis desiderat omnes,[8]   45
    plus, quam quod fieri res sinit, ille petit.
Tot mala sum passus, quot in aethere sidera lucent
    paruaque quot siccus corpora puluis habet;
multaque credibili tulimus maiora ratamque,
    quamuis acciderint, non habitura fidem.   50
Pars etiam quaedam mecum moriatur oportet,
    meque uelim possit dissimulante tegi.
Si uox infragilis, pectus mihi firmius aere,
    pluraque cum linguis pluribus ora forent,
non tamen idcirco complecterer omnia uerbis,   55
    materia uires exuperante meas.
Pro duce Neritio docti mala nostra poetae
    scribite: Neritio nam mala plura tuli.

Que Foceu[125] fosse exemplo de amizade verdadeira,
    fizeram tuas Fúrias, infeliz Orestes.
Se Euríalo não tivesse morrido entre os inimigos rútulos,
    nenhuma seria a glória do hirtácida Niso.[126]
Pois, assim como se prova o fulvo ouro nas chamas,   25
    deve-se testar a lealdade em tempo difícil.
Enquanto a Fortuna ajuda e sorri com rosto sereno,
    tudo segue o poder inabalado:
mas, tão logo troveja, todos fogem e ninguém reconhece
    quem há pouco era rodeado por bandos de companheiros.   30
E aquilo outrora colhido dos exemplos dos antigos
    agora se reconheceu verdadeiro por meus próprios males.
Restais-me, amigos, a custo dois ou três dentre tantos;
    os outros eram turba da Fortuna, não minha.
Ainda mais, ó poucos, prestai socorro à minha ruína   35
    e dai porto seguro ao meu naufrágio,
nem, com medo ilusório, muito tremais temerosos
    de que o deus se ofenda com esta amizade!
Amiúde César louvou a lealdade também em exércitos adversários,
    ama-a nos seus, aprova-a no inimigo.   40
Minha causa é melhor, pois não favoreci exércitos
    contrários, mas mereci este desterro por ingenuidade.
Portanto, oro que veles por meus infortúnios,
    se acaso se pode abrandar a ira do deus.
Se alguém deseja saber todos os meus infortúnios,   45
    exige mais do que é permitido fazer.
Tantos males sofri quantas são as estrelas que luzem no éter
    e quanto a seca areia possui de grãos;
suportei muito mais do que se pode crer,
    e, embora tenha ocorrido, não será digno de segura confiança.   50
Uma parte ainda convém que morra comigo,
    e eu, fingindo esquecimento, quisera poder ocultá-la.
Se eu tivesse inquebrantável voz, peito mais firme que o bronze,
    múltiplas bocas com múltiplas línguas,
nem por isso, todavia, com palavras tudo abarcaria;   55
    a matéria suplanta minhas forças.
Em vez do chefe Nerício,[127] doutos poetas, os meus males
    escrevei: pois mais males que o Nerício suportei.

Ille breui spatio multis errauit in annis
    inter Dulichias Iliacasque domos: 60
nos freta sideribus totis distantia mensos
    detulit in Geticos Caesaris ira[9] sinus.
Ille habuit fidamque manum sociosque fideles:
    me profugum comites deseruere mei.
Ille suam laetus patriam uictorque petebat: 65
    a patria fugi uictus et exul ego.
Nec mihi Dulichium domus est Ithaceue Samosue,
    poena quibus non est grandis abesse locis,
sed quae de septem totum circumspicit orbem
    montibus, imperii Roma deumque locus.   70
Illi corpus erat durum patiensque laborum:
    inualidae uires ingenuaeque mihi.
Ille erat assidue saeuis agitatus in armis:
    adsuetus studiis mollibus ipse fui.
Me deus oppressit, nullo mala nostra leuante: 75
    bellatrix illi diua ferebat opem.
Cumque minor Ioue sit tumidis qui regnat in undis,
    illum Neptuni, me Iouis ira premit.
Adde, quod illius pars maxima ficta laborum,
    ponitur in nostris fabula nulla malis.   80
Denique quaesitos tetigit tamen ille Penates,
    quaeque diu petiit, contigit arua tamen:
at mihi perpetuo patria tellure carendum est,
    ni fuerit laesi mollior ira dei.

I, 6

Nec tantum Clario est Lyde dilecta poetae,
    nec tantum Coo Bittis amata suo est,
pectoribus quantum tu nostris, uxor, inhaeres,
    digna minus misero, non meliore uiro.
Te mea supposita ueluti trabe fulta ruina est: 5
    siquid adhuc ego sum, muneris omne tui est.
Tu facis, ut spolium non sim, nec nuder ab illis,
    naufragii tabulas qui petiere mei.

Ele vagou muitos anos num curto espaço
   entre as moradas dulíquias e ilíacas:[128]   60
eu, após percorrer mares distantes de todas as estrelas,
   às baías géticas[129] atirou-me a ira de César.
Ele teve tropa fiável e fiéis aliados:
   desterrado, desampararam-me meus companheiros.
Ele, alegre e vencedor, voltava à sua pátria: 65
   eu, vencido e exilado, da pátria parti.
Nem tenho por morada Dulíquio, Ítaca ou Samos,
   de onde não é grande castigo estar longe,
mas Roma, sede do império e dos deuses, que
   todo o orbe observa do alto das sete colinas.[130]   70
Ele, de robusto corpo e firme aos esforços:
   eu, de forças débeis e delicado.
Ele era agitado em constantes e cruéis combates:
   eu, acostumado aos brandos estudos.
A mim, um deus oprimiu, nenhum me aliviou os males: 75
   a ele, socorria a guerreira deusa.[131]
Sendo inferior a Júpiter quem reina nas inchadas ondas,
   pesou-lhe a ira de Netuno, a mim a de Júpiter.
E mais: a maior parte dos esforços dele é ficção,
   em meus males, não se põe nenhuma invenção.   80
Mas ele enfim tocou os Penates buscados
   e achou os campos há muito desejados:
eu, todavia, para sempre estarei privado do solo pátrio,
   se não for mais branda a ira do deus ofendido.

I, 6

Nem foi Lide tão querida pelo poeta de Claros,[132]
   nem foi Bítis tão amada pelo de Cós[133]
quanto tu, ó esposa, em meu peito estás guardada,
   digna de marido menos infeliz, não melhor.
Tu susténs minha ruína como viga de apoio: 5
   se algo ainda sou, é só por teu favor.
Tu fazes que eu não seja espólio, nem despojado
   pelos que atacaram as tábuas de meu naufrágio.

Vtque rapax stimulante fame cupidusque cruoris
    incustoditum captat ouile lupus,
aut ut edax uultur corpus circumspicit ecquod
    sub nulla positum cernere possit humo,
sic mea nescio quis, rebus male fidus acerbis,
    in bona uenturus, si paterere, fuit.
Hunc tua per fortis uirtus summouit amicos,
    nulla quibus reddi gratia digna potest.
Ergo quam misero, tam uero teste probaris,
    hic aliquod pondus si modo testis habet.
Nec probitate tua prior est aut Hectoris uxor,
    aut comes extincto Laodamia uiro.
Tu si Maeonium uatem sortita fuisses,
    Penelopes esset fama secunda tuae:
siue tibi hoc debes, nullo pia facta magistro,
    cumque noua mores sunt tibi luce dati,
femina seu princeps omnes tibi culta per annos
    te docet exemplum coniugis esse bonae,
adsimilemque sui longa adsuetudine fecit,
    grandia si paruis adsimilare licet.
Ei mihi, non magnas quod habent mea carmina uires,
    nostraque sunt meritis ora minora tuis!
Siquid et in nobis uiui fuit ante uigoris,
    extinctum longis occidit omne malis!
Prima locum sanctas heroidas inter haberes,
    prima bonis animi conspicerere tui.
Quantumcumque tamen praeconia nostra ualebunt,
    carminibus uiues tempus in omne meis.

I, 7

Siquis habes nostri[10] similes in imagine uultus,
    deme meis hederas, Bacchica serta, comis.
Ista decent laetos felicia signa poetas:
    temporibus non est apta corona meis.

Como o lobo ávido incitado pela fome
    e sedento de sangue captura o redil não defendido,   10
ou o abutre voraz espreita se acaso
    pode avistar um corpo insepulto,
assim alguém pouco fiel diante de minhas agruras,
    se permitisses, voaria em meus bens.
Apartou-o a tua virtude junto com firmes amigos,   15
    aos quais não se pode dar o devido agradecimento.
Aprova-te, pois, uma testemunha tão verdadeira quanto infeliz,
    se ao menos vale algo tal testemunha.
Não excede tua honradez nem a esposa de Heitor,[134]
    nem Laodâmia[135] companheira do marido morto.   20
Se a sorte te tivesse dado o vate meônio,
    a fama de Penélope viria após a tua:
seja se o deves a ti, virtuosa sem mestre algum
    (foi-te dado esse caráter ao nascer),
seja se a soberana que sempre cultuaste   25
    te ensina a ser modelo de boa esposa
e te fez similar pelo longo convívio,
    se é lícito comparar coisas grandes às pequenas.
Ai de mim! Meus poemas não têm grandes forças,
    minha boca é menor que teus méritos!   30
Se também em mim houve algum vivo vigor,
    todo acabou-se, extinto por males infindos!
Primeira, terias lugar entre as santas heroínas,
    primeira serias considerada pelos dons de teu espírito.
Qualquer que seja, porém, o valor do meu louvor,   35
    viverás para sempre em meus poemas.

I, 7

Se um retrato tens similar às minhas feições,
    de meus cabelos tira a hera, a grinalda báquica.
Esses sinais de ventura convêm aos poetas felizes:
    a coroa não é adequada às minhas têmporas.

Hoc tibi dissimula, senti tamen, optime, dici,　　　　　5
　　in digito qui me fersque refersque tuo,
effigiemque meam fuluo complexus in auro
　　cara relegati, qua potes, ora uides.
Quae quotiens spectas, subeat tibi dicere forsan
　　"Quam procul a nobis Naso sodalis abest!"　　　　10
Grata tua est pietas. Sed carmina maior imago
　　sunt mea, quae mando qualiacumque legas,
carmina mutatas hominum dicentia formas,
　　infelix domini quod fuga rupit opus.
Haec ego discedens, sicut bene multa meorum,　　　　15
　　ipse mea posui maestus in igne manu.
Vtque cremasse suum fertur sub stipite natum
　　Thestias et melior matre fuisse soror,
sic ego non meritos mecum peritura libellos
　　imposui rapidis uiscera nostra rogis:　　　　　　20
uel quod eram Musas, ut crimina nostra, perosus,
　　uel quod adhuc crescens et rude carmen erat.
Quae quoniam non sunt penitus sublata, sed extant –
　　pluribus exemplis scripta fuisse reor –,
nunc precor ut uiuant et non ignaua legentem　　　　25
　　otia delectent admoneantque mei.
Nec tamen illa legi poterunt patienter ab ullo,
　　nesciet his summam siquis abesse manum.
Ablatum mediis opus est incudibus illud,
　　defuit et scriptis ultima lima meis.　　　　　　30
Et ueniam pro laude peto, laudatus abunde,
　　non fastiditus si tibi, lector, ero.
Hos quoque sex uersus, in prima[11] fronte libelli
　　si praeponendos esse putabis, habe:
"Orba parente suo quicumque uolumina tangis,　　　　35
　　his saltem uestra detur in urbe locus!
Quoque magis faueas, haec non sunt edita ab ipso,
　　sed quasi de domini funere rapta sui.
Quicquid in his igitur uitii rude carmen habebit,
　　emendaturus, si licuisset, eram."　　　　　　　40

Tristezas I

Dissimula, ótimo amigo, mas saiba: falo contigo, 5
    que me levas e trazes em teu dedo,
e, tendo incrustado minha efígie em ouro fulvo,
    vês do relegado a cara face possível.
Toda vez que o observas, talvez te ocorra dizer:
    "Quão longe me está o amigo Nasão!" 10
Agrada-me tua afeição. Mas melhor retrato
    são meus poemas, que, mesmo ruins, recomendo leres,
poemas narrando as formas mudadas dos homens,[136]
    desditosa obra que o desterro do amo interrompeu.
Eu próprio ao partir, triste, com minhas mãos joguei-os 15
    ao fogo, como a muitos de meus poemas.
Assim como contam que a Testíade[137] queimou seu filho
    sob um tição e foi melhor irmã que mãe,
eu mesmo à ávida pira entreguei inocentes livrinhos,[138]
    rebentos meus, para comigo perecerem: 20
ou porque as Musas, meu crime, eu odiava,
    ou porque o poema incompleto e rude ainda estava.
Como não foram de todo destruídos, mas sobrevivem –
    creio que foram escritos em muitas cópias –,
agora imploro que vivam, e que os frutos de meus não inúteis 25
    ócios deleitem e lembrem o leitor de mim.
Não poderão, porém, ser lidos sem queixas por ninguém,
    se se desconhecer faltar-lhes a última demão.
A obra foi-me arrebatada em meio à bigorna,
    aos meus escritos faltou a derradeira lima. 30
Peço vênia em vez de louvor, serei bastante louvado
    se por ti não for desdenhado, leitor.
Guarda também estes seis versos, se os julgares dignos
    de serem antepostos no frontispício do livrinho:
"Quem quer que sejas, que tocas rolos órfãos de pai, 35
    ao menos lhes dês asilo em tua cidade!
Para melhor os acolher, não foram publicados pelo próprio amo,
    mas como se roubados de seu funeral.
Qualquer defeito, então, que o rude poema possuir,
    se fosse permitido, eu haveria de corrigir". 40

I, 8

In caput alta suum labentur ab aequore retro
    flumina, conuersis Solque recurret equis,
terra feret stellas, caelum findetur aratro,
    unda dabit flammas, et dabit ignis aquas,
omnia naturae praepostera legibus ibunt,   5
    parsque suum mundi nulla tenebit iter,
omnia iam fient, fieri quae posse negabam,
    et nihil est, de quo non sit habenda fides.
Haec ego uaticinor, quia sum deceptus ab illo,
    laturum misero quem mihi rebar opem.   10
Tantane te, fallax, cepere obliuia nostri,
    afflictumque fuit tantus adire timor,
ut neque respiceres nec solarere iacentem,
    dure, nec exequias prosequerere meas?
Illud amicitiae sanctum et uenerabile nomen   15
    re tibi pro uili sub pedibusque iacet?
Quid fuit, ingenti prostratum mole sodalem
    uisere et adloquii parte leuare tui,[12]
inque meos si non lacrimam demittere casus,
    pauca tamen ficto uerba dolore pati,   20
idque, quod ignoti faciunt, uale[13] dicere saltem,
    et uocem populi publicaque ora sequi,
denique lugubres uultus numquamque uidendos
    cernere supremo dum licuitque die,
dicendumque semel toto non amplius aeuo   25
    accipere, et parili reddere uoce 'uale'?
At fecere alii nullo mihi foedere iuncti,
    et lacrimas animi signa dedere sui.
Quid, nisi conuictu causisque ualentibus essem
    temporis et longi iunctus amore tibi?   30
Quid, nisi tot lusus et tot mea seria nosses,
    tot nossem lusus seriaque ipse tua?
Quid, si dumtaxat Romae mihi[14] cognitus esses,
    ascitus totiens in genus omne loci?
Cunctane in aequoreos abierunt irrita uentos?   35
    Cunctane Lethaeis mersa feruntur aquis?

I, 8

Rios profundos refluirão do mar para a nascente,
    e o Sol fará dar volta aos seus cavalos,
a terra ostentará estrelas, o arado fenderá o céu,
    a onda dará chamas e o fogo dará águas,
tudo irá contrário às leis da natureza,   5
    nenhuma parte do mundo manterá seu curso,
sucederá tudo que eu negava poder suceder,
    e nada há em que não se deva crer.
Isso vaticino eu, pois fui enganado por quem
    eu julgava haver de ajudar a este infeliz.   10
Tamanho olvido de mim tomou-te, ó traidor,
    tamanho temor tiveste de ir ver o atormentado,
que sequer voltaste os olhos nem consolaste o abatido,
    ó insensível, nem acompanhaste minhas exéquias?
O santo e venerável nome da amizade   15
    jaz como coisa vil e sob teus pés?
Que custava visitar o amigo por peso enorme
    prostrado e aliviá-lo com o quinhão de tua conversa?
E, se não verter lágrimas por meus infortúnios,
    permitir-se, porém, umas poucas palavras de simulada dor   20
e, o que fazem até os desconhecidos, ao menos dizer adeus,
    imitar a voz do povo e as públicas feições,
enfim, enquanto é lícito, ver no dia derradeiro
    o lúgubre rosto que nunca mais será visto;
ouvir uma única vez o "adeus" que não mais será   25
    dito em toda a vida e respondê-lo com mútua voz?
Mas outros, por pacto nenhum a mim ligados, fizeram-no
    e derramaram lágrimas como sinal de seu ânimo.
E se eu não tivesse estado unido a ti pela convivência,
    por fortes razões e pela afeição de longo tempo?   30
E se não tivesses conhecido minhas tantas brincadeiras e seriedades,
    nem eu conhecido tuas brincadeiras e seriedades?
E se apenas em Roma eu tivesse te conhecido,
    tu tantas vezes convidado a todo tipo de lugar?
Tudo se dissipou, anulado, nos ventos do mar?   35
    Tudo se afundou nas águas do Letes?[139]

Non ego te genitum placida reor urbe Quirini,
    urbe meo quae iam non adeunda pede est,[15]
sed scopulis, Ponti quos haec habet ora sinistri,
    inque feris Scythiae Sarmaticisque iugis: 40
et tua sunt silicis circum praecordia uenae,
    et rigidum ferri semina pectus habet;
quaeque tibi tenero quondam ducenda palato
    plena dedit nutrix ubera, tigris erat.
Aut mala nostra minus quam nunc aliena putares,   45
    duritiaeque mihi non agerere reus.
Sed quoniam accedit fatalibus hoc quoque damnis,
    ut careant numeris tempora prima suis,
effice, peccati ne sim memor huius, et illo
    officium laudem, quo queror, ore tuum.   50

I, 9

Detur inoffenso uitae tibi tangere metam,
    qui legis hoc nobis non inimicus opus.
Atque utinam pro te possent mea uota ualere,
    quae pro me duros non tetigere deos!
Donec eris sospes, multos numerabis amicos: 5
    tempora si fuerint nubila, solus eris.
Aspicis, ut ueniant ad candida tecta columbae,
    accipiat nullas sordida turris aues?
Horrea formicae tendunt ad inania nunquam:
    nullus ad amissas ibit amicus opes.   10
Vtque comes radios per solis euntibus umbra est,
    cum latet hic pressus nubibus, illa fugit,
mobile sic sequitur Fortunae lumina uulgus:
    quae simul inducta nube teguntur, abit.
Haec precor ut semper possint tibi falsa uideri;   15
    sunt tamen euentu uera fatenda meo.
Dum stetimus, turbae quantum satis esset, habebat
    nota quidem, sed non ambitiosa domus.
At simul impulsa est, omnes timuere ruinam
    cautaque communi terga dedere fugae.   20

Não creio que nasceste na plácida urbe de Quirino,
    na urbe já interdita aos meus pés,
mas nos escolhos desta margem do Ponto sinistro
    e nas serras ferozes da Cítia e da Sarmácia: 40
há veias de pedra ao redor de teu coração,
    e teu rijo peito tem férreas sementes;
a ama que outrora deu úberes cheios
    para teu tenro palato sugar era tigre.[140]
Se não, julgarias meus males menos alheios que agora, 45
    e eu não te faria réu por crueldade.
Mas, como aos danos do destino ainda se acresce
    que os velhos tempos permanecem incompletos,
faz que eu esqueça esta falta e, com a boca
    com que me queixo, eu louve o teu favor. 50

I, 9

Que ileso possas alcançar o fim da vida
    tu, que não inimigo lês esta obra.
E oxalá para ti surtissem efeito meus votos,
    que, para mim, não tocaram os duros deuses!
Enquanto fores venturoso, contarás muitos amigos: 5
    se os dias forem tempestuosos, estarás só.
Vês como as pombas vêm aos brancos telhados,
    como a suja torre ave alguma acolhe?
Formigas nunca buscam celeiros vazios:
    nenhum amigo irá a bens perdidos. 10
Como a sombra acompanha quem anda sob os raios de sol,
    mas foge quando ele se esconde atrás das nuvens,
assim o vulgo inconstante segue o brilho da Fortuna:
    tão logo o cobre a nuvem superposta, ele se vai.
Rogo que isso sempre possa te parecer mentira; 15
    minha desgraça, porém, deve confessá-lo verdade.
Enquanto estive erguido, a casa tinha turba bastante,
    era decerto conhecida, mas não ambiciosa.
Mas tão logo foi atingida, todos temeram a ruína
    e deram as costas, prudentes, em fuga comum. 20

Saeua neque admiror metuunt si fulmina, quorum
  ignibus adflari proxima quaeque solent.
Sed tamen in duris remanentem rebus amicum
  quamlibet inuiso Caesar in hoste probat,
nec solet irasci – neque enim moderatior alter – 25
  cum quis in aduersis, si quid amauit, amat.
De comite Argolici postquam cognouit Orestis,
  narratur Pyladen ipse probasse Thoas.
Quae fuit Actoridae cum magno semper Achille,
  laudari solita est Hectoris ore fides. 30
Quod pius ad manes Theseus comes iret amico,
  Tartareum dicunt indoluisse deum.
Euryali Nisique fide tibi, Turne, relata
  credibile est lacrimis inmaduisse genas.
Est etiam[16] miseris pietas, et in hoste probatur. 35
  Ei mihi, quam paucos haec mea dicta mouent!
Is status, haec rerum nunc est fortuna mearum,
  debeat ut lacrimis nullus adesse modus.
At mea sunt, proprio quamuis maestissima casu,
  pectora processu facta serena tuo. 40
Hoc ego uenturum iam tum, carissime, uidi,
  ferret adhuc istam cum minus[17] aura ratem.
Siue aliquod morum seu uitae labe carentis
  est pretium, nemo pluris emendus erat:
siue per ingenuas aliquis caput extulit artes, 45
  quaelibet eloquio fit bona causa tuo.
His ego commotus dixi tibi protinus ipsi:
  'Scaena manet dotes grandis, amice, tuas.'
Haec mihi non ouium fibrae tonitrusue sinistri,
  linguaue seruatae pennaue dixit auis. 50
Augurium ratio est et coniectura futuri:
  hac diuinaui notitiamque tuli.
Quae quoniam uera est, tota tibi mente mihique
  gratulor, ingenium non latuisse tuum.
At nostrum tenebris utinam latuisset in imis! 55
  Expediit studio lumen abesse meo.
Vtque tibi prosunt artes, facunde, seuerae,
  dissimiles illis sic nocuere mihi.

Não me admiro se temem os raios cruéis, que por chamas
   costumam espalhar-se às coisas vizinhas.
Porém, o amigo que perdura nas dificuldades,
   César o aprova mesmo no odioso inimigo,
e não costuma irar-se – ninguém é mais ponderado! –   25
   quando alguém, se algo amou, ama-o na adversidade.
Após conhecer o companheiro do argólico Orestes,
   o próprio Toante, conta-se, aprovou Pílades.
A lealdade que o Actórida[141] sempre teve com o grande Aquiles
   costumou ser louvada pela boca de Heitor.   30
Porque Teseu, fiel, acompanhasse o amigo aos Infernos,
   condoeu-se, dizem, o deus do Tártaro.
Narrada a ti, Turno, a lealdade de Niso e Euríalo,
   tuas faces, crê-se, banharam-se em lágrimas.
Mesmo aos infelizes há fidelidade, e é aprovada no inimigo.   35
   Ai de mim! Quão poucos minhas palavras movem!
Tal meu estado, tal agora é minha fortuna
   que limite algum deve haver às lágrimas.
Mas meu peito, embora tristíssimo com meu infortúnio,
   fez-se sereno com teu sucesso.   40
Já então, caríssimo, vi que isto aconteceria,
   quando a brisa ainda impelia pouco o teu barco.
Ou se o caráter, ou se a vida sem mácula
   têm algum valor, ninguém seria mais estimável:
seja se alguém se celebrizou pelas artes liberais,   45
   toda causa se torna boa por tua eloquência.
Impressionado por essas coisas, logo te disse:
   "Grande teatro, amigo, reserva-se aos teus dotes".
Disse-me isso não o fígado de ovelha, nem trovões
   à esquerda, nem o canto ou voo de ave observada.[142]   50
A razão é meu augúrio e predição do futuro:
   por ela adivinhei e tomei conhecimento.
Como ela é verdadeira, com todo o espírito a mim e a ti
   felicito por teu engenho não ter ficado escondido.
Mas oxalá o meu tivesse se escondido nas profundas trevas!   55
   Convinha ao meu esforço ter ficado longe da luz.
Assim como, ó eloquente, te são úteis artes sérias,
   artes diferentes dessas me prejudicaram.

Vita tamen tibi nota mea est. Scis artibus illis
  auctoris mores abstinuisse sui; 60
scis uetus hoc iuueni lusum mihi carmen, et istos,
  ut non laudandos, sic tamen esse iocos.
Ergo, ut defendi nullo mea posse colore,
  sic excusari crimina posse puto.
Qua potes, excusa, nec amici desere causam: 65
  quo bene coepisti, sic pede[18] semper eas.

I, 10

Est mihi, sitque precor, flauae tutela Mineruae,
  nauis et a picta casside nomen habet.
Siue opus est uelis, minimam bene currit ad auram,
  siue opus est remo, remige carpit iter.
Nec comites uolucri contenta est uincere cursu, 5
  occupat egressas quamlibet ante rates.
Et patitur fluctus fertque adsilientia longe
  aequora, nec saeuis uicta fatiscit aquis.
Illa, Corinthiacis primum mihi cognita Cenchreis,
  fida manet trepidae duxque comesque fugae; 10
perque tot euentus et iniquis concita uentis
  aequora Palladio numine tuta fuit.
Nunc quoque tuta, precor, uasti secet ostia Ponti,
  quasque petit, Getici litoris intret aquas.
Quae simul Aeoliae mare me deduxit in Helles, 15
  et longum tenui limite fecit iter,
fleximus in laeuum cursus, et ab Hectoris urbe
  uenimus ad portus, Imbria terra, tuos.
Inde, leui uento Zerynthia litora nacta,
  Threiciam tetigit fessa carina Samon. 20
Saltus ab hac contra breuis est Tempyra petenti:
  hac dominum tenus est illa secuta suum;
nam mihi Bistonios placuit pede carpere campos.
  Hellespontiacas illa relegit aquas
Dardaniamque petit, auctoris nomen habentem, 25
  et te ruricola, Lampsace, tuta deo,

Minha vida, porém, te é conhecida. Sabes que
    daquelas artes dista o caráter de seu autor;   60
sabes que este antigo poema foi brincadeira juvenil,
    e estes gracejos, embora não louváveis, são só gracejos.
Portanto, como julgo meus crimes indefensáveis
    por qualquer argumento, assim os julgo perdoáveis.
Perdoa o quanto podes e não deserta a causa deste amigo: 65
    vás sempre assim, com o pé com que bem começaste.

I, 10

Tenho – e rogo ter – a proteção da loura Minerva,
    e minha nau toma o nome do elmo pintado.
Se precisa de velas, corre muito à mínima brisa,
    se precisa de remos, com remador põe-se a caminho.
Não se contenta em vencer as companheiras em curso veloz,   5
    alcança os barcos que saíram não importa quanto antes.
Tolera as ondas e suporta o mar que de longe
    a invade, e não se fende vencida por águas cruéis.
Ela, que primeiro conheci no coríntio Cêncreas,[143]
    mantém-se guia e colega fiel no turbulento desterro;   10
e por tantas desgraças e mares revoltos por ventos
    contrários, pelo poder de Palas permaneceu segura.
Segura também agora, rogo, passe as portas do vasto Ponto
    e adentre as buscadas águas do litoral gético.
Logo que me conduziu para o mar da eólia Hele[144]   15
    e traçou o longo caminho com tênue rastro,
desviamos o rumo para a esquerda e, da cidade de Heitor,
    viemos aos teus portos, ó terra ímbria.[145]
Daí, granjeando as praias seríntias[146] com vento ligeiro,
    a exausta quilha alcançou Samos da Trácia.   20
Desta, é um pulo para quem busca Têmpira[147] defronte:
    até aí ela seguiu seu amo;
pois me agradou cruzar a pé os campos bistônios.[148]
    Ela vogou de volta as águas do Helesponto
e buscou a Dardânia de nome de seu fundador,   25
    e a ti, Lâmpsaco,[149] defendida pelo deus campestre,

quodque per angustas uectae male uirginis undas
    Seston Abydena separat urbe fretum,
inque Propontiacis haerentem Cyzicon oris,
    Cyzicon, Haemoniae nobile gentis opus, 30
quaeque tenent Ponti Byzantia litora fauces:
    hic locus est gemini ianua uasta maris.
Haec, precor, euincat, propulsaque fortibus Austris
    transeat instabilis strenua Cyaneas
Thyniacosque sinus, et ab his per Apollinis urbem 35
    arta sub Anchiali moenia tendat iter.
Inde Mesembriacos portus et Odesson et arces
    praetereat dictas nomine, Bacche, tuo,
et quos Alcathoi memorant e moenibus ortos
    sedibus his profugos constituisse Larem. 40
A quibus adueniat Miletida sospes ad urbem,
    offensi quo me detulit ira dei.
Haec si contigerint, meritae cadet agna Mineruae:
    non facit ad nostras hostia maior opes.
Vos quoque, Tyndaridae, quos haec colit insula, fratres, 45
    mite, precor, duplici numen adeste[19] uiae!
Altera namque parat Symplegadas ire per artas,
    scindere Bistonias altera puppis aquas.
Vos facite ut uentos loca cum diuersa petamus,
    illa suos habeat, nec minus illa suos. 50

I, 11

Littera quaecumque est toto tibi lecta libello,
    est mihi sollicito tempore facta uiae.
Aut haec me, gelido tremerem cum mense Decembri,
    scribentem mediis Adria uidit aquis,
aut, postquam bimarem cursu superauimus Isthmon, 5
    alteraque est nostrae sumpta carina fugae.
Quod facerem uersus inter fera murmura ponti,
    Cycladas Aegaeas obstupuisse puto.
Ipse ego nunc miror tantis animique marisque
    fluctibus ingenium non cecidisse meum. 10

e ao estreito da virgem carregada sem sucesso por águas cerradas,
    que separa Sesto[150] da cidade de Abidos;
a Cízico[151] ligada aos litorais da Propôntida,[152]
    Cízico, nobre obra do povo hemônio,   30
e às praias bizantinas na entrada do Ponto:
    este lugar é o amplo portal do gêmeo mar.
Que ela os vença, rogo, e, impelida pelos fortes Austros,
    vigorosa transponha as Cianeias[153] instáveis
e as baías tiníacas,[154] e daí, pela cidade de Apolo,[155]   35
    siga caminho sob as estreitas muralhas de Anquíalo.[156]
Depois, ultrapasse o porto de Mesêmbria,[157] Odessos[158]
    e a cidadela nomeada, ó Baco, de teu nome,
e os que, conta-se, nascidos das muralhas de Alcátoo,[159]
    firmaram, desterrados, o Lar nestas pousadas.   40
Vindo daí, que chegue incólume à cidade milésia
    para onde me atirou a ira do deus ofendido.
Se o conseguir, uma ovelha cairá pela merecedora Minerva:
    vítima maior não condiz com meus recursos.
Vós também, ó Tindáridas,[160] irmãos cultuados nesta ilha,   45
    favorecei, brandos numes, rogo, a dupla via!
Uma popa se prepara para passar entre as estreitas Simplégades,
    a outra, para fender as águas bistônias.
Vós, fazei que, embora buscando locais distintos,
    uma tenha os seus ventos, a outra, não menos os seus.   50

I, 11

Cada letra por ti lida em todo o livrinho
    durante inquieta viagem por mim foi escrita.
Viu-me escrevê-las em meio às águas o Adriático,
    quando eu tremia no gélido dezembro,
ou depois de atravessar o istmo bímare[161]   5
    e tomar outra quilha para meu desterro.
Porque entre os feros murmúrios do mar escrevo versos,
    se assombraram, creio, as egeias Cíclades.[162]
Até eu agora admiro meu engenho não ter-se esvaído
    em tamanhas ondas de ânimo e de mar.   10

Seu stupor huic studio siue est insania nomen,
    omnis ab hac cura cura leuata[20] mea est.
Saepe ego nimbosis dubius iactabar ab Haedis,
    saepe minax Steropes sidere pontus erat,
fuscabatque diem custos Erymanthidos Vrsae,   15
    aut Hyadas seris hauserat Auster aquis;
saepe maris pars intus erat: tamen ipse trementi
    carmina ducebam qualiacumque manu.
Nunc quoque contenti stridunt Aquilone rudentes,
    inque modum tumuli concaua surgit aqua.   20
Ipse gubernator tollens ad sidera palmas
    exposcit uotis, inmemor artis, opem.
Quocumque aspexi, nihil est nisi mortis imago,
    quam dubia timeo mente, timensque precor.
Attigero portum, portu terrebor ab ipso: 25
    plus habet infesta terra timoris aqua.
Nam simul insidiis hominum pelagique laboro,
    et faciunt geminos ensis et unda metus:
ille meo uereor ne speret sanguine praedam,
    haec titulum nostrae mortis habere uelit.   30
Barbara pars laeua est auidaeque adsueta rapinae,
    quam cruor et caedes bellaque semper habent.
Cumque sit hibernis agitatum fluctibus aequor,
    pectora sunt ipso turbidiora mari.
Quo magis his debes ignoscere, candide lector,   35
    si spe sunt, ut sunt, inferiora tua.
Non haec in nostris, ut quondam, scripsimus hortis,
    nec, consuete, meum, lectule, corpus habes.
Iactor in indomito brumali luce profundo;
    ipsaque caeruleis charta feritur aquis.   40
Improba pugnat hiems indignaturque quod ausim
    scribere se rigidas incutiente minas.
Vincat hiems hominem! Sed eodem tempore, quaeso,
    ipse modum statuam carminis, illa sui.

Se insânia ou estupidez é o nome desta paixão,
   com esta obra aliviou-se toda a minha aflição.
Amiúde à deriva eu era lançado por chuvosos Cabritos,[163]
   amiúde minaz era o mar sob o astro de Estérope,[164]
e ofuscava o dia o guardião da Ursa de Erimanto,   15
   ou o Austro[165] hauria as Híades[166] de suas águas vespertinas;
amiúde parte do mar dentro estava: eu, porém,
   com mão trêmula traçava quaisquer poemas.
Também agora sob o Aquilão[167] as amarras rangem estiradas
   e, qual montanha, a água surge recurvada.   20
Até o piloto, alçando as mãos aos céus, com votos
   rogou auxílio, esquecido da arte.
Para onde quer que eu olhe, nada há, só o espectro da morte,
   que indeciso temo e, temendo, imploro.
Alcançando o porto, até o porto será meu terror: 25
   mais que a água hostil, a terra contém temor.
Pois sofro ardis de homens e do mar a um só tempo,
   e espada e onda causam duplo medo:
uma, receio, espera a presa de meu sangue,
   a outra quer ter a glória de minha morte.   30
Bárbara é a terra a oeste, afeita à ávida rapina,
   sempre sangue, matança e guerras a dominam.
Embora por ondas invernais se agite o mar,
   meu peito é mais revolto do que o mar.
Ainda mais deves perdoar meus versos, leitor amigo,   35
   se são, como estão, piores que o esperado.
Não os escrevi, como outrora, em meus jardins,
   nem tens, costumeiro leito, meu corpo.
Sob a luz brumal, a indômitos abismos sou lançado,
   e o próprio papiro por águas azuis é golpeado.   40
A dura procela, atirando rijas ameaças,
   se opõe e se indigna de que eu ouse escrever.
A procela vença o homem! Contudo, a um só tempo,
   rogo, ponha eu fim ao poema, e ela cesse.

LIBER II

Quid mihi uobiscum est, infelix cura, libelli,
    ingenio perii qui miser ipse meo?
Cur modo damnatas repeto, mea crimina, Musas?
    An semel est poenam commeruisse parum?
Carmina fecerunt, ut me cognoscere uellet   5
    omine non fausto femina uirque meo;
carmina fecerunt, ut me moresque notaret
    iam demi[21] iussa Caesar ab Arte mea.
Deme mihi studium, uitae quoque crimina demes;
    acceptum refero uersibus esse nocens.   10
Hoc pretium curae uigilatorumque laborum
    cepimus: ingenio est poena reperta meo.
Si saperem, doctas odissem iure sorores,
    numina cultori perniciosa suo.
At nunc – tanta meo comes est insania morbo –   15
    saxa malum refero rursus ad icta[22] pedem,
scilicet ut uictus repetit gladiator arenam,
    et redit in tumidas naufraga puppis aquas.
Forsitan, ut quondam Teuthrantia regna tenenti,
    sic mihi res eadem uulnus opemque feret,   20
Musaque, quam mouit, motam quoque leniet iram:
    exorant magnos carmina saepe deos.
Ipse quoque Ausonias Caesar matresque nurusque
    carmina turrigerae dicere iussit Opi.
Iusserat et Phoebo dici, quo tempore ludos   25
    fecit, quos aetas aspicit una semel.
His precor exemplis tua nunc, mitissime Caesar,
    fiat ab ingenio mollior ira meo.
Illa quidem iusta est, nec me meruisse negabo –
    non adeo nostro fugit ab ore pudor –,   30
sed, nisi peccassem, quid tu concedere posses?
    Materiam ueniae sors tibi nostra dedit.

LIVRO II

O que tenho convosco, ó livrinhos, paixão desditosa,
    eu que, infeliz, pereci por meu próprio engenho?
Por que retorno às Musas, meu crime, há pouco condenadas?
    Acaso é pouco ter merecido a pena uma única vez?
Os poemas fizeram que homens e mulheres –   5
    mau presságio para mim – quisessem conhecer-me;
os poemas fizeram que, a mim e aos meus costumes, César
    censurasse por causa de minha *Arte*, já ordenada a sumir.
Tira-me a poesia, tirarás também os crimes de minha vida;
    ponho na conta dos versos ser culpado.   10
Este é o prêmio que recebi pelo zelo e pelos insones
    esforços: a pena foi obtida por meu engenho.
Se eu soubesse, com razão odiaria as doutas irmãs,
    deusas funestas a seu adorador.
Mas agora – tamanha é a insânia companheira desta doença –   15
    de novo levo o pé nefasto a pedras já pisadas,
como, é claro, o gladiador vencido retorna à arena
    e a náufraga popa volta às ondas inchadas.
Talvez, como outrora ao possuidor dos reinos de Teutrante,[168]
    a mesma coisa me traga a ferida e a cura,   20
e a Musa que moveu a ira também abrandará a ira movida:
    poemas amiúde aplacam os grandes deuses.
Até mesmo César ordenou que mães e moças ausônias
    entoassem cantos a Ops coroada de torres.[169]
Ordenara também serem entoados a Febo,[170] quando instituiu   25
    os jogos que cada século vê uma única vez.[171]
Com esses exemplos, imploro, ó dulcíssimo César,
    tua ira agora se torne mais branda por meu engenho.
Ela é de fato justa, e não negarei tê-la merecido –
    o pudor não foge tanto de minha boca –,   30
mas, se eu não tivesse errado, o que me poderias conceder?
    Minha sorte deu-te matéria digna de perdão.

Si, quotiens peccant homines, sua fulmina mittat
    Iuppiter, exiguo tempore inermis erit.
Nunc ubi detonuit strepituque exterruit orbem, 35
    purum discussis aera reddit aquis.
Iure igitur genitorque deum rectorque uocatur,
    iure capax mundus nil Ioue maius habet.
Tu quoque, cum patriae rector dicare paterque,
    utere more dei nomen habentis idem. 40
Idque facis, nec te quisquam moderatius umquam
    imperii potuit frena tenere sui.
Tu ueniam parti superatae saepe dedisti,
    non concessurus quam tibi uictor erat.
Diuitiis etiam multos et honoribus auctos 45
    uidi, qui tulerant in caput arma tuum.
Quaeque dies bellum, belli tibi sustulit iram;
    parsque simul templis utraque dona tulit.
Vtque tuus gaudet miles, quod uicerit hostem,
    sic uictum cur se gaudeat, hostis habet. 50
Causa mea est melior, qui nec contraria dicor
    arma, nec hostiles esse secutus opes.
Per mare, per terras, per tertia numina iuro,
    per te praesentem conspicuumque deum,
hunc animum[23] fauisse tibi, uir maxime, meque, 55
    qua sola potui, mente fuisse tuum.
Optaui, peteres caelestia sidera tarde,
    parsque fui turbae parua precantis idem;
et pia tura dedi pro te, cumque omnibus unus
    ipse quoque adiuui publica uota meis. 60
Quid referam libros, illos quoque, crimina nostra,
    mille locis plenos nominis esse tui?
Inspice maius opus, quod adhuc sine fine tenetur,
    in non credendos corpora uersa modos:
inuenies uestri praeconia nominis illic, 65
    inuenies animi pignora multa mei.
Non tua carminibus maior fit gloria, nec quo,
    ut maior fiat, crescere possit, habet.
Fama Ioui superest: tamen hunc sua facta referri
    et se materiam carminis esse iuuat, 70

Se Júpiter lançar seus raios sempre que os homens
  erram, em pouco tempo estará desarmado.
Agora, após trovejar e aterrorizar o mundo com estrondo,   35
  dissipadas as águas, traz de volta o ar límpido.
Com razão, portanto, é chamado pai e senhor dos deuses,
  com razão, o amplo universo nada tem maior que Júpiter.
Tu também, como és nomeado senhor e pai da pátria,
  segue o costume do deus de mesmo nome.   40
Tu o fazes, e ninguém jamais pôde reter as rédeas
  do próprio poder com mais moderação.
Amiúde deste à parte vencida o perdão
  que o vencedor não haveria de te conceder.
Também vi muitos que tomaram armas contra tua vida   45
  serem munidos de honras e riquezas.
E o dia que pôs fim à guerra pôs fim também à tua ira da guerra;
  ambas as partes levaram juntas ofertas aos templos.
E assim como teu soldado se alegra por vencer o inimigo,
  o inimigo tem por que se alegrar, vencido.   50
Minha causa é melhor, pois não sou acusado de ter seguido
  armas adversárias ou forças inimigas.
Juro pelo mar, pelas terras, pelos deuses infernais,
  por ti, deus presente e visível,
que meu ânimo, ó maior dos homens, te estimou   55
  e que, o quanto pude em minha mente, fui teu.
Desejei que demorasses a buscar os astros celestes
  e fui pequena parte da turba que implorava o mesmo;
a ti ofertei incensos devotos e, junto a todos, também
  eu próprio auxiliei os votos públicos com os meus.   60
Por que mencionar que os livros, também aqueles, meus crimes,
  estão cheios de teu nome em mil lugares?
Observa a obra maior, que ainda permanece sem fim,
  corpos transformados de inacreditáveis modos:
encontrarás ali elogios ao teu nome,   65
  encontrarás muitas provas de meu ânimo.
Tua glória não se faz maior pelos poemas, nem tem
  para onde possa crescer para se fazer maior.
A fama de Júpiter sobeja: porém, lhe agrada narrarem
  seus feitos e ser ele próprio matéria de poemas;   70

cumque Gigantei memorantur proelia belli,
    credibile est laetum laudibus esse suis.
Te celebrant alii quanto decet ore, tuasque
    ingenio laudes uberiore canunt.
Sed tamen, ut fuso taurorum sanguine centum,   75
    sic capitur minimo turis honore deus.
A! ferus et nobis crudelior omnibus hostis,
    delicias legit qui tibi cumque meas,
carmina ne nostris quae[24] te uenerantia libris
    iudicio possent[25] candidiore legi.   80
Esse sed irato quis te mihi posset amicus?
    Vix tunc ipse mihi non inimicus eram.
Cum coepit quassata domus subsidere, partes
    in proclinatas omne recumbit onus;
cunctaque fortuna rimam faciente dehiscunt,   85
    ipsa suo quaedam[26] pondere tracta ruunt.
Ergo hominum quaesitum odium mihi carmine, quosque
    debuit, est uultus turba secuta tuos.
At, memini, uitamque meam moresque probabas
    illo, quem dederas, praetereuntis equo.   90
Quod si non prodest et honesti gloria nulla
    redditur, at nullum crimen adeptus eram.[27]
Nec male commissa est nobis fortuna reorum
    lisque decem deciens inspicienda uiris.
Res quoque priuatas statui sine crimine iudex,   95
    deque mea fassa est pars quoque uicta fide.
Me miserum! Potui, si non extrema nocerent,
    iudicio tutus non semel esse tuo.
Vltima me perdunt, imoque sub aequore mergit
    incolumem totiens una procella ratem.   100
Nec mihi pars nocuit de gurgite parua, sed omnes
    pressere hoc fluctus oceanusque caput.
Cur aliquid uidi? Cur noxia lumina feci?
    Cur imprudenti cognita culpa mihi?
Inscius Actaeon uidit sine ueste Dianam: 105
    praeda fuit canibus non minus ille suis.
Scilicet in superis etiam fortuna luenda est,
    nec ueniam laeso numine casus habet.

quando são lembradas as lutas da Gigantomaquia,¹⁷²
   acredita-se que se alegre com seus louvores.
Outros te celebram com voz tão grandiosa quanto convém
   e cantam teus louvores com engenho mais fecundo.
Porém, como o sangue derramado de cem touros, 75
   assim cativa o deus a mínima homenagem de incenso.
Ah! Feroz e mais cruel que todos os meus inimigos
   é quem quer que te tenha lido as minhas delícias,
de tal modo que os poemas que em meus livros te veneram
   não pudessem ser lidos com juízo mais favorável. 80
Mas, tu estando em ira, quem poderia ser meu amigo?
   A custo, então, eu próprio não era meu inimigo.
Quando, abalada, uma casa começa a ceder,
   todo o peso recai sobre as partes inclinadas;
e, fazendo a fortuna uma fenda, tudo se racha, 85
   e a própria casa rui, arrastada por seu peso.
Então, pelo poema obtive o ódio dos homens,
   e a turba seguiu, como devia, tuas feições.
Mas, lembro-me, aprovavas minha vida e meus costumes,
   quando eu desfilava naquele cavalo que me deras. 90
Se isso não é útil, e ao honrado nenhuma glória
   é dada, ao menos eu não tinha cometido nenhum crime.
Não foi um equívoco confiar-me a sorte dos réus,
   nem o processo que centúnviros¹⁷³ hão de examinar.
Juiz irrepreensível, também resolvi casos privados, 95
   e a parte vencida também reconheceu minha honestidade.
Ai de mim! Se os derradeiros eventos não me tivessem prejudicado,
   mais de uma vez eu poderia estar seguro sob teu julgamento.
Os últimos atos me perderam, e sob águas profundas
   uma única procela submerge o barco tantas vezes intacto. 100
E não foi pouca parte do mar que me prejudicou, mas
   todas as ondas e o oceano comprimiram minha vida.
Por que vi aquilo? Por que tornei culpados os olhos?
   Por que descobri, desacautelado, uma culpa?
Acteão, insciente, viu Diana despida: 105
   ele foi não menos que a presa dos próprios cães.
É claro que entre os deuses até a fortuna deve ser expiada,
   e, ofendido um deus, o acaso não tem perdão.

Illa nostra die, qua me malus abstulit error,
    parua quidem periit, sed sine labe domus;   110
sic quoque parua tamen, patrio dicatur ut aeuo
    clara nec ullius nobilitate minor,
et neque diuitiis nec paupertate notanda,
    unde sit in neutrum conspiciendus eques.
Sit quoque nostra domus uel censu parua uel ortu,[28]   115
    ingenio certe non latet illa meo;
quo uidear quamuis nimium iuuenaliter usus,
    grande tamen toto nomen ab orbe fero,
turbaque doctorum Nasonem nouit et audet
    non fastiditis adnumerare uiris.   120
Corruit haec igitur Musis accepta, sub uno,
    sed non exiguo crimine lapsa, domus:
atque ea sic lapsa est, ut surgere, si modo laesi
    ematuruerit Caesaris ira, queat.
Cuius in euentu poenae clementia tanta est,   125
    uenerit ut nostro lenior illa metu.
Vita data est, citraque necem tua constitit ira,
    o princeps parce uiribus use tuis!
Insuper accedunt, te non adimente, paternae,
    tamquam uita parum muneris esset, opes.   130
Nec mea decreto damnasti facta senatus,
    nec mea selecto iudice iussa fuga est.
Tristibus inuectus uerbis – ita principe dignum –
    ultus es offensas, ut decet, ipse tuas.
Adde quod edictum, quamuis immite minaxque,   135
    attamen in poenae nomine lene fuit:
quippe relegatus, non exul, dicor in illo,
    priuaque fortunae sunt ibi uerba meae.
Nulla quidem sano grauior mentisque potenti
    poena est, quam tanto displicuisse uiro;   140
sed solet interdum fieri placabile numen:
    nube solet pulsa candidus ire dies.
Vidi ego pampineis oneratam uitibus ulmum,
    quae fuerat saeui fulmine tacta Iouis.
Ipse licet sperare uetes, sperabimus usque,   145
    hoc unum fieri te prohibente potest.

Naquele dia em que o maldito erro me arrebatou,
    pereceu minha casa, decerto modesta, mas sem mancha;   110
ainda que assim modesta, é dita ilustre pelo tempo dos ancestrais,
    e não menor em nobreza que qualquer outra,
nem censurável por riqueza nem pobreza,
    donde um cavaleiro não deve destacar-se por uma nem outra.
Seja ainda minha casa modesta pelo censo ou pela origem,   115
    decerto não é obscura por meu engenho;
embora eu pareça tê-lo usado com excessiva inconsequência,
    grande renome trago de todo o mundo,
e a turba de doutos conhece Nasão e ousa
    contá-lo entre os homens não desdenháveis.   120
Então esta casa, cara às Musas, desabou,
    caída por um único, mas não ínfimo, crime:
de tal modo caiu que poderá reerguer-se, desde que
    a ira de César ofendido se tenha atenuado.
Tamanha é a clemência dele na aplicação da pena,   125
    que ela chegou mais branda do que eu temia.
Deste-me a vida, e aquém da morte ficou tua ira,
    ó príncipe que comedido usaste tuas forças!
Ademais, ajuntam-se os bens paternos, que não me tomaste,
    como se a vida fosse dádiva pouca.   130
Não condenaste meus feitos com decreto do Senado,
    nem meu desterro foi ordenado por um juiz escolhido.
Investindo com tristes palavras – assim é digno de um príncipe –,
    tu próprio vingaste, como convém, tuas ofensas.
Acresce que o edito, embora duro e minaz,   135
    foi, todavia, brando no nome da pena:
pois relegado, e não exilado, nele sou chamado
    e aí constam palavras especiais para minha fortuna.
A alguém são e senhor de sua mente, decerto não há
    pena mais grave que ter descontentado tamanho homem,   140
mas às vezes o nume costuma deixar-se aplacar:
    afastada a nuvem, o dia costuma seguir radiante.
Eu mesmo vi, carregado de videiras com pâmpanos, um olmo
    que fora atingido pelo raio de Júpiter cruel.
Mesmo que me vetes esperar, esperarei sem cessar,   145
    enquanto proíbes, apenas isso pode ser feito.

Spes mihi magna subit, cum te, mitissime princeps,
   spes mihi, respicio cum mea facta, cadit.
Ac ueluti uentis agitantibus aera non est
   aequalis rabies continuusque furor, 150
sed modo subsidunt intermissique silescunt,
   uimque putes illos deposuisse suam:
sic abeunt redeuntque mei uariantque timores,
   et spem placandi dantque negantque tui.
Per superos igitur, qui dant tibi longa dabuntque 155
   tempora, Romanum si modo nomen amant,
per patriam, quae te tuta et secura parente est,
   cuius, ut in populo, pars ego nuper eram,
sic tibi, quem semper factis animoque mereris,
   reddatur gratae debitus Vrbis amor; 160
Liuia sic tecum sociales compleat annos,
   quae, nisi te, nullo coniuge digna fuit,
quae si non esset, caelebs te uita deceret,
   nullaque, cui posses esse maritus, erat;
sospite sic te sit natus quoque sospes, et olim 165
   imperium regat hoc cum seniore senex;
ut faciuntque tui, sidus iuuenale, nepotes,
   per tua perque sui facta parentis eant;
sic adsueta tuis semper Victoria castris
   nunc quoque se praestet notaque signa petat, 170
Ausoniumque ducem solitis circumuolet alis,
   ponat et in nitida laurea serta coma:
per quem bella geris, cuius nunc corpore pugnas,
   auspicium cui das grande deosque tuos,
dimidioque tui praesens et respicis urbem, 175
   dimidio procul es saeuaque bella geris;
hic tibi sic redeat superato uictor ab hoste,
   inque coronatis fulgeat altus equis,
parce, precor, fulmenque tuum, fera tela, reconde,
   heu, nimium misero cognita tela mihi! 180
Parce, pater patriae, nec nominis inmemor huius
   olim placandi spem mihi tolle tui!
Non precor ut redeam, quamuis maiora petitis
   credibile est magnos saepe dedisse deos:

Grande esperança vem-me à mente, ó dulcíssimo príncipe, quando olho para ti,
   morre-me a esperança quando olho para meus feitos.
E como os ventos que agitam os ares não têm
   raiva uniforme e contínuo furor,   150
mas logo param e, interrompidos, silenciam,
   e pensa-se que depuseram sua força:
assim vão, vêm e variam meus temores,
   dão e negam a esperança de te aplacar.
Pelos deuses celestes, que te dão longa vida   155
   e te darão, se amam a nação romana,
pela pátria, que, tendo-te como pai, está segura e tranquila,
   da qual há pouco eu era parte lá entre o povo,
assim o devido amor da grata Roma, que sempre mereces
   por teu ânimo e teus feitos, seja-te prestado;   160
assim Lívia cumpra os anos conjugais contigo,
   ela, que não foi digna de esposo algum senão de ti,
que, se não existisse, te conviria ser solteiro,
   e não havia ninguém de quem pudesses ser marido;
assim, tu são e salvo, também teu filho[174] esteja a salvo,   165
   e um dia, velho, contigo mais velho, ele governe este império,
e, qual já fazem, que teus netos,[175] jovem constelação,
   ajam segundo teus feitos e os de seu pai;
assim a Vitória, sempre costumeira em teus acampamentos,
   também agora se apresente e busque os estandartes conhecidos,   170
e com asas habituais sobrevoe o chefe ausônio
   e lhe ponha a coroa de louros na brilhante cabeleira:
por meio dele fazes guerras, por seu corpo agora lutas,
   a ele dás grande auspício e os teus deuses,
com uma tua metade estás presente e observas Roma,   175
   com a outra estás distante e fazes guerras cruéis;
assim a ti ele retorne vencedor sobre o inimigo derrotado
   e, excelso, refulja sobre cavalos coroados,
assim imploro, poupa-me, oculta teu raio, arma feroz,
   ai, arma demasiado conhecida a este infeliz!   180
Poupa-me, pai da pátria, e não me tolhas, esquecido
   deste nome, a esperança de um dia te aplacar!
Não imploro o retorno, embora se creia que grandes
   deuses amiúde deram mais do que o pedido:

mitius exilium si das propiusque roganti, 185
    pars erit ex poena magna leuata mea.
Vltima perpetior medios eiectus in hostes,
    nec quisquam patria longius exul abest.
Solus ad egressus missus septemplicis Histri
    Parrhasiae gelido uirginis axe premor. 190
Ciziges et Colchi Matereaque[29] turba Getaeque
    Danuuii mediis uix prohibentur aquis.
Cumque alii causa tibi sint grauiore fugati,
    ulterior nulli, quam mihi, terra data est.
Longius hac nihil est, nisi tantum frigus et hostes, 195
    et maris adstricto quae coit unda gelu.
Hactenus Euxini pars est Romana sinistri:
    proxima Basternae Sauromataeque tenent.
Haec est Ausonio sub iure nouissima uixque
    haeret in imperii margine terra tui. 200
Vnde precor supplex ut nos in tuta releges,
    ne sit cum patria pax quoque adempta mihi,
ne timeam gentes, quas non bene summouet Hister,
    neue tuus possim ciuis ab hoste capi.
Fas prohibet Latio quemquam de sanguine natum 205
    Caesaribus saluis barbara uincla pati.
Perdiderint cum me duo crimina, carmen et error,
    alterius facti culpa silenda mihi:
nam non sum tanti, renouem ut tua uulnera, Caesar,
    quem nimio plus est indoluisse semel. 210
Altera pars superest, qua turpi carmine factus
    arguor obsceni doctor adulterii.
Fas ergo est aliqua caelestia pectora falli,
    et sunt notitia multa minora tua?
Vtque deos caelumque simul sublime tuenti 215
    non uacat exiguis rebus adesse Ioui,
de te pendentem sic dum circumspicis orbem,
    effugiunt curas inferiora tuas?
Scilicet imperii princeps statione relicta
    imparibus legeres carmina facta modis? 220
Non ea te moles Romani nominis urget,
    inque tuis umeris tam leue fertur onus,

se ao suplicante dás um exílio mais doce e mais próximo,   185
   grande parte de minha pena será aliviada.
Lançado em meio a inimigos, aturo o extremo,
   e exilado algum dista tanto da pátria.
Enviado sozinho à foz do Istro[176] de sete bocas,
   oprime-me o gélido polo da virgem Parrásia.   190
Cízicos, colcos, turba metérea e getas
   a custo os afastam as águas do Danúbio no meio.
Embora tenhas desterrado outros por motivo mais grave,
   a ninguém foi dada terra mais afastada que a mim.
Nada há mais longe que ela, apenas o frio e os inimigos   195
   e a água do mar que se cerra em sólido gelo.
Até aqui vem a parte romana do sinistro Euxino:
   bastarnos e saurômatas detêm as redondezas.
Esta é a última terra sob direito ausônio
   e a custo se prende à fronteira de teu império.   200
Por isso, imploro, súplice, que me relegues a locais seguros,
   para não me ser tirada, junto com a pátria, a paz,
para eu não temer os povos que o Istro não aparta bem,
   ou para, cidadão teu, eu não poder ser capturado pelo inimigo.
A justiça proíbe que alguém de sangue latino   205
   sofra bárbaros grilhões enquanto vivem os Césares.
Embora dois crimes tenham-me perdido, um poema e um erro,
   do segundo feito devo silenciar a culpa:
pois não valho tanto para renovar tuas feridas, César,
   que é mais que demais teres sofrido já uma vez.   210
Resta a outra parte: sou acusado de ter-me tornado,
   com torpe poema, mestre do obsceno adultério.
É justo, então, alguma vez se enganarem os ânimos celestes,
   e há muitas coisas que não merecem teu conhecimento?
E como Júpiter, que ao mesmo tempo guarda deuses   215
   e céu sublime, não tem tempo de observar miudezas,
assim, enquanto observas o mundo que de ti depende,
   coisas menores fogem de teus cuidados?
Decerto, ó líder do império, abandonado o posto,
   lerias poemas feitos em versos desiguais?   220
Não te oprime essa massa da nação romana,
   e em teus ombros é levado tão leve peso

lusibus ut possis aduertere numen ineptis,
    excutiasque oculis otia nostra tuis.
Nunc tibi Pannonia est, nunc Illyris ora domanda,   225
    Rhaetica nunc praebent Thraciaque arma metum;
nunc petit Armenius pacem, nunc porrigit arcus
    Parthus eques timida captaque signa manu;
nunc te prole tua iuuenem Germania sentit,
    bellaque pro magno Caesare Caesar obit.   230
Denique, ut in tanto, quantum non extitit umquam,
    corpore pars nulla est, quae labet, imperii.
Vrbs quoque te et legum lassat tutela tuarum
    et morum, similes[30] quos cupis esse tuis.
Nec tibi contingunt, quae gentibus otia praestas,   235
    bellaque cum multis inrequieta geris.
Mirer in hoc igitur tantarum pondere rerum
    te numquam nostros euoluisse iocos?
At si, quod mallem, uacuum tibi forte fuisset,
    nullum legisses crimen in Arte mea.   240
Illa quidem fateor frontis non esse seuerae
    scripta, nec a tanto principe digna legi:
non tamen idcirco legum contraria iussis
    sunt ea Romanas erudiuntque nurus.
Neue, quibus scribam, possis dubitare, libellos,   245
    quattuor hos uersus e tribus unus habet:
"Este procul, uittae tenues, insigne pudoris,
    quaeque tegis medios instita longa pedes!
Nil nisi legitimum concessaque furta canemus,
    inque meo nullum carmine crimen erit."   250
Ecquid ab hac omnes rigide summouimus Arte,
    quas stola contingi uittaque sumpta uetat?
"At matrona potest alienis artibus uti,
    quodque trahat, quamuis non doceatur, habet."
Nil igitur matrona legat, quia carmine ab omni   255
    ad delinquendum doctior esse potest.
Quodcumque attigerit, siqua est studiosa sinistri,
    ad uitium mores instruet inde suos.
Sumpserit Annales – nihil est hirsutius illis –,
    facta sit unde parens Ilia, nempe leget.   260

que podes aplicar teu nume a jogos tolos,
    e escrutas meus ócios com teus olhos.
Ora deves domar a Panônia, ora a costa da Ilíria,   225
    ora as armas réticas e trácias causam medo;
ora o armênio pede paz, ora, com mão temerosa,
    o cavaleiro parta depõe o arco e as insígnias capturadas;
ora em teu filho a Germânia te sente jovem
    e, em lugar do grande César, César faz guerras.   230
Enfim, embora de corpo tão grande quanto jamais
    existiu, não há parte alguma do império que vacilará.
Também te exaurem Roma e a tutela de tuas leis
    e costumes, que desejas semelhantes aos teus.
Não te alcança o sossego que levas aos povos   235
    e contra muitos manténs guerras contínuas.
Me admirarei, então, se em meio a tamanho peso,
    nunca desenrolaste meus gracejos?
Mas se – eu preferiria – acaso tivesses tido tempo vago,
    crime algum terias lido em minha *Arte*.   240
Confesso os escritos decerto não serem de austera face,
    nem dignos de ser lidos por tamanho Príncipe:
nem por isso, porém, são eles contrários aos preceitos
    das leis e instruem as jovens romanas.
Para não poderes duvidar a quem escrevo os livrinhos,   245
    um dos três tem estes quatro versos:
"Ficai longe, fitas tênues, sinal de pudor,
    e tu, vestido longo, que cobres metade do pé!
Nada cantarei senão o legítimo e fraudes permitidas,
    e em meu poema crime algum haverá".   250
Acaso não apartei rigorosamente desta *Arte* todas
    as que a estola e a fita assumida vetam ser tocadas?
– Mas a matrona pode usar as artes destinadas a outros,
    e tem com o que seduzir, embora não seja ensinada –.
Então, que a matrona nada leia, pois por qualquer poema   255
    pode se tornar mais douta no delito.
O que quer que tenha tocado, se ela é inclinada ao mal,
    daí instruirá seus costumes no vício.
Se pegar os *Anais* – nada mais espinhoso que eles –,
    decerto lerá como Ília[177] tornou-se mãe.   260

Sumpserit Aeneadum genetrix ubi prima, requiret,
    Aeneadum genetrix unde sit alma Venus.
Persequar inferius, modo si licet ordine ferri,
    posse nocere animis carminis omne genus.
Non tamen idcirco crimen liber omnis habebit.   265
    Nil prodest, quod non laedere possit idem.
Igne quid utilius? Siquis tamen urere tecta
    comparat, audaces instruit igne manus.
Eripit interdum, modo dat medicina salutem,
    quaeque iuuet, monstrat, quaeque sit herba nocens.   270
Et latro et cautus praecingitur ense uiator;
    ille sed insidias, hic sibi portat opem.
Discitur innocuas ut agat facundia causas;
    protegit haec sontes, inmeritosque premit.
Sic igitur carmen, recta si mente legatur,   275
    constabit nulli posse nocere meum.
"At quasdam uitio". Quicumque hoc concipit, errat,
    et nimium scriptis arrogat ille meis.
Vt tamen hoc fatear, ludi quoque semina praebent
    nequitiae: tolli tota theatra iube!   280
Peccandi causam multis[31] quam saepe dederunt,
    Martia cum durum sternit harena solum!
Tollatur circus! Non tuta licentia circi est:
    hic sedet ignoto iuncta puella uiro.
Cum quaedam spatientur in hoc, ut amator eodem   285
    conueniat, quare porticus ulla patet?
Quis locus est templis augustior? Haec quoque uitet,
    in culpam siqua est ingeniosa suam!
Cum steterit Iouis aede, Iouis succurret in aede
    quam multas matres fecerit ille deus.   290
Proxima adoranti Iunonis templa subibit,
    paelicibus multis hanc doluisse deam.
Pallade conspecta, natum de crimine uirgo
    sustulerit quare, quaeret, Erichthonium.
Venerit in magni templum, tua munera, Martis: 295
    stat Venus Vltori iuncta, uir ante fores;
Isidis aede sedens, cur hanc Saturnia, quaeret
    egerit Ionio Bosphorioque mari.

Se pegar o começo "mãe dos enéadas",[178]
    perguntará como Vênus nutriz é mãe dos enéadas.
Demonstrarei mais abaixo, se é lícito enumerar,
    que todo tipo de poema pode prejudicar os ânimos.
Nem por isso, porém, todo livro será acusado.   265
    Nada há útil que também não possa ser danoso.
Que há mais útil que o fogo? Mas se alguém decide
    queimar casas, com fogo arma a mão audaz.
A medicina ora toma, ora dá saúde,
    mostra qual erva ajuda, qual é nociva.   270
A espada cinge o ladrão e o viajante precavido;
    este porta auxílio próprio, aquele armadilhas.
Aprende-se eloquência para advogar causas inócuas;
    ela ampara culpados e oprime inocentes.
Assim, pois, se lido com reto propósito,   275
    ficará claro que meu poema a ninguém pode prejudicar.
"Mas corrompo algumas". Erra quem isso imagina
    e atribui muito peso aos meus escritos.
Embora eu o confesse, também os jogos oferecem
    sementes de malícia: ordena a extinção de todos teatros!   280
Quão amiúde deram a muitos motivos de falta,
    quando a areia de Marte aplaina o duro solo!
Extinga-se o circo! Não é segura a permissão do circo:
    aqui assenta a moça unida a um estranho.
Como algumas passeiam para o amante ali   285
    as encontrar, por que algum pórtico está aberto?
Que lugar é mais augusto que os templos? Evite-os também,
    se alguma engendra sua culpa!
Quando no templo de Júpiter, no templo de Júpiter
    recordará quantas moças o deus tornou mães.   290
À que adora ao vizinho templo de Juno, virá à mente
    que a deusa se lamentou das muitas rivais.
À vista de Palas, indagará por que a virgem
    criou Erictônio,[179] nascido de um crime.
Chegará ao templo do grande Marte, dádiva tua: 295
    Vênus ao Vingador unida, o marido às portas.
Sentando no templo de Ísis,[180] indagará por que a Satúrnia
    a perseguiu pelo mar Jônio e pelo Bósforo.

In Venerem Anchises, in Lunam Latmius heros,
  in Cererem Iasion, qui referatur, erit.   300
Omnia peruersas possunt corrumpere mentes:
  stant tamen illa suis omnia tuta locis.
Et procul a scripta solis meretricibus Arte
  summouet ingenuas pagina prima manus.
Quaecumque erupit qua non sinit ire sacerdos,   305
  protinus huic dempti criminis ipsa rea est.
Nec tamen est facinus uersus euoluere molles;[32]
  multa licet castae non facienda legant.
Saepe supercilii nudas matrona seueri
  et Veneris stantes[33] ad genus omne uidet.   310
Corpora Vestales oculi meretricia cernunt,
  nec domino poenae res ea causa fuit.
At cur in nostra nimia est lasciuia Musa,
  curue meus cuiquam suadet amare liber?
Nil nisi peccatum manifestaque culpa fatenda est: 315
  paenitet ingenii iudiciique mei.
Cur non Argolicis potius quae concidit armis
  uexata est iterum carmine Troia meo?
Cur tacui Thebas et uulnera mutua fratrum,
  et septem portas, sub duce quamque suo?   320
Nec mihi materiam bellatrix Roma negabat,
  et pius est patriae facta referre labor.
Denique cum meritis impleueris omnia, Caesar,
  pars mihi de multis una canenda fuit;
utque trahunt oculos radiantia lumina solis,   325
  traxissent animum sic tua facta meum.
Arguor inmerito. Tenuis mihi campus aratur;
  illud erat magnae fertilitatis opus.
Non ideo debet pelago se credere, siqua
  audet in exiguo ludere cumba lacu.   330
Forsan – et hoc dubitem – numeris leuioribus aptus
  sim satis, in paruos sufficiamque modos.
At si me iubeas domitos Iouis igne Gigantes
  dicere, conantem debilitabit onus.
Diuitis ingenii est immania Caesaris acta   335
  condere, materia ne superetur opus.

Diante de Vênus haverá Anquises a se mencionar,
 o herói Latmio diante da Lua, Iásio diante de Ceres.[181] 300
Tudo pode corromper mentes perversas:
 mas tudo fica seguro em seu próprio lugar.
Para longe da *Arte*, escrita apenas para cortesãs,
 a primeira página aparta mãos honestas.
A que se atirou para onde o sacerdote não deixa ir 305
 logo é ré de crime de que ele está isento.
Não é crime, porém, desenrolar amenos versos;
 às castas é lícito ler muito do que não hão de fazer.
Amiúde a matrona de ar austero vê moças nuas
 e à espera de todo tipo de Vênus. 310
Os olhos das Vestais divisam corpos de meretrizes,
 e isso não foi causa de punição ao rufião.
Mas por que há tanta lascívia em minha Musa,
 ou por que meu livro persuade alguém a amar?
Nada devo confessar, senão a falta e a culpa evidentes: 315
 arrependo-me de meu engenho e juízo.
Por que em meu poema não foi de novo – antes isso – atacada
 Troia, que sucumbiu às armas argólicas?
Por que não falei de Tebas, das mútuas feridas dos irmãos
 e das sete portas, cada uma sob seu chefe? 320
Roma guerreira não me negava matéria,
 e é honrado esforço cantar os feitos da pátria.
Enfim, como preencheste tudo, César, com teus méritos,
 dos muitos, uma só parte eu deveria cantar;
como os radiantes raios de sol atraem os olhos, 325
 assim teus feitos teriam atraído meu ânimo.
Sou acusado injustamente. É campo tênue que aro;
 aquela obra era de grande fertilidade.
Uma barca não deve fiar-se ao alto-mar
 só porque ousa brincar em lago esguio. 330
Talvez (até disto duvido) eu me adapte bem a ritmos
 mais leves e só tenha força para metros menores.
Mas se Gigantes domados pelo raio de Júpiter me ordenares
 narrar, o peso me extenuará ao tentar.
Escrever os enormes feitos de César exige rico engenho, 335
 para a matéria não superar a obra.

Et tamen ausus eram; sed detrectare uidebar,
  quodque nefas, damno uiribus esse tuis.
Ad leue rursus opus, iuuenalia carmina, ueni,
  et falso moui pectus amore meum. 340
Non equidem uellem, sed me mea fata trahebant,
  inque meas poenas ingeniosus eram.
Ei mihi, quod didici? Cur me docuere parentes
  litteraque est oculos ulla morata meos?
Haec tibi me inuisum lasciuia fecit, ob Artes, 345
  quas³⁴ ratus es uetitos sollicitasse toros.
Sed neque me nuptae didicerunt furta magistro,
  quodque parum nouit, nemo docere potest.
Sic ego delicias et mollia carmina feci,
  strinxerit ut nomen fabula nulla meum. 350
Nec quisquam est adeo media de plebe maritus,
  ut dubius uitio sit pater ille meo.
Crede mihi, distant mores a carmine nostro –
  uita uerecunda est, Musa iocosa mea –
magnaque pars mendax operum est et ficta meorum: 355
  plus sibi permisit compositore suo.
Nec liber indicium est animi, sed honesta uoluptas
  plurima mulcendis auribus apta ferens.
Accius esset atrox, conuiua Terentius esset,
  essent pugnaces qui fera bella canunt. 360
Denique composui teneros non solus amores:
  composito poenas solus amore dedi.
Quid, nisi cum multo Venerem confundere uino
  praecepit lyrici Teia Musa senis?
Lesbia quid docuit Sappho, nisi amare, puellas? 365
  Tuta tamen Sappho, tutus et ille fuit.
Nec tibi, Battiade, nocuit, quod saepe legenti
  delicias uersu fassus es ipse tuas.
Fabula iucundi nulla est sine amore Menandri,
  et solet hic pueris uirginibusque legi. 370
Ilias ipsa quid est aliud nisi adultera, de qua
  inter amatorem pugna uirumque fuit?
Quid prius est illi flamma Briseidos, utque
  fecerit iratos rapta puella duces?

Todavia eu o ousara; mas parecia rebaixar-te
    e, que sacrilégio!, ser ruinoso às tuas forças.
Retornei à obra leve, poemas juvenis,
    e meu peito movi com falso amor. 340
Não o queria, mas meus fados me puxavam,
    e eu engendrava as minhas penas.
Ai de mim! Por que estudei? Por que meus pais instruíram-me,
    e as letras retiveram os meus olhos?
Esta lascívia fez-me odioso a ti pelas *Artes*, 345
    que julgaste aliciarem leitos proibidos.
Mas as esposas não aprenderam fraudes sendo eu mestre,
    ninguém pode ensinar o que conhece pouco.
Delícias e amenos poemas de tal modo compus,
    que invenção alguma jamais tocou meu nome. 350
Não há marido algum, tampouco em meio à plebe,
    que duvide ser pai por culpa minha.
De meu poema, acredita, distam meus costumes –
    minha vida é moderada, a Musa, jocosa –
e boa parte de minhas obras é mentira e ficção: 355
    permitiu mais a si que a seu criador.
Não é o livro expressão do ânimo, mas honrado prazer
    que traz muitos ritmos aptos ao deleite dos ouvidos.
Ácio seria atroz, Terêncio, parasita,
    belicosos os que cantam feras guerras. 360
E mais, não inventei sozinho tenros amores:
    mas sozinho sofri as penas do inventado amor.
O que, senão misturar Vênus e muito vinho,
    a musa de Teos do velho lírico[182] prescreveu?
O que Safo de Lesbos ensinou às moças, senão amar? 365
    Mas Safo ficou salva, também ele salvo.
Nem te foi nocivo, ó Batíade,[183] amiúde
    ao leitor confessar em verso tuas delícias.
Não há peça alguma do jocoso Menandro sem amor,
    e ele costuma ser lido por moços e moças. 370
O que é a própria *Ilíada*, senão uma adúltera,
    por quem houve luta entre amante e marido?
O que há nela antes da paixão por Briseida
    e de como a jovem raptada causou a ira dos generais?

Aut quid Odyssea est nisi femina propter amorem, 375
    dum uir abest, multis una petita uiris?
Quis nisi Maeonides, Venerem Martemque ligatos
    narrat, in obsceno corpora prensa toro?
Vnde, nisi indicio magni sciremus Homeri,
    hospitis igne duas incaluisse deas? 380
Omne genus scripti grauitate tragoedia uincit:
    haec quoque materiam semper amoris habet.
Num quid in Hippolyto, nisi caecae flamma nouercae?
    Nobilis est Canace fratris amore sui.
Quid? Non Tantalides, agitante Cupidine currus, 385
    Pisaeam Phrygiis uexit eburnus equis?
Tingeret ut ferrum natorum sanguine mater,
    concitus a laeso fecit amore dolor.
Fecit amor subitas uolucres cum paelice regem,
    quaeque suum luget nunc quoque mater Ityn. 390
Si non Aeropen frater sceleratus amasset,
    auersos Solis non legeremus equos.
Impia nec tragicos tetigisset Scylla cothurnos,
    ni patrium crinem desecuisset amor.
Qui legis Electran et egentem mentis Orestem, 395
    Aegisthi crimen Tyndaridosque legis.
Nam[35] quid de tetrico referam domitore Chimaerae,
    quem leto fallax hospita paene dedit?
Quid loquar Hermionen, quid te, Schoeneia uirgo,
    teque, Mycenaeo Phoebas amata duci? 400
Quid Danaen Danaesque nurum matremque Lyaei
    Haemonaque et noctes cui coiere duae?
Quid Peliae generum, quid Thesea, quique Pelasgum
    Iliacam tetigit de rate primus humum?
Huc Iole Pyrrhique parens, huc Herculis uxor, 405
    huc accedat Hylas Iliacusque puer.
Tempore deficiar, tragicos si persequar ignes,
    uixque meus capiet nomina nuda liber.
Est et in obscenos deflexa tragoedia risus,
    multaque praeteriti uerba pudoris habet. 410
Nec nocet auctori, mollem qui fecit Achillem,
    infregisse suis fortia facta modis.

Ou o que é a *Odisseia*, senão uma mulher por amor 375
    assediada por muitos homens, enquanto se ausenta o marido?
Quem, senão o Meônio, narra Vênus e Marte colados,
    os corpos agarrados no torpe leito?
De onde, senão do relato do grande Homero, saberíamos
    que duas deusas arderam de amor pelo hóspede? 380
A tragédia vence em seriedade todo gênero de escrito:
    ela também sempre tem matéria amorosa.
O que acaso há em *Hipólito*, senão a paixão de cega madrasta?
    Famosa é Cânace por amar seu irmão.
O quê? Cupido guiando o carro, o Tantálide[184] 385
    de marfim não levou Piseia em cavalos frígios?
A dor excitada pelo amor ofendido fez
    a mãe tingir a espada com o sangue dos filhos.
O amor fez em súbitas aves o rei com a amante,
    e a mãe que chora ainda agora o seu Ítis.[185] 390
Se o irmão infame não tivesse amado Érope,[186]
    não leríamos que os cavalos do Sol volveram seu curso.
Nem a ímpia Cila teria tocado coturnos trágicos,
    se o amor não tivesse cortado a madeixa paterna.
Tu que lês Electra e Orestes privado de senso, 395
    lês o crime de Egisto e da Tindáride.
O que mencionar do sensato domador da Quimera,
    ao qual a anfitriã traiçoeira quase deu a morte?
O que falar de Hermíone, o que de ti, ó jovem Esqueneide,[187]
    e de ti, Febade,[188] amada pelo chefe micênico? 400
O que de Dânae, da nora de Dânae, da mãe de Lieu,
    de Hémon e daquela para quem se uniram duas noites?
O que do genro de Pélias, de Teseu e do pelasgo
    que, descendo do barco, primeiro tocou o solo ilíaco?
Para cá Íole e a mãe de Pirro, para cá a esposa de Hércules, 405
    para cá se ajuntem Hilas e o garoto ilíaco.
Ficaria sem tempo se enumerasse as paixões da tragédia,
    e meu livro a custo conterá apenas os nomes.
Também a tragédia se desviou para risos obscenos,
    e tem muitas palavras desprovidas de pudor. 410
Ao autor que fez Aquiles efeminado, não foi danoso
    enternecer com seus versos os feitos valentes.

Iunxit Aristides Milesia crimina secum,
  pulsus Aristides nec tamen urbe sua est.
Nec qui descripsit corrumpi semina matrum, 415
  Eubius, impurae conditor historiae,
nec qui composuit nuper Sybaritica, fugit,
  nec qui concubitus non tacuere suos.
Suntque ea doctorum monumentis mixta[36] uirorum,
  muneribusque ducum publica facta patent. 420
Neue peregrinis tantum defendar ab armis,
  et Romanus habet multa iocosa liber.
Vtque suo Martem cecinit grauis Ennius ore,
  Ennius ingenio maximus, arte rudis,
explicat ut causas rapidi Lucretius ignis, 425
  casurumque triplex uaticinatur opus,
sic sua lasciuo cantata est saepe Catullo
  femina, cui falsum Lesbia nomen erat;
nec contentus ea, multos uulgauit amores,
  in quibus ipse suum fassus adulterium est. 430
Par fuit exigui similisque licentia Calui,
  detexit uariis qui sua furta modis.
Quid referam Ticidae, quid Memmi carmen, apud quos
  rebus adest nomen nominibusque pudor?
Cinna quoque his comes est, Cinnaque procacior Anser, 435
  et leue Cornifici parque Catonis opus.
Et quorum libris modo dissimulata Perillae,
  nomine, nunc legitur dicta, Metelle, tuo.
Is quoque, Phasiacas Argon qui duxit in undas,
  non potuit Veneris furta tacere suae. 440
Nec minus Hortensi, nec sunt minus improba Serui
  carmina. Quis dubitet nomina tanta sequi?
Vertit Aristidem Sisenna, nec obfuit illi
  historiae turpes[37] inseruisse iocos.
Non fuit opprobrio celebrasse Lycorida Gallo, 445
  sed linguam nimio non tenuisse mero.
Credere iuranti durum putat esse Tibullus,
  sic etiam de se quod neget illa uiro.
Fallere custodes idem[38] docuisse fatetur,
  seque sua miserum nunc ait arte premi, 450

Aristides[189] vinculou-se aos crimes milesianos,
    mas Aristides não foi expulso de sua cidade.
Nem quem descreveu como molestar crianças maternas,[190]   415
    Éubio, criador de infame história;
nem foi desterrado quem há pouco compôs as *Sibaríticas*,[191]
    nem aqueles que não calaram sobre seus coitos.
Tudo isso se mescla aos monumentos de homens doutos
    e, público por dom dos comandantes, está exposto.   420
Para não me defender somente por armas estrangeiras,
    também o livro romano tem muitos gracejos.
Como o sério Ênio cantou Marte em tom adequado,
    Ênio enorme em engenho, rude na arte,
como Lucrécio explica as causas do fogo devorador   425
    e vaticina a ruína do tríplice universo,
assim o lascivo Catulo amiúde cantou
    sua amada, de falso nome Lésbia;
não se contentando com ela, divulgou muitos amores,
    nos quais ele próprio confessou seu adultério.   430
Igual e similar foi a licença do esguio Calvo,
    que deslindou suas fraudes em variados metros.
Por que mencionar o poema de Ticida e o de Mêmio,
    nos quais se dá nome às coisas, e os nomes dão pudor?
Cina é colega deles, e Anser, mais descarado que Cina,   435
    e a obra leve de Cornífico e a igual de Catão.
E aqueles em cujos livros, há pouco encoberta sob o nome
    de Perila, agora se lê chamada por teu nome, ó Metelo.
Também aquele que conduziu Argo às águas do Fásis
    não pôde calar as fraudes de sua Vênus.   440
Não menos devassos são os poemas de Hortênsio, não menos
    os de Sérvio. Quem hesitaria em seguir nomes tão grandes?
Sisena traduziu Aristides, e não lhe foi danoso
    inserir torpes gracejos em suas histórias.
O que desonrou Galo não foi ter cantado Licóris,   445
    mas, por excesso de vinho, não ter contido a língua.
Tibulo julga ser duro acreditar nas juras da amante,
    pois desse mesmo modo ela negaria sobre ele ao marido.
Ele mesmo confessa ter ensinado a enganar os vigias
    e agora, infeliz, diz-se oprimido por sua arte;   450

saepe, uelut gemmam dominae signumue probaret,
    per causam meminit se tetigisse manum;
utque refert, digitis saepe est nutuque locutus,
    et tacitam mensae duxit in orbe notam;
et quibus e sucis abeat de corpore liuor,   455
    impresso fieri qui solet ore, docet.
Denique ab incauto nimium petit ille marito,
    se quoque uti seruet, peccet ut illa minus.
Scit, cui latretur, cum solus obambulet ipse,
    et totiens clausas excreat[39] ante fores,   460
multaque dat furti talis praecepta docetque
    qua nuptae possint fallere ab arte uiros.
Non fuit hoc illi fraudi, legiturque Tibullus
    et placet, et iam te principe notus erat.
Inuenies eadem blandi praecepta Properti: 465
    destrictus minima nec tamen ille nota est.
His ego successi, quoniam praestantia candor
    nomina uiuorum dissimulare iubet.
Non timui, fateor, ne, qua tot iere carinae,
    naufraga seruatis omnibus una foret.   470
Sunt aliis scriptae, quibus alea luditur, artes –
    hoc est ad nostros non leue crimen auos –,
quid ualeant tali, quo possis plurima iactu
    figere, damnosos effugiasue canes;
tessera quos habeat numeros, distante uocato   475
    mittere quo deceat, quo dare missa modo;
discolor ut recto grassetur limite miles,
    cum medius gemino calculus hoste perit,
ut bellare[40] sequens sciat et reuocare priorem,
    nec tuto fugiens incomitatus eat;   480
parua sit ut ternis instructa tabella lapillis,
    in qua uicisse est continuasse suos;
quique alii lusus – neque enim nunc persequar omnes –
    perdere, rem caram, tempora nostra solent.
Ecce canit formas alius iactusque pilarum,   485
    hic artem nandi praecipit, ille trochi.
Composita est aliis fucandi cura coloris;
    hic epulis leges hospitioque dedit;

amiúde, como a apreciar a gema ou o sinete da amada,
   por pretexto lembrou-se de ter tocado sua mão;
como conta, amiúde falou com dedos e acenos
   e traçou tácito sinal na redonda mesa;
ensina por quais sumos se apaga do corpo a marca   455
   que costuma ser feita com a pressão da boca.
Enfim, pede ao marido demasiado incauto
   que a vigie, para ela cometer menos faltas.
Ele sabe para quem ladrar, ao passear sozinho ao redor,
   e para quem escarrar tantas vezes diante da porta fechada,   460
dá muitos preceitos dessa fraude e ensina
   a arte para esposas enganarem os maridos.
Isso não foi causa de dano para ele: Tibulo é lido e agrada,
   sendo tu príncipe, já era conhecido.
Encontrarás os mesmos preceitos do brando Propércio: 465
   não o tocou, porém, a mínima censura.
A eles eu sucedi, pois o bom senso ordena
   ocultar os nomes ilustres dos vivos.
Não temi, confesso, que, por onde foram tantas quilhas,
   uma única, salvando-se as outras, fosse náufraga.   470
Outros escreveram as artes dos jogos de azar –
   a nossos ancestrais, isso é crime não leve –,
quanto valem os ossinhos, com que lance pode-se cravar
   o máximo ou evitar os cães danosos;
quantos pontos os dados possuem e, desafiando o oponente,   475
   como convém lançar, que valor dar aos já lançados;
como o soldado de cor diferente avança em linha reta
   quando a peça entre dois inimigos é perdida,
como, seguindo, sabe declarar guerra e fazer voltar a anterior,
   como, em fuga segura, não vai desamparada;   480
como com três peças para cada se dispõe o pequeno tabuleiro,
   vencendo quem alinha suas pedras,
e outros jogos – decerto não enumerarei todos agora –
   que costumam gastar nosso precioso tempo.
Eis que outro canta as formas e os lances das bolas,   485
   este ensina a arte do nado, aquele a do aro.
Outros compuseram obras sobre a pintura do rosto;
   este deu leis aos banquetes e à hospitalidade;

alter humum, de qua fingantur pocula, monstrat,
 quaeque, docet, liquido testa sit apta mero.   490
Talia luduntur fumoso mense Decembri,
 quae damno nulli composuisse fuit.
His ego deceptus non tristia carmina feci,
 sed tristis nostros poena secuta iocos.
Denique nec uideo tot de scribentibus unum,   495
 quem sua perdiderit Musa: repertus ego.
Quid, si scripsissem mimos obscena iocantes,
 qui semper uetiti crimen amoris habent?
in quibus adsidue cultus procedit adulter,
 uerbaque dat stulto callida nupta uiro?   500
Nubilis hos uirgo matronaque uirque puerque
 spectat, et ex magna parte senatus adest.
Nec satis incestis temerari uocibus aures;
 adsuescunt oculi multa pudenda pati:
cumque fefellit amans aliqua nouitate maritum,   505
 plauditur et magno palma fauore datur.
Quoque[41] minus prodest, scaena est lucrosa poetae,
 tantaque non paruo crimina praetor emit.
Inspice ludorum sumptus, Auguste, tuorum:
 empta tibi magno talia multa leges.   510
Haec tu spectasti spectandaque saepe dedisti –
 maiestas adeo comis ubique tua est –
luminibusque tuis, totus quibus utitur orbis,
 scaenica uidisti lentus adulteria.
Scribere si fas est imitantes turpia mimos,   515
 materiae minor est debita poena meae.
An genus hoc scripti faciunt sua pulpita tutum,
 quodque licet, mimis scaena licere dedit?
Et mea sunt populo saltata poemata saepe,
 saepe oculos etiam detinuere tuos.   520
Scilicet in domibus nostris ut prisca uirorum
 artificis fulgent corpora picta manu,
sic, quae concubitus uarios Venerisque figuras
 exprimat, est aliquo parua tabella loco.
Vtque sedet uultu fassus Telamonius iram,   525
 inque oculis facinus barbara mater habet,

outro indica a argila com que se moldam os copos,
    ensina que jarro é adequado ao límpido vinho.   490
Tais são as brincadeiras no fumoso dezembro,
    tê-las composto não foi danoso a ninguém.
Eu, enganado por esses, compus poemas não tristes,
    mas triste pena seguiu-se aos meus gracejos.
Enfim, de tantos que escreveram, não vejo um único   495
    que sua Musa tenha perdido: só encontro eu.
E se tivesse escrito mimos gracejando obscenidades,
    que sempre possuem o crime de proibido amor?
Nos quais sem cessar aparece o adúltero culto,
    e a astuta esposa tapeia o tolo marido?   500
A noiva virgem, a matrona, o marido e a criança
    assistem a eles, e grande parte do Senado está presente.
Não basta que os ouvidos sejam profanados por ditos obscenos;
    os olhos se habituam a tolerar muitas coisas vergonhosas:
quando o amante, com algo novo, engana o marido,   505
    aplaude-se e com grande favor é dada a palma.
Quanto menos for útil, lucroso é o palco ao poeta,
    e o pretor não paga pouco por tamanhos crimes.
Examina, Augusto, as despesas de teus jogos:
    lerás muitas coisas pelas quais pagaste caro.   510
Tu foste espectador e amiúde deste espetáculos –
    tua majestade é tão generosa por toda a parte –
e com teus olhos, dos quais o mundo inteiro usufrui,
    viste, indiferente, adultérios em cena.
Se é justo escrever mimos imitando torpezas,   515
    minha matéria merece menor pena.
Acaso seus palcos tornam este tipo de escrito isento,
    e o que é lícito aos mimos, foi a cena que concedeu?
Também meus poemas amiúde foram dançados pelo povo,
    amiúde até detiveram teus olhos.   520
Tal como em nossas casas, é claro, resplandecem antigos
    corpos de homens pintados por mão de artífice,
em qualquer lugar há um pequeno quadro
    que retrata coitos variados e posições de Vênus.
Tal como senta o Telamônio confessando no rosto a ira,   525
    e a bárbara mãe tem o crime nos olhos,

sic madidos siccat digitis Venus uda capillos,
    et modo maternis tecta uidetur aquis.
Bella sonant alii telis instructa cruentis,
    parsque tui generis, pars tua facta canunt.   530
Inuida me spatio natura coercuit arto,
    ingenio uires exiguasque dedit.
Et tamen ille tuae felix Aeneidos auctor
    contulit in Tyrios arma uirumque toros,
nec legitur pars ulla magis de corpore toto,   535
    quam non legitimo foedere iunctus amor.
Phyllidis hic idem teneraeque Amaryllidis ignes
    bucolicis iuuenis luserat ante modis.
Nos quoque iam pridem scripto peccauimus isto:
    supplicium patitur non noua culpa nouum;   540
carminaque edideram, cum te delicta notantem
    praeterii totiens inreprehensus[42] eques.
Ergo quae iuuenis mihi non nocitura putaui
    scripta parum prudens, nunc nocuere seni.
Sera redundauit ueteris uindicta libelli,   545
    distat et a meriti tempore poena sui.
Ne tamen omne meum credas opus esse remissum,
    saepe dedi nostrae grandia uela rati.
Sex ego Fastorum scripsi totidemque libellos,
    cumque suo finem mense uolumen habet,   550
idque tuo nuper scriptum sub nomine, Caesar,
    et tibi sacratum sors mea rupit opus.
Et dedimus tragicis scriptum regale cothurnis,
    quaeque grauis debet uerba cothurnus habet;
dictaque sunt nobis, quamuis manus ultima coeptis 555
    defuit, in facies corpora uersa nouas.
Atque utinam reuoces animum paulisper ab ira,
    et uacuo iubeas hinc tibi pauca legi,
pauca, quibus prima surgens ab origine mundi
    in tua deduxi tempora, Caesar, opus!   560
Aspicies, quantum dederis mihi pectoris ipse,
    quoque fauore animi teque tuosque canam.
Non ego mordaci destrinxi carmine quemquam,
    nec meus ullius crimina uersus habet.

Vênus, molhada, enxuga com os dedos os cabelos úmidos
   e é vista coberta só pelas águas maternas.
Outros ressoem as guerras munidas de dardos sangrentos,
   uns cantam teus feitos, outros os de tua linhagem.   530
A natureza, invejosa, encerrou-me em espaço apertado,
   deu forças exíguas a meu engenho.
Todavia, aquele ditoso autor da tua *Eneida*
   levou as armas e o varão aos leitos tírios,
e parte alguma de todo o corpo é mais lida   535
   que o amor unido por aliança ilegítima.
As paixões de Fílis e da tenra Amarílis[192]
   ele mesmo, jovem, versejara em metros bucólicos.
Também eu, já faz muito tempo, errei com escritos tais:
   a culpa não nova sofre novo castigo;   540
já tinha publicado os poemas, quando, diante de ti,
   censor dos delitos, tantas vezes passei, um cavaleiro irrepreensível.
Então, os escritos que jovem, pouco prudente, julguei
   não prejudiciais prejudicaram-me agora, velho.
Tardia espraiou-se a vingança por antigo livrinho,   545
   e a pena dista do tempo de seu merecimento.
Não creias, porém, toda minha obra ser indolente:
   amiúde dei a meu barco grandes velas.
Eu escrevi os doze livrinhos[193] dos *Fastos*,
   e cada rolo finda com seu mês;   550
essa obra, há pouco escrita sob teu nome, César,
   e a ti consagrada, minha sorte interrompeu.
Dei versos sobre reis aos trágicos coturnos,
   o coturno sério tem as palavras que reclama;
cantei, embora falte à empresa a última demão,   555
   os corpos vertidos em novas formas.
Oxalá desvies o ânimo um pouco da ira
   e ordenes que, no tempo vago, dali te leiam um pouco,
o pouco com que fiei a obra nascente, César,
   desde a primeira origem do mundo até teus tempos!   560
Verás quanta inspiração tu próprio me deste
   e com que entusiasmo canto a ti e aos teus.
Não retalhei ninguém com poema mordaz,
   meu verso não acusa ninguém.

Candidus a salibus suffusis felle refugi: 565
    nulla uenenato littera mixta ioco est.
Inter tot populi, tot scriptis, milia nostri,
    quem mea Calliope laeserit, unus ero.
Non igitur nostris ullum gaudere Quiritem
    auguror, at multos indoluisse malis; 570
nec mihi credibile est, quemquam insultasse iacenti
    gratia candori siqua relata meo est.[43]
His, precor, atque aliis possint tua numina flecti,
    o pater, o patriae cura salusque tuae!
Non ut in Ausoniam redeam, nisi forsitan olim, 575
    cum longo poenae tempore uictus eris;
tutius exilium pauloque quietius oro,
    ut par delicto sit mea poena suo.

Afável, fugi dos chistes impregnados de fel: 565
    nenhuma letra se mistura a gracejo venenoso.
Entre tantos milhares de concidadãos, com tantos escritos,
    serei o único ferido por minha Calíope.
Portanto, pressagio que nenhum quirite se alegra
    com meus males, mas muitos se condoeram; 570
nem acredito que alguém insultou quem jaz,
    se alguma graça destinou-se à minha bondade.
Por essas e outras coisas, imploro, teus poderes possam se dobrar,
    ó pai, cuidado e salvação da tua pátria!
Não para eu retornar à Ausônia, senão talvez um dia, 575
    quando fores vencido pelo longo tempo da pena;
oro por um exílio mais seguro e um pouco mais tranquilo,
    para minha pena ser igual a seu delito.

LIBER III

III, 1

"Missus in hanc uenio timide, liber exulis, urbem:
    da placidam fesso, lector amice, manum;
neue reformida, ne sim tibi forte pudori:
    nullus in hac charta uersus amare docet.
Haec domini fortuna mei est, ut debeat illam   5
    infelix nullis dissimulare iocis.
Id quoque, quod uiridi quondam male lusit in aeuo,
    heu nimium sero damnat et odit opus!
Inspice quid portem! Nihil hic nisi triste uidebis,
    carmine temporibus conueniente suis.   10
Clauda quod alterno subsidunt carmina uersu,
    uel pedis hoc ratio, uel uia longa facit.
Quod neque sum cedro flauus nec pumice leuis,
    erubui domino cultior esse meo.
Littera suffusas quod habet maculosa lituras,   15
    laesit opus lacrimis ipse poeta suum.
Siqua uidebuntur casu non dicta Latine,
    in qua scribebat, barbara terra fuit.
Dicite, lectores, si non graue, qua sit eundum,
    quasque petam sedes hospes in Vrbe liber."   20
Haec ubi sum furtim lingua titubante locutus,
    qui mihi monstraret, uix fuit unus, iter.
"Di tibi dent, nostro quod non tribuere poetae,
    molliter in patria uiuere posse tua!
Duc age! Namque sequar, quamuis terraque marique   25
    longinquo referam lassus ab orbe pedem."
Paruit, et ducens: "Haec sunt fora Caesaris", inquit,
    "haec est a sacris quae uia nomen habet,

LIVRO III

III, 1

"Enviado a Roma, temeroso chego, livro de um exilado:
  dá, leitor amigo, mão benévola ao fatigado,
e não receies que acaso eu te envergonhe:
  verso algum neste papiro ensina a amar.
Tal é a fortuna de meu amo, que o desditoso   5
  com gracejo algum deve dissimulá-la.
E a obra que outrora, na flor da idade, foi brincadeira de mau gosto,
  ai, tarde demais ele a condena e odeia!
Examina o que porto! Nada aqui verás além de tristezas,
  poema aos seus tempos conveniente.   10
Que poemas coxos[194] claudiquem em verso alternado,
  o faz ou o pé ou a longa viagem.
Não sou louro pelo cedro, nem suave pela pedra-pomes:
  envergonhou-me ser mais cuidado que meu amo.
A escritura manchada acumula rasuras: 15
  o próprio poeta com lágrimas marcou sua obra.
Se acaso algum termo parecer não latino,
  foi em terra bárbara que ele escrevia.
Indicai, leitores, se não pesa, por onde devo ir
  e que pouso procurar, livro estrangeiro em Roma".   20
Logo que o falei, balbuciando às escondidas,
  houve a custo um que mostrasse o caminho.
"Os deuses permitam, algo não concedido ao meu poeta,
  que possas viver em paz em tua pátria!
Anda, guia-me! Seguirei, embora por terra e mar   25
  exausto torne do orbe longínquo".
Atendeu e, guiando, disse:[195] "Estes são os fóruns de César,[196]
  esta a via com o nome dos cortejos sacros,[197]

hic locus est Vestae, qui Pallada seruat et ignem,
    haec fuit antiqui regia parua Numae."   30
Inde petens dextram: "Porta est", ait, "ista Palati,
    hic Stator, hoc primum condita Roma loco est."
Singula dum miror, uideo fulgentibus armis
    conspicuos postes tectaque digna deo.
"Et Iouis haec" dixi "domus est?" Quod ut esse putarem,   35
    augurium menti querna corona dabat.
Cuius ut accepi dominum: "Non fallimur", inquam,
    "et magni uerum est hanc Iouis esse domum.
Cur tamen opposita uelatur ianua lauro,
    cingit et augustas arbor opaca fores?[44]   40
Num quia perpetuos meruit domus ista triumphos?
    An quia Leucadio semper amata deo est?
Ipsane quod festa est, an quod facit omnia festa?
    Quam tribuit terris, pacis an ista nota est?
Vtque uiret semper laurus nec fronde caduca   45
    carpitur, aeternum sic habet illa decus?
Causa superpositae scripto testata coronae est:
    seruatos ciues indicat huius ope.
Adice seruatis unum, pater optime, ciuem,
    qui procul extremo pulsus in orbe latet,   50
in quo poenarum, quas se meruisse fatetur,
    non facinus causam, sed suus error habet.
Me miserum! Vereorque locum, uereorque potentem,
    et quatitur trepido littera nostra metu.
Aspicis exsangui chartam pallere colore?   55
    Aspicis alternos intremuisse pedes?
Quandocumque, precor, nostro placere parenti
    isdem et sub dominis aspiciare domus!"
Inde tenore pari gradibus sublimia celsis
    ducor ad intonsi candida templa dei,   60
signa peregrinis ubi sunt alterna columnis,
    Belides et stricto barbarus ense pater,
quaeque uiri docto ueteres cepere nouique
    pectore, lecturis inspicienda patent.
Quaerebam fratres, exceptis scilicet illis,   65
    quos suus optaret non genuisse pater.

aqui a morada de Vesta, que guarda Palas e o fogo,[198]
    este o pequeno palácio do antigo Numa".[199]   30
Depois, virando à direita: "Eis a porta do Palatino,[200]
    eis Estátor,[201] aqui Roma foi primeiro fundada".
Admirando cada detalhe, vejo umbrais notáveis
    pelas brilhantes armas e um edifício digno de um deus.
Indaguei: "Esta é a casa de Júpiter?". Para pensá-lo,   35
    uma coroa de carvalho[202] dava o presságio.
Quando descobri seu dono, disse: "Não me enganei,
    é verdade que esta é a casa do grande Júpiter.
Por que, porém, a porta em frente está coberta de louro,
    e sombria árvore cinge a entrada augusta?   40
Acaso porque a casa mereceu triunfos perpétuos?
    Acaso porque foi sempre amada pelo deus Leucádio?[203]
Porque ela é afortunada ou torna tudo afortunado?
    Ou essa é a marca da paz que concedeu às terras?
E tal como o louro sempre viceja e não é colhido   45
    em folha caída, tem ela eterna glória?
A causa da coroa sobreposta é atestada em inscrição:
    indica os cidadãos por seu auxílio salvos.
Aos salvos acrescenta, ótimo pai, um único cidadão,
    que longe vive retirado, banido no extremo orbe,   50
onde não um crime, mas mero erro seu é causa
    das penas que confessa merecidas.
Ai de mim! Receio o lugar, receio o poderoso,
    e inquieto medo faz tremer minha letra.
Vês o papiro empalidecer em cor exangue?   55
    Vês pés alternados já estremecidos?
Um dia, imploro, perdoes meu pai, ó casa,
    e sejas vista sob os mesmos senhores!"
Daí, com passo igual, por excelsos degraus sou guiado
    ao radiante e sublime templo do intonso deus,[204]   60
onde estão estátuas das Bélides,[205] alternadas com exóticas
    colunas e, de espada em punho, o pai bárbaro.
Tudo que os antigos e modernos no douto ânimo
    conceberam abre-se ao exame do leitor.
Buscava meus irmãos, exceto os que   65
    o pai desejaria não ter gerado.[206]

Quaerentem frustra custos e sedibus illis
    praepositus sancto iussit abire loco.
Altera templa peto, uicino iuncta theatro:
    haec quoque erant pedibus non adeunda meis. 70
Nec me, quae doctis patuerunt prima libellis,
    atria Libertas tangere passa sua est.
In genus auctoris miseri fortuna redundat,
    et patimur nati, quam tulit ipse, fugam.
Forsitan et nobis olim minus asper et illi, 75
    euictus longo tempore Caesar erit.
Di, precor, atque adeo – neque enim mihi turba roganda est –
    Caesar, ades uoto, maxime diue, meo!
Interea, quoniam statio mihi publica clausa est,
    priuato liceat delituisse loco. 80
Vos quoque, si fas est, confusa pudore repulsae
    sumite plebeiae carmina nostra manus!

III, 2

Ergo erat in fatis Scythiam quoque uisere nostris,
    quaeque Lycaonio terra sub axe iacet?
Nec uos, Pierides, nec stirps Letoia, uestro
    docta sacerdoti turba tulistis opem.
Nec mihi, quod lusi uero sine crimine, prodest, 5
    quodque magis uita Musa iocata mea est;
plurima sed pelago terraque pericula passum
    ustus ab assiduo frigore Pontus habet.
Quique fugax rerum securaque in otia natus,
    mollis et impatiens ante laboris eram, 10
ultima nunc patior, nec me mare portubus orbum
    perdere, diuersae nec potuere uiae;
suffecitque malis animus; nam corpus ab illo
    accepit uires uixque ferenda tulit.
Dum tamen et terris dubius iactabar et undis, 15
    fallebat curas aegraque corda labor:
ut uia finita est et opus requieuit eundi,
    et poenae tellus est mihi tacta meae,

O guarda encarregado do santo local
  ordenou que eu, em vão buscando, saísse de lá.
Procuro outros templos[207] junto ao teatro vizinho:
  também eles meus pés não deviam percorrer.   70
Nem a Liberdade[208] consentiu que eu tocasse seus átrios,
  que primeiro acolheram os doutos livrinhos.
À prole se estende a fortuna do desventurado autor,
  e, filhos, sofremos o desterro que ele próprio sofreu.
Talvez um dia, menos duro a nós e a ele,   75
  César será convencido pelo longo tempo.
Deuses, imploro, ou melhor, César – não devo rogar a uma turba –,
  favorece, maior dos deuses, meu voto!
Enquanto me está fechada toda pousada pública,
  seja permitido esconder-me em local privado.   80
Vós também, mãos plebeias, se é justo,
  adotai meus poemas, confusos com a vergonha da recusa!

III, 2

Então estava em meu destino ver também a Cítia[209]
  e a terra que jaz sob o céu licaônio?[210]
Nem vós, Piérides,[211] nem tu, filho de Latona,[212]
  auxiliastes, ó douta turba, vosso sacerdote.
Nem me foi útil brincar sem um crime verdadeiro,   5
  e minha Musa gracejar mais que minha vida;
mas ao que sofreu muitos perigos em terra e mar,
  retém o Ponto queimado por frio constante.
E eu que, fugindo dos afazeres e nascido para os calmos ócios,
  antes era mole e infirme aos esforços,   10
sofro agora o extremo; nem um mar sem portos
  nem caminhos remotos puderam perder-me;
e o ânimo resistiu aos males; pois dele o corpo
  recebeu forças e suportou o que a custo é suportável.
Enquanto eu era lançado, vacilante, por terras e mares,   15
  o esforço enganava as aflições e o peito inquieto:
assim que o caminho findou, a viagem sossegou,
  e a terra de minha pena foi tocada,

nil nisi flere libet, nec nostro parcior imber
   lumine, de uerna quam niue manat aqua. 20
Roma domusque subit desideriumque locorum,
   quicquid et amissa restat in Vrbe mei.
Ei mihi, quod totiens nostri pulsata sepulcri
   ianua, sed nullo tempore aperta fuit!
Cur ego tot gladios fugi totiensque minata 25
   obruit infelix nulla procella caput?
Di, quos experior nimium constanter iniquos,
   participes irae quos deus unus habet,
exstimulate, precor, cessantia fata meique
   interitus clausas esse uetate fores! 30

III, 3

Haec mea si casu miraris epistula quare
   alterius digitis scripta sit, aeger eram.
Aeger in extremis ignoti partibus orbis,
   incertusque meae paene salutis eram.
Quem mihi nunc animum dira regione iacenti 5
   inter Sauromatas esse Getasque putes?
Nec caelum patior, nec aquis adsueuimus istis,
   terraque nescio quo non placet ipsa modo.
Non domus apta satis, non hic cibus utilis aegro,
   nullus, Apollinea qui leuet arte malum, 10
non qui soletur, non qui labentia tarde
   tempora narrando fallat, amicus adest.
Lassus in extremis iaceo populisque locisque,
   et subit adfecto nunc mihi, quicquid abest.
Omnia cum subeant, uincis tamen omnia, coniunx, 15
   et plus in nostro pectore parte tenes.
Te loquor absentem, te uox mea nominat unam;
   nulla uenit sine te nox mihi, nulla dies.
Quin etiam sic me dicunt aliena locutum,
   ut foret amenti nomen in ore tuum. 20
Si iam deficiam, subpressaque lingua palato
   uix instillato restituenda mero,

nada apraz senão chorar, e a chuva de meus olhos não é
    menos copiosa que a água que mana da neve na primavera.   20
Roma, o lar e os lugares desejados vêm-me à mente,
    e o que quer que há na Urbe de mim afastada.
Ai de mim! Quantas vezes bati à porta de meu sepulcro,
    mas em tempo algum esteve aberta!
Por que fugi de tantas espadas, e, tanto ameaçando,   25
    nenhuma procela engoliu minha cabeça desventurada?
Ó deuses, que quase sempre experimento contrários,
    que partilhais a ira de um único deus,
estimulai, imploro, o cessar de meus fados e vetai
    que as portas de minha morte estejam fechadas!   30

III, 3

Se acaso te admiras que esta minha epístola
    por mão alheia tenha sido escrita, doente eu estava.
Doente nos extremos do mundo desconhecido
    e quase duvidoso de minha cura.
Imaginas qual o meu ânimo agora, jacente   5
    em terrível região entre getas e sármatas?
Não tolero os ares nem me habituei a essas águas,
    e a terra, não sei por quê, tampouco me agrada.
Aqui não há casa bastante adequada, nem alimentos próprios ao doente,
    ninguém que alivie o mal com a arte de Apolo,   10
nenhum amigo que me console, ou que engane
    com sua conversa o tempo que escorre lento.
Exausto, jacente entre povos e locais extremos,
    invade-me, agora doente, a lembrança do que dista.
Tudo vem-me à mente, mas vences tudo, ó esposa,   15
    e tens mais da metade de meu peito.
Converso contigo ausente, somente a ti minha voz nomeia;
    nenhuma noite e nenhum dia me vem sem ti.
Ou melhor: dizem que tal como falei coisas estranhas,
    assim teu nome estava em meus lábios delirantes.   20
Se eu já estiver expirando, e a língua presa ao palato
    a custo houver de se erguer com gotas de vinho,

nuntiet huc aliquis dominam uenisse, resurgam,
　　spesque tui nobis causa uigoris erit.
Ergo ego sum dubius uitae, tu forsitan istic
　　iucundum nostri nescia tempus agis?
Non agis, adfirmo. Liquet hoc, carissima, nobis,
　　tempus agi sine me non nisi triste tibi.
Si tamen impleuit mea sors, quos debuit, annos,
　　et mihi uiuendi tam cito finis adest,
quantum erat, o magni, morituro parcere, diui,
　　ut saltem patria contumularer humo?
Vel poena in tempus mortis dilata fuisset,
　　uel praecepisset mors properata fugam.
Integer hanc potui nuper bene reddere lucem;
　　exul ut occiderem, nunc mihi uita data est.
Tam procul ignotis igitur moriemur in oris,
　　et fient ipso tristia fata loco;
nec mea consueto languescent corpora lecto,
　　depositum nec me qui fleat, ullus erit;
nec dominae lacrimis in nostra cadentibus ora
　　accedent animae tempora parua meae;
nec mandata dabo, nec cum clamore supremo
　　labentes oculos condet amica manus;
sed sine funeribus caput hoc, sine honore sepulcri
　　indeploratum barbara terra teget!
Ecquid, ubi audieris, tota turbabere mente,
　　et feries pauida pectora fida manu?
Ecquid, in has frustra tendens tua brachia partes,
　　clamabis miseri nomen inane uiri?
Parce tamen lacerare genas, nec scinde capillos:
　　non tibi nunc primum, lux mea, raptus ero.
Cum patriam amisi, tunc me periisse putato.
　　Et prior et grauior mors fuit illa mihi.
Nunc, si forte potes – sed non potes, optima coniunx –,
　　finitis gaude tot mihi morte malis.
Quod potes, extenua forti mala corde ferendo,
　　ad quae iam pridem non rude pectus habes.
Atque utinam pereant animae cum corpore nostrae,
　　effugiatque auidos pars mihi nulla rogos.

anuncie alguém que minha amada aqui chegou: reviverei,
 e a esperança em ti será a causa de meu vigor.
Portanto, estou incerto da vida; tu aí talvez passes
 horas agradáveis, sem saber de mim?
Não passas, asseguro. Estou certo disto, querida,
 o tempo passado sem mim não te é senão triste.
Se, porém, minha sina completou os devidos anos,
 e o fim da vida me vem tão cedo,
o que custava, ó grandes deuses, poupar ao moribundo,
 para que ao menos fosse enterrado em solo pátrio?
Ou que a pena tivesse sido diferida para a hora da morte,
 ou a morte, prematura, tivesse precedido o desterro.
Ileso, eu podia ter deixado a luz há pouco, honradamente;
 agora foi-me dada a vida para eu morrer exilado.
Tão longe, então, em praias desconhecidas, morrerei,
 e o próprio local fará tristes os fados;
meus membros não definharão no costumeiro leito,
 nem haverá quem me chore depois de morto;
nem as lágrimas da amada cairão em minha face,
 acrescentando breves instantes a meu alento;
não darei instruções, nem, com o derradeiro pranto,
 uma mão amiga fechará os olhos expirantes;
mas, sem funerais e sem a honra de um sepulcro,
 a esta vida não chorada cobrirá uma terra bárbara!
Acaso, quando ouvires, não ficarás toda perturbada
 e ferirás o peito fiel com mão tremente?
Acaso, em vão estendendo teus braços para cá,
 gritarás o inútil nome de um desgraçado?
Deixa de lacerar as faces e não arranques os cabelos:
 agora não serei pela primeira vez, ó minha vida, tomado de ti.
Quando perdi a pátria, aí sim deves julgar que pereci.
 Aquela morte me foi primeira e mais penosa.
Agora, se acaso podes – mas não podes, ótima esposa –,
 alegra-te do fim de tantos males com minha morte.
O que podes: suportando com coração firme, atenua os males,
 aos quais, já há algum tempo, tens o peito habituado.
Oxalá minha alma pereça com o corpo,
 e nenhuma parte minha escape às ávidas piras.

Nam si morte carens uacua uolat altus in aura
    spiritus, et Samii sunt rata dicta senis,
inter Sarmaticas Romana uagabitur umbras,
    perque feros manes hospita semper erit.
Ossa tamen facito parua referantur in urna: 65
    sic ego non etiam mortuus exul ero.
Non uetat hoc quisquam: fratrem Thebana peremptum
    supposuit tumulo rege uetante soror.
Atque ea cum foliis et amomi puluere misce,
    inque suburbano condita pone solo;   70
quosque legat uersus oculo properante uiator,
    grandibus in tituli marmore caede notis:
"Hic ego qui iaceo tenerorum lusor amorum
    ingenio perii Naso poeta meo.
At tibi qui transis ne sit graue quisquis amasti,   75
    dicere: Nasonis molliter ossa cubent".
Hoc satis in titulo est. Etenim maiora libelli
    et diuturna magis sunt monumenta mihi,
quos ego confido, quamuis nocuere, daturos
    nomen et auctori tempora longa suo.   80
Tu tamen extincto feralia munera semper
    deque tuis lacrimis umida serta dato.
Quamuis in cineres corpus mutauerit ignis,
    sentiet officium maesta fauilla pium.
Scribere plura libet: sed uox mihi fessa loquendo   85
    dictandi uires siccaque lingua negat.
Accipe supremo dictum mihi forsitan ore,
    quod, tibi qui mittit, non habet ipse, "uale!"

III, 4

O mihi care quidem semper, sed tempore duro
    cognite, res postquam procubuere meae,
usibus edocto si quicquam credis amico,
    uiue tibi et longe nomina magna fuge.
Viue tibi, quantumque potes praelustria uita: 5
    saeuum praelustri fulmen ab igne uenit.

Pois, se o espírito imortal voa alto no espaço vazio,
    e são seguros os ditos do velho de Samos,[213]
minha sombra romana vagará entre as dos sármatas
    e entre Manes[214] ferozes será sempre estrangeira.
Fazei, porém, que os ossos sejam levados em pequena urna: 65
    assim, morto, já não serei um exilado.
Ninguém o proíbe: a irmã tebana[215] deu túmulo,
    mesmo proibindo o rei, ao irmão falecido.
Mistura-os com folhas e pó de amomo
    e enterra-os no solo ao redor de Roma,   70
e, para o viajante ler os versos com olhar apressado,
    com grandes letras grava-os no mármore do epitáfio:
"Eu aqui jacente, versejador de tenros amores,
    sou o poeta Nasão e pereci por meu engenho.
Mas a ti que passas, seja quem fores, se amaste,   75
    não pese dizer: repousem em paz os ossos de Nasão".
Isso basta no epitáfio. Pois meus livrinhos
    são meus maiores e mais duradouros monumentos,
os quais, ainda que o tenham prejudicado, confio
    que darão nome e vida longa a seu autor.   80
Tu, porém, dá sempre ao morto honras fúnebres
    e coroas banhadas em tuas lágrimas.
Ainda que o fogo tenha mudado o corpo em cinzas,
    a triste borralha sentirá a fiel homenagem.
Apraz escrever mais, mas minha voz exausta de falar   85
    e a língua seca negam-me as forças para ditar.
Recebe a palavra, talvez a última de meus lábios,
    que quem te envia mesmo não tem: "Passa bem"!

III, 4

Ó tu, sempre tão caro a mim, mas que só conheci
    na dificuldade, depois que minha sorte se prostrou,
se acreditas um pouco neste amigo experiente,
    vive para ti e afugenta ao longe os grandes nomes.
Vive para ti, e o quanto podes, evita o brilho: 5
    o raio cruel vem do fogo brilhante.

Nam quamquam soli possunt prodesse potentes,
    non prosit potius, si quis[45] obesse potest.
Effugit hibernas demissa antemna procellas,
    lataque plus paruis uela timoris habent.   10
Aspicis ut summa cortex leuis innatet unda,
    cum graue nexa simul retia mergat onus?
Haec ego si monitor monitus prius ipse fuissem,
    in qua debebam forsitan urbe forem.
Dum mecum[46] uixi, dum me leuis aura ferebat,   15
    haec mea per placidas cumba cucurrit aquas.
Qui cadit in plano – uix hoc tamen euenit ipsum –
    sic cadit, ut tacta surgere possit humo;
at miser Elpenor tecto delapsus ab alto
    occurrit regi debilis umbra suo.   20
Quid fuit, ut tutas agitaret Daedalus alas,
    Icarus inmensas nomine signet aquas?
Nempe quod hic alte, demissius ille uolabat;
    nam pennas ambo non habuere suas.
Crede mihi, bene qui latuit, bene uixit, et intra   25
    fortunam debet quisque manere suam.
Non foret Eumedes orbus, si filius eius
    stultus Achilleos non adamasset equos;
nec natum in flamma uidisset, in arbore natas,
    cepisset genitor si Phaethonta Merops.   30
Tu quoque formida nimium sublimia semper,
    propositique, precor, contrahe uela tui.
Nam pede inoffenso spatium decurrere uitae
    dignus es et fato candidiore frui.
Quae pro te uoueam miti pietate mereris   35
    haesuraque fide tempus in omne mihi.
Vidi ego te tali uultu mea fata gementem,
    qualem credibile est ore fuisse meo.
Nostra tuas uidi lacrimas super ora cadentes,
    tempore quas uno fidaque uerba bibi.   40
Nunc quoque summotum studio defendis amicum,
    et mala uix ulla parte leuanda leuas.
Viue sine inuidia, mollesque inglorius annos
    exige, amicitias et tibi iunge pares,

Embora só os poderosos possam ajudar,
    é melhor que alguém não ajude, se pode prejudicar.
A verga abaixada escapa às procelas de inverno,
    e as velas amplas têm mais a temer do que as pequenas.   10
Vês como a leve cortiça flutua na superfície,
    enquanto o grave peso submerge as redes trançadas?
Se, conselheiro, eu tivesse sido antes aconselhado,
    talvez eu estivesse na cidade em que devia.
Enquanto vivi comigo, enquanto brisa leve me levava,   15
    esta minha barca correu por tranquilas águas.
Quem cai no plano – a custo isso ocorre –,
    cai de tal modo que, tocado o solo, possa se erguer;
mas o desgraçado Elpenor,[216] caído do alto telhado,
    como tênue sombra foi ao encontro de seu rei.   20
Que houve para que Dédalo agitasse asas seguras,
    enquanto Ícaro sela com seu nome o extenso mar?
Decerto este voava alto, e aquele, mais baixo;
    pois ambos não tinham asas próprias.
Acredita: quem se escondeu bem vive bem, e cada um   25
    deve permanecer dentro da própria fortuna.
Eumedes[217] não teria perdido o filho se o tolo
    não tivesse ambicionado os cavalos de Aquiles;
nem Mérope[218] teria visto o filho em chamas e as filhas
    como árvores se, pai, tivesse assumido Faetonte.   30
Também tu, receia sempre a excessiva altura
    e, imploro, recolhe as velas de teu intento.
Pois és digno de percorrer o caminho da vida
    com pé ileso e de fruir um fado mais venturoso.
Mereces os votos que te faço por tua bondosa afeição   35
    e pela lealdade que se unirá a mim em qualquer tempo.
Vi-te prantear meus fados com tal semblante,
    que se creria ser minha própria face.
Vi tuas lágrimas caindo sobre minha face,
    as quais bebi junto com tuas fiéis palavras.   40
Ainda agora defendes com zelo o amigo afastado,
    e alivias males a custo em parte aliviáveis.
Vive sem inveja e passa, sem glória, amenos anos,
    faz amizade com os teus iguais

Nasonisque tui, quod adhuc non exulat unum,   45
    nomen ama; Scythicus cetera Pontus habet.

III, 4b[47]

Proxima sideribus tellus Erymanthidos Vrsae
    me tenet, adstricto terra perusta gelu.
Bosphoros et Tanais superant Scythiaeque paludes
    uix satis et noti nomina pauca loci.   50
Vlterius nihil est nisi non habitabile frigus.   [5]
    Heu, quam uicina est ultima terra mihi!
At longe patria est, longe carissima coniunx,
    quicquid et haec nobis post duo dulce fuit.
Sic tamen haec adsunt, ut quae contingere non est   55
    corpore, sunt animo cuncta uidenda meo.   [10]
Ante oculos errant domus Vrbsque et forma locorum,
    acceduntque suis singula facta locis.
Coniugis ante oculos, sicut praesentis. imago est.
    Illa meos casus ingrauat, illa leuat: 60
ingrauat hoc, quod abest; leuat hoc, quod praestat amorem   [15]
    impositumque sibi firma tuetur onus.
Vos quoque pectoribus nostris haeretis, amici,
    dicere quos cupio nomine quemque suo.
Sed timor officium cautus compescit, et ipsos   65
    in nostro poni carmine nolle puto.   [20]
Ante uolebatis, gratique erat instar honoris,
    uersibus in nostris nomina uestra legi.
Quod quoniam est anceps, intra mea pectora quemque
    adloquar, et nulli causa timoris ero.   70
Nec meus indicio latitantes uersus amicos   [25]
    protrahit. Occulte, si quis amabit,[48] amet.
Scite tamen, quamuis longa regione remotus
    absim, uos animo semper adesse meo;
et qua quisque potest, aliqua mala nostra leuate,   75
    fidam proiecto neue negate manum.   [30]
Prospera sic maneat uobis fortuna, nec umquam
    contacti simili sorte rogetis idem.

e ama o nome de teu Nasão, única parte 45
　　ainda não exilada; o resto, detém-no o Mar cítico.

III, 4b

Uma terra próxima dos astros da Ursa de Erimanto
　　me retém, terra queimada por sólido gelo.
Além, restam o Bósforo, o Tânais, os pântanos da Cítia
　　e poucos nomes de locais dificilmente conhecidos. 50
Mais além, nada há senão o frio inabitável. [5]
　　Ai, quão perto de mim está o extremo da terra!
Mas longe está a pátria, longe a caríssima esposa,
　　e o que quer que depois delas me foi doce.
Estas coisas, que não posso tocar com o corpo, 55
　　estão tão presentes que todas são visíveis em minha mente. [10]
Diante dos olhos, vagueiam a casa, Roma, o contorno dos locais,
　　e fatos específicos sobrevêm a cada local.
Diante dos olhos, a imagem da esposa é como que presente.
　　Ela agrava minhas desgraças, ela as alivia: 60
agrava pois está ausente; alivia pois dá amor [15]
　　e, firme, sustenta o fardo imposto a si.
Vós também estais gravados em meu peito, amigos,
　　que desejo chamar, cada um, com seu nome.
Mas cauto temor embarga a homenagem, e julgo 65
　　que não quereis ser postos em meu poema. [20]
Antes queríeis, e era como uma agradável honra
　　vossos nomes serem lidos em meus versos.
Depois que isso se tornou arriscado, dentro de meu peito
　　falarei a cada um, e não serei causa de temor algum. 70
Nem meu verso revela por sinais os amigos [25]
　　escondidos. Se alguém me amar, ame em segredo.
Sabei, porém, que embora eu esteja ausente, afastado
　　em região distante, vós sempre estais presentes em meu ânimo;
e como cada um puder, aliviai alguns de meus males, 75
　　e não negai mão fiel a quem foi arremessado. [30]
Assim permaneça próspera a vossa fortuna, e nunca,
　　atingidos por sorte semelhante, preciseis rogar o mesmo.

III, 5

Vsus amicitiae tecum mihi paruus, ut illam
    non aegre posses dissimulare, fuit,
nec me complexus uinclis propioribus esses
    naue mea uento, forsan, eunte suo.
Vt cecidi cunctique metu fugere ruinam,   5
    uersaque amicitiae terga dedere meae,
ausus es igne Iouis percussum tangere corpus
    et deploratae limen adire domus:
idque recens praestas nec longo cognitus usu,
    quod ueterum misero uix duo tresue mihi.   10
Vidi ego confusos uultus uisosque notaui,
    osque madens fletu pallidiusque meo,
et lacrimas cernens in singula uerba cadentes
    ore meo lacrimas, auribus illa bibi;
brachiaque accepi presso pendentia collo,   15
    et singultatis oscula mixta sonis.
Sum quoque, care, tuis defensus uiribus absens –
    scis carum ueri nominis esse loco –
multaque praeterea manifesti signa fauoris
    pectoribus teneo non abitura meis.   20
Di tibi posse tuos tribuant defendere semper,
    quos in materia prosperiore iuues.
Si tamen interea, quid in his ego perditus oris –
    quod te credibile est quaerere – quaeris, agam,
spe trahor exigua, quam tu mihi demere noli,   25
    tristia leniri numina posse dei.
Seu temere expecto, siue id contingere fas est,
    tu mihi, quod cupio, fas, precor, esse proba,
quaeque tibi linguae facundia, confer in illud,
    ut doceas uotum posse ualere meum.   30
Quo quisque est maior, magis est placabilis irae,
    et faciles motus mens generosa capit.
Corpora magnanimo satis est prostrasse leoni,
    pugna suum finem, cum iacet hostis, habet.
At lupus et turpes instant morientibus ursi   35
    et quaecumque minor nobilitate fera.

III, 5

Minha amizade contigo foi breve, tanto que
    sem esforço a podias dissimular,
e talvez não terias me abraçado com laços tão próximos
    se meu navio navegasse com vento próprio.
Quando caí, e todos, com medo, fugiram da ruína   5
    e deram as costas à minha amizade,
ousaste tocar este corpo golpeado pelo raio de Júpiter
    e atravessar a soleira de uma casa lastimada:
e, amigo recente, há pouco conhecido, dás a este
    desgraçado o que a custo dois ou três dos antigos dão.   10
Eu mesmo vi e notei tuas feições desfiguradas,
    tua face banhada de pranto e mais pálida que a minha,
e ao perceber as lágrimas caindo a cada palavra,
    com a boca bebi as lágrimas, com o ouvido as palavras;
acolhi os braços pendentes que cingiam meu pescoço   15
    e os beijos misturados a soluçantes sons.
Ausente, defendeste-me com tua influência, meu caro –
    sabes que "caro" substitui teu nome real.
Além disso, muitos sinais de manifesta afeição
    guardo em meu peito, para não se apagarem.   20
Permitam os deuses que sempre possas defender os teus,
    que os ajudes em situações mais prósperas.
Se perguntas, porém, o que faço enquanto isso
    nestas praias, arruinado – e creio que o perguntes –,
sou arrastado pela ínfima esperança, não me queiras tirá-la,   25
    de que as tristes vontades do deus possam se abrandar.
Se espero sem razão, ou se é justo que isso ocorra,
    prova-me tu, imploro, que o que desejo é justo,
e emprega nisto a facúndia de tua língua:
    demonstrar que meu voto pode ter força.   30
Quanto maior é alguém, mais aplacável sua ira,
    e o ânimo nobre encerra bondosos sentimentos.
Ao leão magnânimo, basta derrubar os corpos:
    a luta finda quando cai o inimigo.
Mas o lobo e os torpes ursos perseguem ao moribundo,   35
    como qualquer outra fera de menor nobreza.

Maius apud Troiam forti quid habemus Achille?
　　Dardanii lacrimas non tulit ille senis.
Quae ducis Emathii fuerit clementia, Porus
　　Dareique docent funeris exequiae.　　　　　　　　　　40
Neue hominum referam flexas ad mitius iras,
　　Iunonis gener est, qui prius hostis erat.
Denique non possum nullam sperare salutem,
　　cum poenae non sit causa cruenta meae.
Non mihi, quaerenti pessumdare cuncta, petitum　　　　　45
　　Caesareum caput est, quod caput orbis erat;
non aliquid dixiue, elataue[49] lingua loquendo est,
　　lapsaque sunt nimio uerba profana mero:
inscia quod crimen uiderunt lumina, plector,
　　peccatumque oculos est habuisse meum.　　　　　　　50
Non equidem totam possum defendere culpam,
　　sed partem nostri criminis error habet.
Spes igitur superest facturum ut molliat ipse
　　mutati poenam condicione loci.
Hos utinam nitidi Solis praenuntius ortus　　　　　　　　55
　　afferat admisso Lucifer albus equo!

III, 6

Foedus amicitiae nec uis, carissime, nostrae,
　　nec, si forte uelis, dissimulare potes.
Donec enim licuit, nec te mihi carior alter,
　　nec tibi me tota iunctior Vrbe fuit.
Isque erat usque adeo populo testatus, ut esset　　　　　5
　　paene magis quam tu quamque ego notus, amor.
Quique est in caris animi tibi candor amicis –
　　cognitus est ipsi, quem colis, iste uiro.[50]
Nil ita celabas, ut non ego conscius essem,
　　pectoribusque dabas multa tegenda meis:　　　　　　10
cuique ego narrabam secreti quicquid habebam,
　　excepto quod me perdidit, unus eras.
Id quoque si scisses, saluo fruerere sodali,
　　consilioque forem sospes, amice, tuo.

O que temos em Troia maior do que o forte Aquiles?
    E ele não suportou as lágrimas do velho dardânio.²¹⁹
Qual foi a clemência do comandante da Emátia?²²⁰
    Poro e as exéquias de Dario dirão.   40
Para não mencionar as iras humanas que se dobraram,
    é genro de Juno²²¹ quem antes era inimigo.
Decerto não posso esperar salvação alguma,
    já que a causa de minha pena não é sangrenta.
Buscando a tudo arruinar, não ataquei   45
    a vida de César, que era a vida do mundo;
não disse nada, nem soltei a língua ao falar,
    nem pelo excesso de vinho me escaparam palavras profanas:
sou punido porque olhos inscientes viram um crime,
    e meu delito é ter possuído olhos.   50
De fato não posso defender toda a culpa,
    mas parte de meu crime é um erro.
Resta, então, a esperança de que ele mesmo
    abrande a pena, mudando o local.
Oxalá o alvo Lúcifer, prenúncio do brilhante sol,   55
    com veloz cavalo traga este dia!

III, 6

Nosso pacto de amizade, ó caríssimo, não queres,
    nem, se acaso quisesses, podes dissimular.
Enquanto se permitiu, ninguém me foi mais caro do que tu,
    nem mais unido a ti do que eu em toda Roma.
E esse amor era tão atestado ao povo,   5
    que quase era mais conhecido que eu ou que tu.
E tua bondade de espírito com os amigos caros,
    reconheceu-a esse mesmo homem que estimas.
Nada escondias que eu não pudesse saber
    e me confiavas muitas coisas para guardar em meu peito: 10
eras o único a quem eu contava qualquer segredo meu,
    exceto aquele que me perdeu.
Se também o tivesses sabido, fruirias um companheiro incólume,
    e teu conselho, amigo, me teria salvo.

Sed mea me in poenam nimirum fata trahebant: 15
 omne bonae claudunt utilitatis iter.
Siue malum potui tamen hoc uitare cauendo,
 seu ratio fatum uincere nulla ualet,
tu tamen, o nobis usu iunctissime longo,
 pars desiderii maxima paene mei, 20
sis memor, et siquas fecit tibi gratia uires,
 illas pro nobis experiare, rogo,
numinis ut laesi fiat mansuetior ira,
 mutatoque minor sit mea poena loco.
Idque ita, si nullum scelus est in pectore nostro, 25
 principiumque mei criminis error habet.
Nec breue nec tutum, quo sint mea, dicere, casu
 lumina funesti conscia facta mali;
mensque reformidat, ueluti sua uulnera, tempus
 illud, et admonitu fit nouus ipse dolor,[51] 30
et quaecumque adeo possunt afferre pudorem,
 illa tegi caeca condita nocte decet.
Nil igitur referam, nisi me peccasse, sed illo
 praemia peccato nulla petita mihi,
stultitiamque meum crimen debere uocari, 35
 nomina si facto reddere uera uelis.
Quae si non ita sunt, alium, quo longius absim,
 quaere – suburbana est haec mihi terra – locum.[52]

III, 7

Vade salutatum, subito perarata, Perillam,
 littera, sermonis fida ministra mei!
Aut illam inuenies dulci cum matre sedentem,
 aut inter libros Pieridasque suas.
Quicquid aget, cum te scierit uenisse, relinquet, 5
 nec mora, quid uenias quidue, requiret, agam.
Viuere me dices, sed sic, ut uiuere nolim,
 nec mala tam longa nostra leuata mora;
et tamen ad Musas, quamuis nocuere, reuerti,
 aptaque in alternos cogere uerba pedes. 10

Meus fados decerto me arrastavam para a pena: 15
   fecham toda via de bom proveito.
Mas se eu podia evitar esse mal me acautelando,
   ou se nenhuma razão tem força de vencer o fado,
tu, porém, ó tão unido a mim por longo costume,
   ó parte quase máxima de minha saudade, 20
não me esqueças e, se o prestígio te deu algum poder,
   emprega-o, rogo, em meu favor,
para que se amanse a ira do deus ofendido,
   e, mudado o local, seja menor a minha pena.
Ainda mais se não há crime algum em meu peito 25
   e um erro é a causa de meu delito.
Nem breve nem seguro seria dizer por que acaso
   meus olhos testemunharam um mal funesto;
a mente teme este tempo como às suas feridas,
   com a lembrança, a própria dor se renova, 30
e, o que quer que agora possa inspirar vergonha,
   convém ser coberto, enterrado em negra noite.
Nada, então, mencionarei, senão que errei,
   mas com o erro não busquei tirar vantagem,
e meu delito devia chamar-se estupidez, 35
   caso queiras dar ao fato o nome verdadeiro.
Se assim não são as coisas, busca outro lugar,
   ainda mais distante – esta terra me é apenas suburbana.

III, 7

Vai saudar Perila, carta às pressas escrita
   e serva fiel de minhas palavras!
Ou a encontrarás sentada com a mãe querida
   ou entre os livros e suas Piérides.
Deixará quanto faça ao saber que chegaste 5
   e logo indagará por que chegas ou o que faço.
Dirás que vivo – mas viver assim não queria –,
   que tão longo tempo não aliviou meus males;
que às Musas, embora a mim nocivas, tornei,
   que em pé alternado ajusto as palavras. 10

Tu quoque, dic, studiis communibus ecquid inhaeres,
 doctaque non patrio carmina more canis?
Nam tibi cum fatis mores natura pudicos
 et raras dotes ingeniumque dedit.
Hoc ego Pegasidas deduxi primus ad undas, 15
 ne male fecundae uena periret aquae;
primus id aspexi teneris in uirginis annis,
 utque pater natae duxque comesque fui.
Ergo si remanent ignes tibi pectoris idem,
 sola tuum uates Lesbia uincet opus. 20
Sed uereor, ne te mea nunc fortuna retardet,
 postque meos casus sit tibi pectus iners.
Dum licuit, tua saepe mihi, tibi nostra legebam;
 saepe tui iudex, saepe magister eram:
aut ego praebebam factis modo uersibus aures, 25
 aut, ubi cessares, causa ruboris eram.
Forsitan exemplo, quia me laesere libelli,
 tu quoque sis poenae fata secuta meae.
Pone, Perilla, metum, tantummodo femina nulla
 neue uir a scriptis discat amare tuis! 30
Ergo desidiae remoue, doctissima, causas,
 inque bonas artes et tua sacra redi!
Ista decens facies longis uitiabitur annis,
 rugaque in antiqua fronte senilis erit;
inicietque manum formae damnosa senectus, 35
 quae strepitum passu non faciente uenit;
cumque aliquis dicet "Fuit haec formosa", dolebis,
 et speculum mendax esse querere tuum.
Sunt tibi opes modicae, cum sis dignissima magnis,
 finge sed inmensis censibus esse pares; 40
nempe dat id quodcumque libet fortuna rapitque,
 Irus et est subito, qui modo Croesus erat.
Singula quid referam? Nil non mortale tenemus
 pectoris exceptis ingeniique bonis.
En ego, cum caream patria uobisque domoque, 45
 raptaque sint, adimi quae potuere mihi,
ingenio tamen ipse meo comitorque fruorque:
 Caesar in hoc potuit iuris habere nihil.

Tu também, diz, te aplicas à paixão em comum
    e cantas doutos poemas ao modo não pátrio?[222]
A natureza, com os fados, a ti deu
    modos modestos, raro dote e engenho.
Isso, eu primeiro levei às águas de Pégaso,[223]   15
    para não perecer vã a veia fecunda;
primeiro o notei na jovem de tenra idade,
    fui colega e guia, como um pai à filha.
Portanto, se te resta o mesmo fogo no ânimo,
    só vencerá tua obra a poeta de Lesbos.[224]   20
Mas receio que agora minha fortuna te detenha,
    e tenhas ânimo inerte após meus infortúnios.
Lias-me teus versos, lia-te os meus, enquanto
    possível; ora era juiz, ora teu mestre:
ou prestava ouvido aos versos há pouco feitos,   25
    ou era, ao cessares, causa de rubor.
Talvez a exemplo dos meus letais livrinhos,
    também tu tenhas herdado meu fado de penas.
Deixa o medo, Perila, se homem ou mulher
    alguma aprende a amar por teus escritos!   30
Então, moça douta, afasta as causas de inércia,
    volta às belas-artes e ao sacro estudo!
Teu rosto amável se estragará com os anos,
    senil ruga marcará a face velha.
Deitará mão à beleza a ruinosa senilidade,   35
    que chega com passo silencioso;
e lamentarás quando alguém disser "Foi bela",
    e te queixarás do mentiroso espelho.
Mesmo digna de muito, tens recursos módicos,
    mas finge serem iguais a um tesouro;   40
pois a Fortuna dá e toma como lhe apraz:
    súbito, faz-se Iro[225] quem há pouco era Creso.[226]
Por que detalhar? Nada não mortal possuímos,
    senão os bens do ânimo e do engenho.
Eis-me, embora sem pátria e sem vós e sem lar,   45
    tomado tudo o que se me pôde tirar,
eu próprio acompanho e usufruo meu engenho:
    direito algum sobre ele teve César.

Quilibet hanc saeuo uitam mihi finiat ense,
  me tamen extincto fama superstes erit, 50
dumque suis uictrix omnem de montibus orbem
  prospiciet domitum Martia Roma, legar.
Tu quoque, quam studii maneat felicior usus,
  effuge uenturos, qua potes, usque rogos!

III, 8

Nunc ego Triptolemi cuperem consistere curru,
  misit in ignotam qui rude semen humum;
nunc ego Medeae uellem frenare dracones,
  quos habuit fugiens arce, Corinthe, tua;
nunc ego iactandas optarem sumere pennas, 5
  siue tuas, Perseu, Daedale, siue tuas,
ut tenera nostris cedente uolatibus aura
  aspicerem patriae dulce repente solum,
desertaeque domus uultus, memoresque sodales,
  caraque praecipue coniugis ora meae. 10
Stulte, quid haec frustra uotis puerilibus optas,
  quae non ulla tulit[53] fertque feretque dies?
Si semel optandum est, Augusti numen adora,
  et, quem sensisti, rite precare deum.
Ille tibi pennasque potest currusque uolucres 15
  tradere: det reditum, protinus ales eris.
Si precer hoc – neque enim possum maiora rogare –,
  ne mea sint, timeo, uota modesta parum.
Forsitan hoc olim, cum iam satiauerit iram,
  tum quoque sollicita mente, rogandus erit. 20
Quod minus interea est, instar mihi muneris ampli:
  ex his me iubeat quolibet ire locis.
Nec caelum nec aquae faciunt nec terra nec aurae;
  ei mihi, perpetuus corpora languor habet!
Seu uitiant artus aegrae contagia mentis, 25
  siue mei causa est in regione mali,
ut tetigi Pontum, uexant insomnia, uixque
  ossa tegit macies nec iuuat ora cibus;

Mesmo que alguém me dê fim à vida com cruel espada,
    perdurará minha fama após a morte, 50
e enquanto do alto das colinas Roma Marcial
    observar, vencedora, todo o mundo dominado, serei lido.
Tu também – a ti reste um uso mais venturoso da poesia,
    escapa, o quanto podes, às vindouras piras!

III, 8

Agora eu queria estar no carro de Triptólemo,
    que lançou inculta semente em terra desconhecida;
agora eu queria guiar os dragões de Medeia,
    por ela tidos ao fugir, Corinto, de tua cidadela;
agora eu gostaria de ter asas para bater, 5
    seja as tuas, Perseu, seja, Dédalo, as tuas,
para que, a suave brisa cedendo ao meu voo,
    eu de súbito visse o doce solo da pátria,
o aspecto de minha casa vazia, os amigos lembrados
    e, sobretudo, a cara face de minha esposa. 10
Tolo, por que desejas, com votos pueris,
    aquilo que nenhum dia trouxe, traz nem trará?
Se se pode fazer só um voto, adora o nume de Augusto
    e, segundo os ritos, implora ao deus que experimentaste.
Ele pode te conceder asas e carros alados: 15
    que te dê o retorno, logo serás ave.
Se eu implorar isso – de fato, nada maior posso implorar –,
    temo que meus votos sejam pouco modestos.
Talvez um dia, quando já tiver saciado a ira,
    então lhe rogarei, com ânimo ainda inquieto. 20
Enquanto isso, um favor menor, que me vale como um grande:
    ordene que eu vá deste lugar para qualquer outro.
Nem o clima, nem a água, nem a terra, nem os ares me convêm;
    ai de mim, perpétuo langor detém meu corpo!
Se me corrompe os membros o contato do espírito doente, 25
    ou se a causa de meu mal está na região,
desde que toquei o Ponto, a insônia atormenta, a custo
    a magreza recobre os ossos e o alimento não deleita a boca;

quique per autumnum percussis frigore primo
    est color in foliis, quae noua laesit hiems,   30
is mea membra tenet, nec uiribus adleuor ullis,
    et numquam queruli causa doloris abest.
Nec melius ualeo, quam corpore, mente, sed aegra est
    utraque pars aeque binaque damna fero.
Haeret et ante oculos ueluti spectabile corpus   35
    astat fortunae forma legenda meae:
cumque locum moresque hominum cultusque sonumque
    cernimus, et, qui sim qui[54] fuerimque, subit,
tantus amor necis est, querar ut cum Caesaris ira,
    quod non offensas uindicet ense suas.   40
At quoniam semel est odio ciuiliter usus,
    mutato leuior sit fuga nostra loco!

III, 9

Hic quoque sunt igitur Graiae – quis crederet? – urbes
    inter inhumanae nomina barbariae;
huc quoque Mileto missi uenere coloni,
    inque Getis Graias constituere domos.
Sed uetus huic nomen positaque antiquius urbe,   5
    constat ab Absyrti caede fuisse loco.
Nam rate, quae cura pugnacis facta Mineruae
    per non temptatas prima cucurrit aquas,
impia desertum fugiens Medea parentem
    dicitur his remos applicuisse uadis.   10
Quem procul ut uidit tumulo speculator ab alto,
    "Hospes", ait, "nosco, Colchide, uela, uenit!"
Dum trepidant Minyae, dum soluitur aggere funis,
    dum sequitur celeres ancora tracta manus,
conscia percussit meritorum pectora Colchis   15
    ausa atque ausura multa nefanda manu;
et, quamquam superest ingens audacia menti,
    pallor in attonitae uirginis ore fuit.
Ergo ubi prospexit uenientia uela: "Tenemur,
    et pater est aliqua fraude morandus", ait.   20

a cor que no outono colore as folhas golpeadas
    pelo primeiro frio, as quais o novo inverno feriu,   30
esta é a cor de meus membros, não há forças que me aliviem
    e nunca se ausenta a causa de queixa e dor.
Não tenho mais força no espírito do que no corpo,
    ambos estão por igual doentes, e sofro duplo dano.
Fixa diante dos olhos, como um ser visível,   35
    paira a imagem de minha fortuna, para ser lida:
quando vejo o lugar, os costumes dos homens, os trajes
    e os idiomas, e vem-me à mente quem sou e quem fui,
tamanho é meu desejo de morte, que me queixo da ira de César,
    pois não vinga suas ofensas com espada.   40
Mas como já uma vez foi moderado em seu ódio,
    que seja mais leve meu desterro, mudando-se o local!

III, 9

Também aqui (quem diria?) há cidades gregas
    entre nomes de inumana barbárie.
Também para cá vieram colonos de Mileto
    e, entre os getas, gregas casas construíram.
Mas o velho nome do lugar, anterior à fundação da cidade,   5
    bem se sabe, vem da morte de Absirto.[227]
No barco feito sob os cuidados da belicosa Minerva,
    que primeiro singrou águas desconhecidas,[228]
a ímpia Medeia[229] – diz-se – ao fugir do pai abandonado,
    recolheu remos nestes vaus.   10
Quando, da alta colina, o vigia o viu ao longe, diz:
    "Um estrangeiro, vejo as velas, vem da Cólquida".
Enquanto se movem os mínias,[230] enquanto o molhe solta amarras,
    enquanto a âncora puxada segue as mãos céleres,
a colca, ciente das culpas, golpeou o peito   15
    com a mão que ousou e ousaria muita atrocidade.
Embora reste ao espírito enorme ousadia,
    o palor inundou as faces da jovem atônita.
Quando, então, viu as velas que vinham, ela disse:
    "Estou presa! Um ardil deve atrasar meu pai!"   20

Dum quid agat, quaerit, dum uersat in omnia uultus,
  ad fratrem casu lumina flexa tulit.
Cuius ut oblata est praesentia: "Vicimus", inquit:
  "hic mihi morte sua causa salutis erit."
Protinus ignari nec quicquam tale timentis 25
  innocuum rigido perforat ense latus,
atque ita diuellit diuulsaque membra per agros
  dissipat in multis inuenienda locis.
Neu pater ignoret, scopulo proponit in alto
  pallentesque manus sanguineumque caput, 30
ut genitor luctuque nouo tardetur et, artus
  dum legit extinctos, triste retardet iter.
Inde Tomis dictus locus hic, quia fertur in illo
  membra soror fratris consecuisse sui.

III, 10

Siquis adhuc istic meminit Nasonis adempti,
  et superest sine me nomen in Vrbe meum,
suppositum stellis numquam tangentibus aequor
  me sciat in media uiuere barbaria.
Sauromatae cingunt, fera gens, Bessique Getaeque, 5
  quam non ingenio nomina digna meo!
Dum tamen aura tepet, medio defendimur Histro:
  ille suis liquidus bella repellit aquis.
At cum tristis hiems squalentia protulit ora,
  terraque marmoreo est candida facta gelu, 10
dum parat et Boreas et nix habitare[55] sub Arcto,
  tum patet has gentes axe tremente premi.
Nix iacet, et iactam ne sol pluuiaeque resoluant,
  indurat Boreas perpetuamque facit.
Ergo ubi deliciut nondum prior, altera uenit, 15
  et solet in multis bima manere locis.
Tantaque commoti uis est Aquilonis, ut altas
  aequet humo turres tectaque rapta ferat.
Pellibus et sutis arcent mala frigora bracis,
  oraque de toto corpore sola patent. 20

Ela busca o que fazer, ela olha para todos os lados,
    até pousar os olhos, por acaso, no irmão.
Sua presença percebendo, ela diz: "Venci:
    sua morte será a minha salvação".
Logo, ao ignaro que nada similar temia,   25
    perfura com rija espada o flanco inocente.
Então espedaça e espalha os pedaços dos membros
    nos campos, para serem buscados em muitos lugares.
Para que o pai não o ignore, expôs em alto escolho
    as pálidas mãos e a cabeça ensanguentada,   30
para que o pai se retarde com o novo luto e,
    reunindo os membros sem vida, atrase o triste curso.
Daí o lugar chamou-se Tomos: nele – conta-se –
    a irmã lacerou os membros do irmão.[231]

III, 10

Se alguém aí ainda se lembra de Nasão que partiu,
    e meu nome, sem mim, perdura em Roma,
saiba que, sob estrelas que nunca tocam o mar,[232]
    eu vivo em meio à barbárie.
Cercam-me os sármatas, povo feroz, os bessos e os getas,   5
    nomes quão indignos de meu engenho!
Enquanto a brisa é morna, defende-nos o Istro no meio:
    líquido, ele afasta as guerras com suas águas.
Mas quando o triste inverno mostrou a escabrosa face,
    e a terra se fez branca de marmóreo gelo,   10
enquanto Bóreas[233] e a neve se preparam para habitar sob a Ursa,
    vê-se que esses povos são oprimidos pelo polo que treme.
A neve se estende e, para que nem sol nem chuva a desfaçam,
    Bóreas a endurece, depois de caída, e a torna eterna.
Então, quando a primeira ainda não derreteu, cai mais neve   15
    e, em muitos lugares, permanece por dois anos.
Tamanha é a força do furioso Aquilão, que aplaina
    altas torres ao solo e os tetos arrancados leva.
Com peles e bragas cosidas, afastam o frio cruel;
    de todo o corpo, só a face fica descoberta.   20

Saepe sonant moti glacie pendente capilli,
    et nitet inducto candida barba gelu;
nudaque consistunt, formam seruantia testae,
    uina, nec hausta meri, sed data frusta bibunt.
Quid loquar, ut uincti concrescant frigore riui,   25
    deque lacu fragiles effodiantur aquae?
Ipse, papyrifero qui non angustior amne
    miscetur uasto multa per ora freto,
caeruleos uentis latices durantibus, Hister
    congelat et tectis in mare serpit aquis.   30
Quaque rates ierant, pedibus nunc itur, et undas
    frigore concretas ungula pulsat equi;
perque nouos pontes, subter labentibus undis,
    ducunt Sarmatici barbara plaustra boues.
Vix equidem credar, sed, cum sint praemia falsi   35
    nulla, ratam debet testis habere fidem.
Vidimus ingentem glacie consistere pontum,
    lubricaque inmotas testa premebat aquas.
Nec uidisse sat est; durum calcauimus aequor,
    undaque non udo sub pede summa fuit.   40
Si tibi tale fretum quondam, Leandre, fuisset,
    non foret angustae mors tua crimen aquae.
Tum neque se pandi possunt delphines in auras
    tollere – conantes dura coercet hiems.
Et quamuis Boreas iactatis insonet alis,   45
    fluctus in obsesso gurgite nullus erit;
inclusaeque gelu stabunt in marmore puppes,
    nec poterit rigidas findere remus aquas.
Vidimus in glacie pisces haerere ligatos,
    sed pars ex illis tum quoque uiua fuit.   50
Siue igitur nimii Boreae uis saeua marinas,
    siue redundatas flumine cogit aquas,
protinus, aequato siccis Aquilonibus Histro,
    inuehitur celeri barbarus hostis equo;
hostis equo pollens longeque uolante sagitta   55
    uicinam late depopulatur humum.
Diffugiunt alii, nullisque tuentibus agros
    incustoditae diripiuntur opes,

Amiúde os cabelos, balançados, tilintam com o gelo pendente,
   e a barba brilha, branca do gelo que a cobre;
congelam-se os vinhos, conservando, por si sós, a forma do vaso,
   e eles não bebem vinho aos goles, mas aos pedaços.
Por que direi que os rios congelam, cristalizados pelo frio,   25
   e que uma água quebradiça é tirada do lago?
Não mais estreito que o rio rico em papiro,[234] o próprio Istro,
   que se mistura ao vasto mar por embocaduras várias,
quando os ventos endurecem seu curso azul,
   congela e serpeia rumo ao mar com águas ocultas.   30
Por onde iam barcos, com pés se vai agora, e o casco
   do cavalo percute as ondas pelo frio congeladas;
por baixo fluindo as águas, por novas pontes
   os bois sármatas conduzem os carros bárbaros.
Decerto, a custo me crerias, mas, quando nenhum ganho   35
   há na mentira, a testemunha deve ser digna de segura confiança.
Vi o imenso mar tornar-se gelo,
   e uma crosta escorregadia premia as águas imóveis.
Não basta ter visto: pisei o duro mar,
   e a superfície da água ficou sob o pé não molhado.   40
Se um dia tivesses tido tal mar, ó Leandro,[235]
   tua morte não teria sido um crime das águas do estreito.
Então, os golfinhos não podem saltar em arco
   nos ares – o duro inverno impede os que tentam.
Ainda que Bóreas ressoe agitando as asas,   45
   nenhuma onda haverá no mar encoberto;
presas no gelo, as popas estancarão no mármore,
   e o remo não poderá fender as águas rijas.
Vi peixes, presos, se aderirem ao gelo,
   e parte deles ainda estava viva.   50
Então, se a força cruel do Bóreas desmedido congela
   as águas do mar ou as transbordadas do rio,
logo, através do Istro aplainado por secos[236] Aquilões,
   o inimigo bárbaro irrompe em rápido cavalo;
poderoso pelo cavalo e pela flecha que voa longe,   55
   o inimigo muito devasta a terra vizinha.
Alguns fogem e, sem vigilância alguma nos campos,
   são saqueados os bens não defendidos,

ruris opes paruae, pecus et stridentia plaustra
    et quas diuitias incola pauper habet. 60
Pars agitur uinctis post tergum capta lacertis,
    respiciens frustra rura Laremque suum;
pars cadit hamatis misere confixa sagittis:
    nam uolucri ferro tinctile uirus inest.
Quae nequeunt secum ferre aut abducere, perdunt, 65
    et cremat insontes hostica flamma casas.
Tum quoque, cum pax est, trepidant formidine belli,
    nec quisquam presso uomere sulcat humum.
Aut uidet aut metuit locus hic, quem non uidet, hostem;
    cessat iners rigido terra relicta situ. 70
Non hic pampinea dulcis latet uua sub umbra,
    nec cumulant altos feruida musta lacus.
Poma negat regio, nec haberet Acontius in quo
    scriberet hic dominae uerba legenda suae.
Aspiceres nudos sine fronde, sine arbore campos: 75
    heu loca felici non adeunda uiro!
Ergo tam late pateat cum maximus orbis,
    haec est in poenam terra reperta meam.

III, 11

Siquis es, insultes qui casibus, improbe, nostris,
    meque reum dempto fine cruentus agas,
natus es e scopulis et pastus[56] lacte ferino,
    et dicam silices pectus habere tuum.
Quis gradus ulterior, quo se tua porrigat ira, 5
    restat? Quidue meis cernis abesse malis?
Barbara me tellus et inhospita litora Ponti
    cumque suo Borea Maenalis Vrsa uidet.
Nulla mihi cum gente fera commercia linguae:
    omnia solliciti sunt loca plena metus. 10
Vtque fugax auidis ceruus deprensus ab ursis,
    cinctaque montanis ut pauet agna lupis,
sic ego belligeris a gentibus undique saeptus
    terreor, hoste meum paene premente latus.

as poucas colheitas, o rebanho, os carros que chiam
    e os recursos que o agricultor pobre possui.   60
Parte é levada cativa, com braços atados às costas,
    e em vão se volta para ver os campos e seu Lar;
parte cai, infeliz, trespassada por recurvas flechas:
    há veneno impregnado no ferro voador.
Perdem o que não podem levar ou portar consigo,   65
    e a chama inimiga queima cabanas inocentes.
Também quando há paz, tremem pelo temor da guerra,
    e ninguém sulca o solo premendo o arado.
Este lugar ou vê ou teme o inimigo não visto;
    jaz estéril a terra deixada em rude abandono.   70
Aqui a doce uva não se esconde sob a sombra dos pâmpanos,
    e mostos fermentados não enchem fundas cubas.
A região nega frutos, e Acôncio[237] aqui não teria
    onde escrever as palavras para sua amada ler.
Verias campos vazios, sem folhagem, sem árvore: 75
    ai! locais aonde o homem venturoso não deve ir!
Então, embora muito se estenda o enorme mundo,
    esta foi a terra encontrada para minha pena.

III, 11

Quem quer que sejas, ó perverso, que ultrajas meu infortúnio,
    e, sangrento, sem fim me fazes réu,
foste gerado de escolhos e nutrido com leite selvagem,
    e eu diria haver pedras em teu peito.
Que último grau ainda resta para se estender tua ira?   5
    Ou que vês ainda faltar em meus males?
Uma terra bárbara, as inospitaleiras praias do Ponto
    e a Ursa menálida[238] com seu Bóreas me observam.
Não compartilho a língua do povo feroz:
    todos os lugares estão repletos de inquieto medo.   10
Como o cervo veloz capturado por ávidos ursos,
    e a ovelha cercada por lobos monteses teme,
assim eu, rodeado por povos belicosos de todos os lados,
    aterrorizo-me com o inimigo que quase fere meu flanco.

Vtque sit exiguum poenae, quod coniuge cara, 15
    quod patria careo pignoribusque meis,
ut mala nulla feram nisi nudam Caesaris iram,
    nuda parum nobis Caesaris ira mali est?
Et tamen est aliquis, qui uulnera cruda retractet,
    soluat et in mores ora diserta meos. 20
In causa facili cuiuis licet esse disertum,
    et minimae uires frangere quassa ualent.
Subruere est arces et stantia moenia uirtus;
    quamlibet ignaui praecipitata premunt.
Non sum ego qui[57] fueram. Quid inanem proteris umbram? 25
    Quid cinerem saxis bustaque nostra petis?
Hector erat tunc cum bello certabat, at idem
    uinctus ad Haemonios non erat Hector equos.
Me quoque, quem noras olim, non esse memento:
    ex illo superant haec simulacra uiro. 30
Quid simulacra, ferox, dictis incessis amaris?
    Parce, precor, Manes sollicitare meos!
Omnia uera puta mea crimina, nil sit in illis,
    quod magis errorem quam scelus esse putes:
pendimus en profugi – satia tua pectora – poenas 35
    exilioque graues exiliique loco.
Carnifici fortuna potest mea flenda uideri:
    et tamen est uno iudice mersa parum.
Saeuior es tristi Busiride, saeuior illo,
    qui falsum lento torruit igne bouem, 40
quique bouem Siculo fertur donasse tyranno,
    et dictis artes conciliasse suas:
"Munere in hoc, rex, est usus, sed imagine maior,
    nec sola est operis forma probanda mei.
Aspicis a dextra latus hoc adapertile tauri? 45
    Hac tibi, quem perdes, coniciendus erit.
Protinus inclusum lentis carbonibus ure:
    mugiet, et ueri uox erit illa bouis.
Pro quibus inuentis, ut munus munere penses,
    da, precor, ingenio praemia digna meo!" 50
Dixerat. At Phalaris "Poenae mirande repertor,
    ipse tuum praesens imbue", dixit, "opus!"

Mesmo que seja uma pena ínfima carecer 15
    da cara esposa, da pátria e de tudo que amo,
mesmo que eu não sofra nenhum mal além da ira de César,
    a ira de César, por si só, me é mal pequeno?
Todavia, há alguém que remexe a recente ferida
    e profere palavras eloquentes contra meus costumes. 20
Numa causa fácil, qualquer um pode ser eloquente,
    e forças mínimas conseguem quebrar o que está abalado.
Ter força é derrubar cidadelas e firmes muralhas;
    qualquer fraco abate quem já caiu.
Não sou aquele que fui. Por que calcas uma sombra vã? 25
    Por que atacas com pedras minhas cinzas e túmulo?
Era Heitor quando lutava na guerra, mas o mesmo,
    amarrado aos cavalos hemônios, não era Heitor.
Eu também, lembra que não sou quem outrora conheceste:
    daquele homem resta este fantasma. 30
Por que, ó feroz, acusas com ditos amargos a um fantasma?
    Poupa, imploro, o tormento de meus Manes!
Julga verdadeiros todos os meus crimes, não haja nada
    neles que julgues ser mais um erro que um delito:
eis que, desterrado – satisfaz teu peito – pago as penas, 35
    pesadas pelo exílio e pelo local de exílio.
Minha fortuna pode parecer deplorável ao algoz:
    porém, para um único juiz, não afundou o bastante.
És mais cruel que o sombrio Busíris, mais cruel
    que aquele que fundiu em fogo lento o falso boi 40
e, diz-se, deu o boi ao tirano da Sicília[239]
    e recomendou suas artes com tais ditos:
"Neste dom, ó rei, há utilidade maior que a aparência,
    e não só a beleza de minha obra se deve apreciar.
Vês, à direita, o flanco do boi que pode se abrir? 45
    Lá deverás lançar quem desejas matar.
De imediato, queima-o lá dentro a fogo lento:
    mugirá, e o som será de um verdadeiro boi.
Por esses inventos, para com um dom o dom pagares,
    dá, imploro, recompensa digna de meu engenho!" 50
Dissera. Mas disse Fálaris: "Ó admirável inventor da pena,
    tu próprio, em pessoa, inaugura tua obra!"

Nec mora, monstratis crudeliter ignibus ustus
    exhibuit geminos ore gemente sonos.
Quid mihi cum Siculis inter Scythiamque Getasque? 55
    Ad te, quisquis is es, nostra querela redit.
Vtque sitim nostro possis explere cruore,
    quantaque uis, auido gaudia corde feras,
tot mala sum fugiens tellure, tot aequore passus,
    te quoque ut auditis posse dolere putem. 60
Crede mihi, si sit nobis collatus Vlixes,
    Neptuni minor est quam Iouis ira fuit.
Ergo quicumque es, rescindere crimina noli,
    deque graui duras uulnere tolle manus.
Vtque meae famam tenuent obliuia culpae, 65
    facta cicatricem ducere nostra sine;
humanaeque memor sortis, quae tollit eosdem
    et premit, incertas ipse uerere uices!
Et quoniam, fieri quod numquam posse putaui,
    est tibi de rebus maxima cura meis, 70
non est quod timeas: fortuna miserrima nostra est;
    omne trahit secum Caesaris ira malum.
Quod magis ut liqueat, neue hoc ego fingere credar,
    ipse uelim poenas experiare meas.

III, 12

Frigora iam Zephyri minuunt, annoque peracto
    longior antiquis uisa Tomitis hiems,
impositamque sibi qui non bene pertulit Hellen,
    tempora nocturnis aequa diurna facit.
Iam uiolam puerique legunt hilaresque puellae, 5
    rustica quae nullo nata serente uenit;
prataque pubescunt uariorum flore colorum,
    indocilique loquax gutture uernat auis;
utque malae matris crimen deponat, hirundo
    sub trabibus cunas tectaque parua facit; 10
herbaque, quae latuit Cerealibus obruta sulcis,
    exit et expandit molle cacumen humo;

Sem demora, queimado no fogo que cruelmente mostrara,
    emitiu duplo gemido com boca gemente.
Que me importam os sículos entre os cítios e getas?   55
    A ti, quem quer que sejas, se volta meu queixume.
Embora possas saciar a sede com meu sangue
    e tenhas no ávido peito quantas alegrias queres,
sofri tantos males fugindo na terra, tantos na água,
    que, ouvidos, podem afligir, julgo, até a ti.   60
Acredita: se a mim for comparado Ulisses,
    a ira de Netuno é menor do que foi a de Júpiter.
Então, quem quer que sejas, não queiras renovar as acusações
    e tira as mãos pesadas da ferida profunda.
E, para o olvido atenuar a fama de minha culpa,   65
    deixa que meus feitos formem cicatriz;
e, lembrado da sorte humana, que aos mesmos ergue
    e rebaixa, também tu, receia as reviravoltas!
E já que, aquilo que jamais julguei acontecer,
    tens a maior preocupação com meus assuntos,   70
não tens nada a temer: minha fortuna é tristíssima;
    a ira de César arrasta consigo todo o mal.
E para que fique bem claro e não creias que o invento,
    tu próprio, eu gostaria, experimenta as minhas penas.

III, 12

Zéfiros já mitigam o frio e, passado um ano,
    o inverno de Tomos pareceu mais longo que os antigos,
e aquele que não pôde carregar Hele em seu dorso[240]
    iguala a duração do dia e da noite.
Já moços e moças alegres colhem a violeta,   5
    que, rústica, brotou sem ninguém semear;
os campos rebentam em flor de várias cores,
    a gárrula ave, com voz inata, retoma o canto,
a andorinha, para apagar o crime de mãe maldosa,[241]
    sob árvores faz seu ninho e pequena morada;   10
a erva, que enterrada se ocultou nos sulcos de Ceres,
    brota e estende para fora da terra a tenra ponta;

quoque loco est uitis, de palmite gemma mouetur:
    nam procul a Getico litore uitis abest;
quoque loco est arbor, turgescit in arbore ramus:
    nam procul a Geticis finibus arbor abest.
Otia nunc istic, iunctisque ex ordine ludis
    cedunt uerbosi garrula bella fori.
Vsus equi nunc est, leuibus nunc luditur armis,
    nunc pila, nunc celeri uoluitur orbe trochus;
nunc ubi perfusa est oleo labente iuuentus,
    defessos artus Virgine tingit aqua.
Scaena uiget studiisque fauor distantibus ardet,
    proque tribus resonant terna theatra foris.
O quater, o quotiens non est numerare, beatum,
    non interdicta cui licet Vrbe frui!
At mihi sentitur nix uerno sole soluta,
    quaeque lacu durae non fodiantur[58] aquae;
nec mare concrescit glacie, nec ut ante, per Histrum
    stridula Sauromates plaustra bubulcus agit.
Incipient aliquae tamen huc adnare carinae,
    hospitaque in Ponti litore puppis erit.
Sedulus occurram nautae, dictaque salute,
    quid ueniat, quaeram, quisue quibusue locis.
Ille quidem mirum ni de regione propinqua
    non nisi uicinas tutus ararit aquas.
Rarus ab Italia tantum mare nauita transit,
    litora rarus in haec portubus orba uenit.
Siue tamen Graeca scierit, siue ille Latina
    uoce loqui – certe gratior huius erit –
(fas quoque ab ore freti longaeque Propontidos undis
    huc aliquem certo uela dedisse Noto),
quisquis is est, memori rumorem uoce referre
    et fieri famae parsque gradusque potest.
Is, precor, auditos possit narrare triumphos
    Caesaris et Latio reddita uota Ioui,
teque, rebellatrix, tandem, Germania, magni
    triste caput pedibus supposuisse ducis.
Haec mihi qui referet, quae non uidisse dolebo,
    ille meae domui protinus hospes erit.

15

20

25

30

35

40

45

50

onde há vide, mostra-se o cacho da videira:
   mas muito dista a vide do litoral gético;
onde há árvore, incha o ramo na árvore: 15
   mas muito dista a árvore dos confins géticos.
Aí agora há ócios, e aos jogos que em ordem se sucedem
   cedem as guerras loquazes do verboso foro.
Ora se usa o cavalo, ora se joga com armas leves,
   ora a bola, ora o disco rola em giro veloz; 20
agora a juventude, após se espargir com viscoso óleo,
   banha os membros exaustos na água da Virgem.[242]
Viceja o teatro e a gostos variados inflama-se o aplauso,
   e em lugar dos três foros, ressoam os três teatros.
Ó quatro, ó quantas infinitas vezes feliz 25
   quem pode fruir a Urbe não proibida!
Mas eu sinto a neve derretida por sol primaveril
   e a água não mais tirada sólida do lago;
nem o mar se congela, nem, como antes, pelo Istro
   o boieiro sármata leva os carros que chiam. 30
Algumas quilhas, porém, começarão a navegar
   e haverá popa estrangeira no litoral do Ponto.
Solícito irei ao encontro do marinheiro e, após saudá-lo,
   perguntarei quem é, por que e de onde vem.
Será decerto admirável se ele não for de região próxima, 35
   nem tiver, seguro, sulcado senão águas vizinhas.
É raro um navegante atravessar tamanho mar desde a Itália,
   é raro vir a estes litorais sem portos.
Porém, se souber falar ou na língua grega, ou na latina –
   nesta, sem dúvida, será mais agradável – 40
(também é possível que alguém, vindo da boca do estreito ou das águas
   da longa Propôntida, até aqui tenha dado velas ao firme Noto),
quem quer que ele seja, com palavras reconhecíveis pode contar
   as notícias e tornar-se parte e difusor da fama.
Possa ele, imploro, narrar o que ouviu: os triunfos de César 45
   e os votos dados a Júpiter Lácio;
e que enfim, rebelde Germânia, tu sujeitaste
   a triste cabeça aos pés de um grande chefe.
Quem me contar as coisas que lamento não ter visto,
   sem demora, será hóspede em minha casa. 50

Ei mihi, iamne domus Scythico Nasonis in orbe est?
    Iamque suum mihi dat pro Lare poena locum?
Di, facite ut Caesar non hic penetrale domumque,
    hospitium poenae sed uelit esse meae!

III, 13

Ecce superuacuus – quid enim fuit utile gigni? –
    ad sua Natalis tempora noster adest.
Dure, quid ad miseros ueniebas exulis annos?
    Debueras illis imposuisse modum.
Si tibi cura mei, uel si pudor ullus inesset, 5
    non ultra patriam me sequerere meam,
quoque loco primum tibi sum male cognitus infans,
    illo temptasses ultimus esse mihi,
inque relinquendo, quod idem fecere sodales,
    tu quoque dixisses tristis in Vrbe "Vale". 10
Quid tibi cum Ponto? Num te quoque Caesaris ira
    extremam gelidi misit in orbis humum?
Scilicet expectas solitum tibi moris honorem,
    pendeat ex umeris uestis ut alba meis,
fumida cingatur florentibus ara coronis, 15
    micaque solemni turis in igne sonet,
libaque dem proprie genitale notantia tempus,
    concipiamque bonas ore fauente preces.
Non ita sum positus, nec sunt ea tempora nobis,
    aduentu possim laetus ut esse tuo. 20
Funeris ara mihi, ferali cincta cupressu,
    conuenit et structis flamma parata rogis.
Nec dare tura libet nil exorantia diuos,
    in tantis subeunt nec bona uerba malis.
Si tamen est aliquid nobis hac luce petendum, 25
    in loca ne redeas amplius ista, precor,
dum me terrarum pars paene nouissima, Pontus,
    Euxinus falso nomine dictus, habet.

Ai de mim, acaso agora a casa de Nasão fica no mundo cítico?
    E a pena já me dá o seu local como Lar?
Ó deuses, fazei que César não queira que aqui seja minha casa
    e meu refúgio, mas só a pousada de minha pena!

III, 13

Eis que meu inútil aniversário – de que me serviu
    ter nascido? – conserva-se em sua data.
Ó cruel, por que vieste aos infelizes anos do exilado?
    Deverias ter-lhes posto um fim.
Se tivesses algum cuidado comigo, ou algum pudor,   5
    não me seguirias além de minha pátria,
e onde primeiro me conheceste como criança malfadada,
    lá terias tentado ser meu último e,
ao partir, como fizeram meus amigos,
    tu também, triste, terias dito "Adeus" em Roma.   10
Que queres com o Ponto? Acaso a ira de César também
    te enviou para o extremo do gélido mundo?
Decerto esperas teus costumeiros cultos,
    que penda de meus ombros uma veste branca,
flóreas coroas cinjam a ara fumegante,   15
    o incenso ressoe no fogo sagrado,
eu ofereça os bolos que assinalam o dia natal
    e pronuncie boas preces com boca propícia.
Não é tal a situação, nem estes os meus tempos,
    que eu possa me alegrar com tua chegada.   20
Convém-me uma ara fúnebre, cingida por funéreo
    cipreste, e a chama preparada para a pira erguida.
Nem apraz oferecer incensos que rogam em vão aos deuses,
    nem palavras boas vêm em tamanhos males.
Se, porém, há algo a ser pedido neste dia,   25
    imploro que não tornes mais a estes locais
enquanto me detém a derradeira parte das terras,
    o Ponto, por falso nome chamado Euxino.

III, 14

Cultor et antistes doctorum sancte uirorum,
    quid facis, ingenio semper amice meo?
Ecquid, ut incolumem quondam celebrare solebas,
    nunc quoque, ne uidear totus abesse, caues?
Conficis[59] exceptis ecquid mea carmina solis
    Artibus, artifici quae nocuere suo?
Immo ita fac, quaeso, uatum studiose nouorum,
    quaque potes, retine corpus in Vrbe meum.
Est fuga dicta mihi, non est fuga dicta libellis,
    qui domini poenam non meruere sui.
Saepe per extremas profugus pater exulat oras,
    Vrbe tamen natis exulis esse licet.
Palladis exemplo de me sine matre creata
    carmina sunt: stirps haec progeniesque mea est.
Hanc tibi commendo, quae quo magis orba parente est,
    hoc tibi tutori sarcina maior erit.
Tres mihi sunt nati contagia nostra secuti;
    cetera fac curae sit tibi turba palam.
Sunt quoque mutatae, ter quinque uolumina, formae,
    carmina de domini funere rapta sui.
Illud opus potuit, si non prius ipse perissem,
    certius a summa nomen habere manu.
Nunc incorrectum populi peruenit in ora,
    in populi quicquam si tamen ore mei est.
Hoc quoque nescio quid nostris appone libellis,
    diuerso missum quod tibi ab orbe uenit.
Quod quicumque leget – si quis leget – aestimet ante,
    compositum quo sit tempore quoque loco.
Aequus erit scriptis, quorum cognouerit esse
    exilium tempus barbariamque locum;
inque tot aduersis carmen mirabitur ullum
    ducere me tristi sustinuisse manu.
Ingenium fregere meum mala, cuius et ante
    fons infecundus paruaque uena fuit.
Sed quaecumque fuit, nullo exercente refugit,
    et longo periit arida facta situ.

III, 14

Defensor e venerável mestre dos doutos homens,
    que fazes, ó sempre amigo de meu engenho?
Como outrora me exaltavas próspero,
    acaso cuidas que agora eu não pareça todo ausente?
Acaso aprestas[243] meus poemas, exceto apenas   5
    a *Arte*[244] que ao artífice foi nociva?
Faça-o, te peço, admirador dos novos poetas,
    como podes, mantém meu corpo[245] em Roma.
O desterro foi a mim, não aos meus livrinhos,
    que a pena de seu amo não mereceram.   10
Se um pai se expatria, desterrado ao fim do mundo,
    seus filhos, porém, podem viver em Roma.
Como Palas,[246] sem mãe de mim foram gerados
    os poemas: são minha estirpe e descendência.
A ti a confio, quanto mais é órfã de pai,   15
    maior fardo será a ti, seu tutor.
Três de meus filhos com meu mal contaminaram-se;
    cuida abertamente da turba restante.
Há ainda os quinze rolos das formas mudadas,
    poemas roubados do funeral de seu amo.   20
Essa obra, se eu não tivesse perecido antes,
    teria renome mais firme com a última demão.
Agora incorrigida chega à boca do povo,
    se é que algo meu está na boca do povo.
Ajunta aos meus livrinhos este não sei o quê   25
    que te chega enviado de terras distantes.
Quem quer que o leia – se alguém ler – considere antes
    em que tempo e em que lugar foi composto.
Será justo com os escritos quando souber
    que o tempo é o exílio, e o lugar a barbárie;   30
admirará que, em tantas adversidades, tenha-me encarregado
    de fiar com triste mão algum poema.
Os males secaram meu engenho, que mesmo antes
    era fonte infecunda e fina veia.
Mas, qualquer que tenha sido, se esvaiu sem a prática   35
    e findou, de longa inação ressequido.

Non hic librorum, per quos inuiter alarque,
  copia: pro libris arcus et arma sonant.
Nullus in hac terra, recitem si carmina, cuius
  intellecturis auribus utar, adest.   40
Nec quo secedam locus est: custodia muri
  summouet infestos clausaque porta Getas.
Saepe aliquod quaero uerbum nomenque locumque,
  nec quisquam est a quo certior esse queam.
Dicere saepe aliquid conanti – turpe fateri! –   45
  uerba mihi desunt, dedidicique loqui.
Threicio Scythicoque fere circumsonor ore,
  et uideor Geticis scribere posse modis.
Crede mihi, timeo ne sint inmixta Latinis
  inque meis scriptis Pontica uerba legas.   50
Qualemcumque igitur uenia dignare libellum,
  sortis et excusa condicione meae.

Não há aqui montes de livros, para eu me instigar
    e nutrir: em vez deles, soam arcos e armas.
Ninguém há nesta terra, se eu recitar poemas, de cujo
    ouvido apreciador eu possa me servir. 40
Não há refúgio: a guarda do muro
    e a porta fechada apartam os getas hostis.
Amiúde busco um termo, ou nome ou lugar,
    e ninguém há que possa me informar.
Amiúde esforçando-me para algo dizer – torpe confissão! – 45
    faltam-me as palavras, e a falar desaprendi.
Retumbam-me em torno as línguas trácia e cítica,
    e pareço poder compor em metro gético.
Acredita: temo que pônticas palavras misturem-se
    às latinas e as leias em meus escritos. 50
Então, qualquer que seja o livrinho, digna-o de perdão
    e o desculpa pelo estado de minha sorte.

LIBER IV

IV, 1

Siqua meis fuerint, ut erunt, uitiosa libellis,
  excusata suo tempore, lector, habe.
Exul eram, requiesque mihi, non fama petita est,
  mens intenta suis ne foret usque malis.
Hoc est cur cantet uinctus quoque compede fossor, 5
  indocili numero cum graue mollit opus.
Cantat et innitens limosae pronus harenae,
  aduerso tardam qui trahit amne ratem;
quique refert pariter lentos ad pectora remos,
  in numerum pulsa brachia iactat[60] aqua. 10
Fessus ut incubuit baculo saxoue resedit
  pastor, harundineo carmine mulcet oues.
Cantantis pariter, pariter data pensa trahentis,
  fallitur ancillae decipiturque labor.
Fertur et abducta Lyrneside tristis Achilles 15
  Haemonia curas attenuasse lyra.
Cum traheret siluas Orpheus et dura canendo
  saxa, bis amissa coniuge maestus erat.
Me quoque Musa leuat Ponti loca iussa petentem:
  sola comes nostrae perstitit illa fugae; 20
sola nec insidias inter[61] nec militis ensem,
  nec mare nec uentos barbariamque timet.
Scit quoque, cum perii, quis me deceperit error,
  et culpam in facto, non scelus esse meo,
scilicet hoc ipso nunc aequa, quod obfuit ante, 25
  cum mecum iuncti criminis acta rea est.
Non equidem uellem, quoniam nocitura fuerunt,
  Pieridum sacris imposuisse manum.

LIVRO IV

IV, 1

Se algum defeito tiverem meus livrinhos, como terão,
 desculpa-o por sua condição, ó leitor.
Exilado eu estava, a buscar sossego, não fama,
 para a mente, sem cessar, não se absorver em meus males.
Por isso, o lavrador preso a grilhões canta, 5
 aliviando com ritmo rude o árduo trabalho.
E canta inclinando-se à lodosa areia
 quem puxa lento barco contra a corrente,
e quem leva igualmente ao peito os morosos remos,
 e em ritmo os braços agita, atingida a água. 10
Quando o pastor, cansado, apoia-se no cajado
 ou senta-se numa pedra, afaga as ovelhas ao som da flauta.
Cantando igual e igual fiando a confiada lã,
 a escrava ilude e engana o cansaço.
Tomada a Lirnésside,[247] conta-se, Aquiles, triste, 15
 atenuou as dores com a lira hemônia.[248]
E ao arrastar matas e duras pedras com o canto,
 chorava Orfeu a esposa duas vezes perdida.[249]
Também a mim, condenado ao Ponto, a Musa conforta:
 só ela persiste companheira de meu desterro; 20
só ela não teme, entre ardis, nem espada de soldado,
 nem mar, nem ventos, nem barbárie.
Bem sabe, quando pereci, que erro me enganou
 e que há culpa, não crime, em meu ato.
Agora ela é justa, justo porque antes foi danosa, 25
 quando comigo foi ré de crime conjunto.
Bem desejaria não ter tocado os mistérios
 das Piérides, pois seriam-me nocivos.

Sed nunc quid faciam? Vis me tenet ipsa sacrorum,
    et carmen demens carmine laesus amo.   30
Sic noua Dulichio lotos gustata palato
    illo, quo nocuit, grata sapore fuit.
Sentit amans sua damna fere, tamen haeret in illis,
    materiam culpae persequiturque suae.
Nos quoque delectant, quamuis nocuere, libelli,   35
    quodque mihi telum uulnera fecit, amo.
Forsitan hoc studium possit furor esse uideri,
    sed quiddam furor hic utilitatis habet.
Semper in obtutu mentem uetat esse malorum,
    praesentis casus inmemoremque facit.   40
Vtque suum Bacche non sentit saucia uulnus,
    dum stupet Idaeis exululata modis,
sic ubi mota calent uiridi mea pectora thyrso,
    altior humano spiritus ille malo est.
Ille nec exilium, Scythici nec litora ponti,   45
    ille nec iratos sentit habere deos.
Vtque soporiferae biberem si pocula Lethes,
    temporis aduersi sic mihi sensus abest.
Iure deas igitur ueneror mala nostra leuantes,
    sollicitae comites ex Helicone fugae,   50
et partim pelago partim uestigia terra
    uel rate dignatas uel pede nostra sequi.
Sint, precor, haec saltem faciles mihi! Namque deorum
    cetera cum magno Caesare turba facit,
meque tot aduersis cumulant, quot litus harenas,   55
    quotque fretum pisces, ouaque piscis habet.
Vere prius flores, aestu numerabis aristas,
    poma per autumnum frigoribusque niues,
quam mala, quae toto patior iactatus in orbe,
    dum miser Euxini litora laeua peto.   60
Nec tamen, ut ueni, leuior fortuna malorum est:
    huc quoque sunt nostras fata secuta uias;
hic quoque cognosco natalis stamina nostri,
    stamina de nigro uellere facta mihi.
Vtque neque insidias capitisque pericula narrem,   65
    uera quidem, ueri sed grauiora fide,

Que farei agora? Prende-me a própria força dos mistérios
    e, ferido pelos versos, louco, os versos amo.   30
Assim, o insólito lótus, provado por paladar dulíquio,[250]
    agradou pelo sabor com que foi nocivo.
O amante sente sua ruína, mas a ela se apega,
    e persegue a causa de seu mal.
A mim, deleitam-me os livrinhos, embora nocivos,   35
    e àquele dardo que me feriu, amo.
Talvez pareça uma loucura esta paixão,
    mas algo de útil tem esta loucura.
Sempre impede a mente de se fixar nos males
    e a faz esquecer o atual infortúnio.   40
Assim como a golpeada bacante[251] não sente a ferida,
    quando delira ululando em ritmos do Ida,[252]
quando me arde o ânimo movido por verde tirso,
    meu espírito transpõe a desgraça humana.
Ele nem o exílio, nem as praias do mar Cítio,   45
    nem haver deuses irados sente.
Como se eu bebesse um copo do Letes soporífero,
    assim me dista a sensação de tempo adverso.
Com razão venero as deusas que me aliviam os males,
    companheiras no inquieto desterro do Hélicon,[253]   50
e ora no mar, ora na terra dignaram-se,
    em barco ou a pé, a seguir meus passos.
Sejam-me, imploro, ao menos benévolas; dos deuses
    toda a turba restante apoia o grande César:
fazem minhas adversidades tantas quanto as areias da praia,   55
    os peixes do mar e as ovas dos peixes.
Antes contarás flores na primavera, espigas no verão,
    frutos no outono e no frio flocos de neve,
que os males que sofro lançado por todo o mundo,
    ao buscar, desventurado, as praias a oeste do Euxino.   60
Ao chegar, a fortuna de males não foi mais leve:
    até aqui os fados seguiram meus trilhos;
até aqui conheço os fios de meu nascimento,
    fios fiados para mim de negra lã.[254]
Embora eu não narre ardis e perigos à minha vida,   65
    bem reais, mas mais penosos do que se crê real,

uiuere quam miserum est inter Bessosque Getasque
    illum, qui populi semper in ore fuit!
Quam miserum est, porta uitam muroque tueri,
    uixque sui tutum uiribus esse loci!   70
Aspera militiae iuuenis certamina fugi,
    nec nisi lusura mouimus arma manu;
nunc senior gladioque latus scutoque sinistram,
    canitiem galeae subicioque meam.
Nam dedit e specula custos ubi signa tumultus,   75
    induimus trepida protinus arma manu.
Hostis, habens arcus imbutaque tela uenenis,
    saeuus anhelanti moenia lustrat equo;
utque rapax pecudem, quae se non texit ouili,
    per sata, per siluas fertque trahitque lupus,   80
sic, siquem nondum portarum saepe receptum
    barbarus in campis repperit hostis, habet:
aut sequitur captus coniectaque uincula collo
    accipit, aut telo uirus habente perit.
Hic ego sollicitae lateo nouus incola sedis: 85
    heu nimium fati tempora longa mei!
Et tamen ad numeros antiquaque sacra reuerti
    sustinet in tantis hospita Musa malis.
Sed neque cui recitem quisquam est mea carmina, nec qui
    auribus accipiat uerba Latina suis.   90
Ipse mihi – quid enim faciam? – scriboque legoque,
    tutaque iudicio littera nostra suo est.
Saepe tamen dixi "cui nunc haec cura laborat?
    An mea Sauromatae scripta Getaeque legent?"
Saepe etiam lacrimae me sunt scribente profusae,   95
    umidaque est fletu littera facta meo,
corque uetusta meum, tamquam noua, uulnera, nouit,
    inque sinum maestae labitur imber aquae.
Cum uice mutata, qui sim fuerimque, recordor
    et, tulerit quo me casus et unde, subit,   100
saepe manus demens, studiis irata sibique,
    misit in arsuros carmina nostra focos.
Atque ita de multis quoniam non multa supersunt,
    cum uenia facito, quisquis es, ista legas.

quão infeliz é viver entre bessos e getas
    quem sempre esteve na boca do povo!
Quão infeliz é proteger a vida com portas e muros
    e mal estar protegido com as forças do lugar! 70
Jovem, fugi dos duros combates do serviço militar,
    e não peguei em armas, senão para brincar.
Já velho, sujeito o flanco à espada, a mão esquerda
    ao escudo e minhas cãs ao elmo.
Quando da torre o guarda dá os sinais de ataque, 75
    armo-me sem demora com mão trêmula.
O inimigo, com arcos e envenenados dardos,
    cruel, rodeia a muralha com cavalo ofegante;
como o lobo ávido, por searas e florestas,
    leva e arrasta a ovelha no ovil não ocultada, 80
assim o inimigo bárbaro agarra aquele que no campo
    amiúde encontra desprotegido das portas:
ou segue cativo e aceita os grilhões ao pescoço postos
    ou morre por um dardo envenenado.
Novo habitante de inquieta morada, aqui vivo retirado: 85
    ai de mim! Tempos tão lentos de meu fado!
Mas a Musa estrangeira ousa tornar aos ritmos
    e antigos mistérios em meio a tamanhos males.
Mas ninguém há para eu recitar meus poemas,
    nem para acolher nos ouvidos palavras latinas. 90
A mim mesmo – o que fazer? – escrevo e leio,
    e minha letra é absolvida por seu juízo.
Amiúde disse: "Para quem este cuidado obra?
    Acaso leem meus escritos os getas e sármatas?"[255]
Amiúde, ao escrever, até derramei lágrimas, 95
    a letra fez-se úmida com meu choro,
meu peito nota a antiga ferida como se nova,
    e por meu seio escorre chuva de triste água.
Quando, mudada a sorte, recordo quem sou e quem fui,
    aonde o acaso me levou e de onde me tirou, 100
amiúde a insana mão, consigo e com os escritos irada,
    meus poemas lançou a ardentes piras.
Então, como dos muitos não muitos restam,
    lê-os tu, quem quer que sejas, com vênia.

Tu quoque non melius, quam sunt mea tempora, carmen, 105
    interdicta mihi, consule, Roma, boni!

IV, 2

Iam fera Caesaribus Germania, totus ut orbis,
    uicta potest flexo succubuisse genu,
altaque uelentur fortasse Palatia sertis,
    turaque in igne sonent inficiantque diem,
candidaque adducta collum percussa securi 5
    uictima purpureo sanguine pulset humum,
donaque amicorum templis promissa deorum
    reddere uictores Caesar uterque parent,
et qui Caesareo iuuenes sub nomine crescunt,
    perpetuo terras ut domus illa regat; 10
cumque bonis nuribus pro sospite Liuia nato
    munera det meritis, saepe datura, deis,
et pariter matres et quae sine crimine castos
    perpetua seruant uirginitate focos;
plebs pia cumque pia laetetur plebe senatus, 15
    paruaque cuius eram pars ego nuper eques.
Nos procul expulsos communia gaudia fallunt,
    famaque tam longe non nisi parua uenit.
Ergo omnis populus poterit spectare triumphos,
    cumque ducum titulis oppida capta leget, 20
uinclaque captiua reges ceruice gerentes
    ante coronatos ire uidebit equos,
et cernet uultus aliis pro tempore uersos,
    terribiles aliis inmemoresque sui.
Quorum pars causas et res et nomina quaeret, 25
    pars referet, quamuis nouerit illa parum.
"Hic, qui Sidonio fulget sublimis in ostro,
    dux fuerat belli, proximus ille duci.
Hic, qui nunc in humo lumen miserabile fixit,
    non isto uultu, cum tulit arma, fuit. 30
Ille ferox et adhuc oculis hostilibus ardens
    hortator pugnae consiliumque fuit.

Tu também, Roma, a mim proibida, aprova um poema   105
    não melhor que os meus tempos!

IV, 2

Já a feroz Germânia, como todo o mundo, vencida,
    pode ter sucumbido, de joelhos dobrados, aos Césares;
talvez os altos palácios se cubram de coroas,
    os incensos crepitem no fogo e tinjam o dia,
e, atingida no pescoço pelo machado empunhado,   5
    a branca vítima golpeie o solo com sangue purpúreo;
e os dons prometidos aos templos dos deuses amigos
    ambos os Césares,[256] vencedores, preparem-se para oferecer
junto com os jovens que crescem sob o nome de César,[257]
    para que aquela casa para sempre reja as terras;   10
e com as boas noras, Lívia, pela salvação do filho,
    amiúde dê e haja de dar dádivas aos deuses merecedores,
e também as mães e aquelas que, sem crime,
    em perpétua virgindade conservam os fogos;[258]
a devota plebe se alegre e, com a plebe devota, o Senado   15
    e os cavaleiros, dos quais há pouco eu era pequena parte.
Expulso para longe, escapam-me as alegrias comuns,
    e a fama não chega, senão pequena, a tal distância.
Então todo o povo terá podido assistir aos triunfos
    e lerá, com os títulos dos chefes, as cidades capturadas   20
e verá reis, com grilhões presos no pescoço,
    seguirem diante dos cavalos coroados
e distinguirá uns rostos humilhados pela situação,
    outros medonhos e esquecidos de si.
Parte indagará as causas, os fatos e os nomes,   25
    parte responderá, embora saiba pouco.
"Este, que, elevado, refulge em púrpura sidônia,
    fora chefe de guerra; aquele, o segundo no comando.
Este, que agora cravou no solo o olhar deplorável,
    não tinha essa feição quando empunhava armas.   30
Aquele, feroz e ainda ardente nos olhos hostis,
    foi o instigador e conselheiro da luta.

Perfidus hic nostros inclusit fraude locorum,
    squalida promissis qui tegit ora comis.
Illo, qui sequitur, dicunt mactata ministro
    saepe recusanti corpora capta deo.
Hic lacus, hi montes, haec tot castella, tot amnes
    plena ferae caedis, plena cruoris erant.
Drusus in his meruit quondam cognomina terris,
    quae bona progenies digna parente fuit.
Cornibus hic fractis uiridi male tectus ab ulua,
    decolor ipse suo sanguine Rhenus erat.
Crinibus en etiam fertur Germania passis,
    et ducis inuicti sub pede maesta sedet,
collaque Romanae praebens animosa securi
    uincula fert illa, qua tulit arma, manu."
Hos super in curru, Caesar, uictore ueheris
    purpureus populi rite per ora tui,
quaque ibis, manibus circumplaudere tuorum,
    undique iactato flore tegente uias.
Tempora Phoebea lauro cingetur "Io" que
    miles "Io" magna uoce "triumphe" canet.
Ipse sono plausuque simul fremituque calentes[62]
    quadriiugos cernes saepe resistere equos.
Inde petes arcem et delubra fauentia uotis,
    et dabitur merito laurea uota Ioui.
Haec ego summotus qua possum mente uidebo:
    erepti nobis ius habet illa loci.
Illa per inmensas spatiatur libera terras,
    in caelum celeri peruenit illa uia;
illa meos oculos mediam deducit in Vrbem,
    immunes tanti nec sinit esse boni;
inuenietque animus, qua currus spectet eburnos;
    sic certe in patria per breue tempus ero.
Vera tamen capiet populus spectacula felix,
    laetaque erit praesens cum duce turba suo.
At mihi fingendo tantum longeque remotis
    auribus hic fructus percipiendus erit,
atque procul Latio diuersum missus in orbem
    qui narret cupido, uix erit, ista mihi.

Este, traidor, cercou os nossos com a cilada nos lugares,
  ele, que encobre a espantosa face com longos cabelos.
O que o segue, dizem-no sacerdote que imolava   35
  os corpos capturados para o deus que amiúde os recusava.
Este lago, estes montes, tantas fortalezas, tantos rios
  estavam cheios de sangue, cheios de fera matança.
Nestas terras, Druso outrora mereceu um cognome,[259]
  descendência boa, que foi digna do pai.   40
Este, com chifres quebrados, mal encoberto por verde alga,
  ele próprio manchado em seu sangue, era o Reno.
Eis ainda: a Germânia é trazida com cabelos desgrenhados
  e se assenta, tristonha, aos pés do chefe vitorioso
e, estendendo o colo intrépido ao machado romano,   45
  traz grilhões na mão que empunhava armas".
Acima deles, és transportado no carro vencedor, ó César,
  em púrpura, como é costume, diante dos olhos de teu povo,
e, por onde fores, és aplaudido pelas mãos dos teus
  e, por toda parte, flores lançadas encobrem as ruas.   50
O soldado cingirá as têmporas com o louro de Febo
  e cantará "Viva", em alta voz, "Viva o triunfo".
Tu próprio verás, inflamados pelo som, aplauso e ruído,
  os cavalos da quadriga amiúde se deterem.
Daí buscarás a cidadela e os templos favoráveis aos votos,   55
  e a coroa de louro consagrada se dará a Júpiter merecedor.
E eu, exilado, verei isso como posso, com a mente:
  ela tem direito ao local que me foi arrebatado.
Ela vagueia livre por imensas terras,
  ela alcança o céu em rápida via;   60
ela conduz meus olhos para o meio da Urbe,
  e não os deixa isentos de tamanha ventura;
a mente encontrará como observar os carros de marfim;
  assim, por breve tempo, decerto estarei na pátria.
O povo, porém, fruirá feliz o espetáculo real,   65
  e a turba presente se alegrará com seu chefe.
Mas eu, apenas com o imaginar e os ouvidos
  distantes, poderei colher este fruto,
e a custo haverá alguém, enviado de longe, do Lácio
  para o mundo oposto, que narre tudo a este curioso.   70

Is quoque iam serum referet ueteremque triumphum:
    quo tamen audiero tempore, laetus ero.
Illa dies ueniet, mea qua lugubria ponam,
    causaque priuata publica maior erit.

IV, 3

Magna minorque ferae, quarum regis altera Graias,
    altera Sidonias, utraque sicca, rates,
omnia cum summo positae uideatis in axe
    et maris occiduas non subeatis aquas,
aetheriamque suis cingens amplexibus arcem   5
    uester ab intacta circulus extet humo,
aspicite illa, precor, quae non bene moenia quondam
    dicitur Iliades transiluisse Remus,
inque meam nitidos dominam conuertite uultus,
    sitque memor nostri necne, referte mihi.   10
Ei mihi, cur timeo? Quae sunt manifesta, requiro.
    Cur iacet ambiguo spes mea mixta metu?
Crede, quod est et uis, ac desine tuta uereri,
    deque fide certa sit tibi certa fides.
Quodque polo fixae nequeunt tibi dicere flammae,   15
    non mentitura tu tibi uoce refer:
esse tui memorem, de qua tibi maxima cura est,
    quodque potest, secum nomen habere tuum.
Vultibus illa tuis tamquam praesentis inhaeret,
    teque remota procul, si modo uiuit, amat.   20
Ecquid, ubi incubuit iusto mens aegra dolori,
    lenis ab admonito pectore somnus abit?
Tunc subeunt curae, dum te lectusque locusque
    tangit et oblitam non sinit esse mei?
Et ueniunt aestus, et nox inmensa uidetur,   25
    fessaque iactati corporis ossa dolent?
Non equidem dubito, quin haec et cetera fiant,
    detque tuus maesti signa doloris amor,
nec cruciere minus, quam cum Thebana cruentum
    Hectora Thessalico uidit ab axe rapi.   30

Ele ainda contará com atraso um antigo triunfo:
  mas, quando quer que o ouça, me alegrarei.
Chegará o dia em que deporei meus lutos,
  e uma causa pública será maior que a privada.

IV, 3

Ó Ursa maior e menor, uma de vós guia os barcos gregos,
  a outra, os sidônios; ambas jamais banhadas,
como a tudo vedes, fixas no céu supremo,
  e não mergulhais nas águas poentes do mar
e, cingindo com seus abraços a cidadela etérea, 5
  vossa órbita eleva-se sobre a intocável terra,
contemplai, imploro, as muralhas que outrora,
  malogrado, o ilíade Remo,[260] diz-se, saltou,
voltai os brilhantes rostos para minha amada
  e me contai se ela se lembra ou não de mim. 10
Ai de mim, por que temo? Indago o evidente.
  Por que jaz minha esperança, mesclada a medo incerto?
Crê no que há e desejas; deixa de temer o que é seguro,
  da lealdade certa tenhas certeza.
O que as chamas do céu não podem te dizer, 15
  tu mesmo o conta a ti, com voz não mentirosa:
de ti se lembra ela, que é teu maior pensamento,
  e consigo conserva, o quanto pode, o teu nome.
Ela se apega às tuas feições, como se presentes,
  e, longe e afastada, enquanto vive, te ama. 20
Quando a mente aflita remói uma dor justa,
  acaso o brando sono não se esvai do peito desperto?
E não se insinua a inquietude, enquanto o leito e meu lugar
  te tocam e não te deixam esquecer de mim?
Vêm as angústias, a noite parece imensa 25
  e doem os ossos do corpo agitado?
Não duvido que essas e outras coisas se passem
  e que teu amor dê sinais de triste dor,
nem que te atormentes menos que a tebana quando viu
  o carro tessálico[261] arrastando Heitor ensanguentado. 30

Quid tamen ipse precer dubito, nec dicere possum,
  affectum quem te mentis habere uelim.
Tristis es? Indignor quod sim tibi causa doloris.
  Non es? Vt[63] amisso coniuge digna fores.
Tu uero tua damna dole, mitissima coniunx.　　　　　　35
  Tempus et a nostris exige triste malis,
fleque meos casus! Est quaedam flere uoluptas;
  expletur lacrimis egeriturque dolor.
Atque utinam lugenda tibi non uita, sed esset
  mors mea: morte fores sola relicta mea!　　　　　　40
Spiritus hic per te patrias exisset in auras,
  sparsissent lacrimae corpora nostra piae,
supremoque die notum spectantia caelum
  texissent digiti lumina nostra tui.
Et cinis in tumulo positus iacuisset auito,　　　　　　45
  tactaque nascenti corpus haberet humus;
denique, ut et uixi, sine crimine mortuus essem.
  Nunc mea supplicio uita pudenda suo est.
Me miserum, si tu, cum diceris exulis uxor,
  auertis uultus et subit ora rubor!　　　　　　50
Me miserum, si turpe putas mihi nupta uideri!
  Me miserum, si te iam pudet esse meam!
Tempus ubi est illud quo te iactare solebas
  coniuge, nec nomen dissimulare uiri?
Tempus ubi est, quo te – nisi non uis illa referri –　　　　　　55
  et dici, memini, iuuit et esse meam?
Vtque proba dignum est, omni tibi dote placebam:
  addebat ueris multa fauentis amor.
Nec, quem praeferres – ita res tibi magna uidebar –
  quemque tuum malles esse, uir alter erat.　　　　　　60
Nunc quoque ne pudeat, quod sis mihi nupta; tuusque
  non debet dolor hinc, debet abesse pudor.
Cum cecidit Capaneus subito temerarius ictu,
  num legis Euadnen erubuisse uiro?
Nec quia rex mundi compescuit ignibus ignes,　　　　　　65
  ipse suis Phaethon infitiandus erat.
Nec Semele Cadmo facta est aliena parenti,
  quod precibus periit ambitiosa suis.

Eu próprio, porém, hesito o que indagar, e não posso dizer
    o estado de ânimo que gostaria que tivesses.
Estás triste? Indigno-me de ser causa de tua dor.
    Não estás? Quisera que fosses digna do esposo perdido.
Em verdade, lamenta tuas perdas, dulcíssima esposa.   35
    Vive um tempo triste por causa de meus males,
chora meu infortúnio! Algum prazer há em chorar;
    com lágrimas, a dor se sacia e se esvai.
Oxalá lastimasses não minha vida, mas minha morte:
    minha morte teria te deixado sozinha!   40
Junto a ti meu espírito teria se esvaído aos ares pátrios,
    lágrimas leais teriam espargido meu corpo,
no dia derradeiro, teus dedos teriam coberto
    meus olhos voltados para um céu conhecido.
Minhas cinzas teriam jazido no túmulo dos ancestrais,   45
    e a terra que toquei ao nascer conteria meu corpo;
enfim, como vivi, teria morrido sem crime.
    Agora minha vida deve se envergonhar de meu castigo.
Ai de mim, se tu, ao ser chamada esposa de um exilado,
    viras o rosto, e o rubor invade tua face!   50
Ai de mim, se julgas torpe ser considerada minha mulher!
    Ai de mim, se já te envergonha ser minha!
O que foi feito do tempo em que te orgulhavas
    do esposo e não encobrias o nome do marido?
O que foi feito do tempo – a menos que não queiras que o conte –   55
    em que te aprazia, lembro-me, ser chamada e ser minha?
Como é digno de mulher honrada, com todo dote eu te agradava:
    aos reais, teu benéfico amor muitos outros acrescentava.
E não havia outro homem – tão importante eu te parecia –
    que antepusesses a mim e preferisses ter.   60
Também agora, ser minha mulher não te envergonhe;
    daqui se ausente não tua dor, mas tua vergonha.
Quando Capaneu,[262] temerário, caiu com súbito golpe,
    lê-se acaso que Evadne corou por causa do marido?
Nem o próprio Faetonte, já que o rei do mundo deteve   65
    com fogo os fogos, há de ser renegado pelos seus.
Nem se alheou a Sêmele[263] o seu pai, Cadmo,
    por, ambiciosa, perecer pelas próprias preces.

Nec tibi, quod saeuis ego sum Iouis ignibus ictus,
  purpureus molli fiat in ore pudor.
Sed magis in curam nostri consurge tuendi,
  exemplumque mihi coniugis esto bonae,
materiamque tuis tristem uirtutibus imple:
  ardua per praeceps gloria uadit iter.
Hectora quis nosset, felix si Troia fuisset?
  Publica uirtutis per mala facta uia est.
Ars tua, Tiphy, uacet, si non sit in aequore fluctus;
  si ualeant homines, ars tua, Phoebe, uacet.
Quae latet inque bonis cessat non cognita rebus,
  apparet uirtus arguiturque malis.
Dat tibi nostra locum tituli fortuna, caputque
  conspicuum pietas qua tua tollat, habet.
Vtere temporibus, quorum nunc munere freta es,[64]
  et patet in laudes area lata tuas!

IV, 4

O qui, nominibus cum sis generosus auorum,
  exsuperas morum nobilitate genus,
cuius inest animo patrii candoris imago,
  non careat neruis candor ut iste suis,
cuius in ingenio est patriae facundia linguae,
  qua prior in Latio non fuit ulla foro –
quod minime uolui, positis pro nomine signis
  dictus es: ignoscas laudibus ipse tuis!
Nil ego peccaui; tua te bona cognita produnt;
  si quod es, appares, culpa soluta mea est.
Nec tamen officium nostro tibi carmine factum
  principe tam iusto posse nocere puto.
Ipse pater patriae – quid enim est ciuilius illo? –
  sustinet in nostro carmine saepe legi.
Nec prohibere potest, quia res est publica Caesar,
  et de communi pars quoque nostra bono est.
Iuppiter ingeniis praebet sua numina uatum,
  seque celebrari quolibet ore sinit.

Por que fui golpeado pelos fogos cruéis de Júpiter,
    não surja em tua branda face rubra vergonha.　　　　　70
Mas te levanta mais em minha defesa,
    sê para mim exemplo de boa esposa
e preenche com tuas virtudes o triste assunto:
    a alta glória segue por caminho escarpado.
Quem conheceria Heitor se Troia tivesse sido ditosa?　　75
    Por males públicos abriu-se a via da virtude.
Tua arte será inútil, Tífis,²⁶⁴ se não houver ondas no mar;
    se os homens têm saúde, Febo,²⁶⁵ tua arte será inútil.
A virtude, que se oculta e cessa, desconhecida, na ventura,
    aparece e se manifesta na desgraça.　　　　　　　80
Minha sina te dá lugar de honra, e tua lealdade tem
    ensejo para elevar a cabeça notável.
Frui os tempos em que agora, por dom, te susténs,
    e ampla área se abre a teus louvores!

IV, 4

Ó tu que, embora ilustre pelos nomes dos avós,
    com nobres costumes superas tua estirpe;
tu, em cujo ânimo repousa a imagem da bondade paterna,
    para essa bondade não perder seu vigor;
tu, em cujo engenho repousa a eloquência da língua paterna,　5
    à qual nenhuma outra sobrepujou no fórum latino –
sem querer, ao pôr sinais em lugar do nome,
    te nomeei: tu próprio perdoa tuas glórias!
Eu não errei: denunciam-te teus conhecidos méritos;
    se mostras quem és, absolve-se minha culpa.　　　10
Nem creio que a homenagem feita por meu poema –
    o Príncipe é tão justo! – possa prejudicar-te.
O próprio Pai da Pátria²⁶⁶ – quem é mais humano que ele? –
    aceita ser lido amiúde em meu poema.
Nem o pode impedir, pois César é coisa pública,　　　　15
    e uma parte do bem comum também é minha.
Júpiter oferece seu poder ao engenho dos vates
    e se deixa celebrar em toda boca.

Causa tua exemplo superorum tuta duorum est,
    quorum hic aspicitur, creditur ille deus.   20
Vt non debuerim, tamen hoc ego crimen habebo:
    non fuit arbitrii littera nostra tui.
Nec noua, quod tecum loquor, est iniuria nostra,
    incolumis cum quo saepe locutus eram.
Quo uereare minus ne sim tibi crimen amicus,   25
    inuidiam, siqua est, auctor habere potest.
Nam tuus est primis cultus mihi semper ab annis –
    hoc certe noli dissimulare – pater;
ingeniumque meum – potes hoc meminisse – probabat,
    plus etiam quam me iudice dignus eram;   30
deque meis illo referebat uersibus ore,
    in quo pars magnae nobilitatis erat.
Non igitur tibi nunc, quod me domus ista recepit,
    sed prius auctori sunt data uerba tuo.
Nec data sunt, mihi crede, tamen: sed in omnibus actis,   35
    ultima si demas, uita tuenda mea est.
Hanc quoque, qua perii, culpam scelus esse negabis,
    si tanti series sit tibi nota mali.
Aut timor aut error nobis, prius obfuit error.
    A! Sine me fati non meminisse mei.   40
Neue retractando nondum coeuntia rumpam[65]
    uulnera: uix illis proderit ipsa quies.
Ergo, ut iure damus poenas, sic abfuit omne
    peccato facinus consiliumque meo.
Idque deus sentit. Pro quo nec lumen ademptum,   45
    nec mihi detractas possidet alter opes.
Forsitan hanc ipsam, uiuam modo, finiet olim,
    tempore cum fuerit lenior ira, fugam.
Nunc precor hinc alio iubeat discedere, si non
    nostra uerecundo uota pudore carent.   50
Mitius exilium pauloque propinquius opto,
    quique sit a saeuo longius hoste locus;
quantaque in Augusto clementia, siquis ab illo
    hoc peteret pro me, forsitan ille daret.
Frigida me cohibent Euxini litora Ponti: 55
    dictus ab antiquis Axenus ille fuit.

Tua causa se assegura pelo exemplo dos dois deuses:
   um deles se vê, no outro se crê.   20
Embora não devesse, este crime assumirei:
   minha carta não foi vontade tua.
Mas não cometo nova ofensa ao falar contigo,
   contigo falava amiúde, quando ainda salvo.
Para não temeres que minha amizade te incrimine,   25
   o ódio, se há algum, recai sobre quem a iniciou.
Pois, teu pai, desde os primeiros anos, sempre foi por mim
   honrado – isso decerto não queiras esconder;
e ele aprovava – bem podes lembrar – meu engenho,
   mais do que eu me julgava digno;   30
e referia-se a meus versos com os lábios
   em que estava grande parte de sua nobreza.
Portanto, se acolheu-me a vossa casa, não a ti agora,
   mas antes a teu pai tapeei.
Não tapeei, acredita: mas em todos os atos,   35
   exceto o último, minha vida é defensável.
E negarás ser crime a culpa pela qual pereci,
   se conheceres a série de tamanhos males.
Ou um erro ou o temor – antes o erro me prejudicou.
   Ah, deixa-me esquecer do meu destino!   40
Que, ao tocá-las, eu não abra as feridas ainda
   não cicatrizadas: até o repouso a custo lhes servirá.
Então, assim como com justiça sofro as penas, também
   todo dolo e cálculo se ausentaram de minha falta.
Percebe-o o deus. Por isso, nem me foi tirada a vida,   45
   nem os bens de mim tomados outro possui.
Talvez um dia, se eu ainda viver, porá fim a este desterro,
   quando tiver se abrandado com o tempo a ira.
Agora, imploro que me ordene partir daqui para outro lugar,
   se meus votos não carecem de comedido respeito.   50
Peço um exílio mais brando e um pouco mais perto,
   um lugar mais distante do cruel inimigo;
tamanha é a clemência em Augusto que, se alguém
   lho pedisse em meu favor, talvez ele mo daria.
Retêm-me os gélidos litorais do Ponto Euxino: 55
   ele foi chamado Axeno[267] pelos antigos,

Nam neque iactantur moderatis aequora uentis,
    nec placidos portus hospita nauis adit.
Sunt circa gentes, quae praedam sanguine quaerunt;
    nec minus infida terra timetur aqua. 60
Illi, quos audis hominum gaudere cruore,
    paene sub eiusdem sideris axe iacent.
Nec procul a nobis locus est, ubi Taurica dira
    caede pharetratae spargitur ara deae.
Haec prius, ut memorant, non inuidiosa nefandis 65
    nec cupienda bonis regna Thoantis erant.
Hic pro supposita uirgo Pelopeia cerua
    sacra deae coluit qualiacumque suae.
Quo postquam, dubium, pius an sceleratus, Orestes
    exactus Furiis uenerat ipse suis, 70
et comes exemplum ueri Phoceus amoris,
    qui duo corporibus mentibus unus erant,
protinus euincti tristem ducuntur ad aram,
    quae stabat geminas ante cruenta fores.
Nec tamen hunc sua mors, nec mors sua terruit illum: 75
    alter ob alterius funera maestus erat.
Et iam constiterat stricto mucrone sacerdos,
    cinxerat et Graias barbara uitta comas,
cum uice sermonis fratrem cognouit, et illi
    pro nece complexus Iphigenia dedit. 80
Laeta deae signum crudelia sacra perosae
    transtulit ex illis in meliora locis.
Haec igitur regio, magni paene ultima mundi,
    quam fugere homines dique, propinqua mihi est:
atque meam terram prope sunt funebria sacra, 85
    si modo Nasoni barbara terra sua est.
O utinam uenti, quibus est ablatus Orestes,
    placato referant et mea uela deo!

IV, 5

O mihi dilectos inter pars prima sodales,
    unica fortunis ara reperta meis,

pois nem as águas se agitam com ventos moderados,
   nem a estrangeira nau encontra portos plácidos.
Há ao redor povos que buscam presas derramando sangue,
   nem a terra é menos temida que o inconstante mar.   60
Aqueles que, como ouves, comprazem-se com sangue humano
   situam-se quase sob a órbita do mesmo astro.
Não longe de mim está o lugar onde o táurico altar
   da deusa de aljava[268] é regado com sinistra morte.
Antes estes eram, como contam, os reinos de Toante,[269]   65
   não odiados pelos ímpios nem desejados pelos bons.
Aqui, a virgem pelopeia,[270] por causa da corça posta em seu lugar,
   honrou todo sacrifício à sua deusa.
Onde depois, dúbio é se justo ou assassino,
   chegara Orestes,[271] perseguido por suas Fúrias,   70
e o companheiro foceu, exemplo de amizade verdadeira:
   eram uma só alma em dois corpos.
E, amarrados, logo são levados ao triste altar,
   que se erguia sangrento diante da dupla porta.
Porém, nem um nem outro sua própria morte aterrorizou: 75
   cada um se entristecia da morte do outro.
Empunhada a faca, a sacerdotisa já se aproximara,
   e à cabeleira grega bárbara fita cingia,
quando, pela conversa trocada, Ifigênia reconheceu o irmão
   e, em vez da morte, deu-lhe abraços.   80
Alegre transportou dali para lugares melhores
   a estátua da deusa aborrecida com cruéis sacrifícios.
Esta região, portanto, quase o fim do grande mundo,
   de onde fogem homens e deuses, me é próxima:
perto de minha terra há ritos funestos,   85
   se é que Nasão tem como sua uma terra bárbara.
Ó, quisera eu que os ventos que levaram Orestes embora
   também levassem, aplacado o deus, minhas velas!

IV, 5

Ó primeiro entre meus amados amigos,
   único altar em meio aos meus infortúnios,

cuius ab adloquiis anima haec moribunda reuixit,
    ut uigil infusa Pallade flamma solet;
qui ueritus non es portus aperire fideles 5
    fulmine percussae confugiumque rati;
cuius eram censu non me sensurus egentem,
    si Caesar patrias eripuisset opes!
Temporis oblitum dum me rapit impetus huius,
    excidit heu nomen quam mihi paene tuum! 10
Tu tamen agnoscis tactusque cupidine laudis,
    'Ille ego sum' cuperes dicere posse palam.
Certe ego, si sineres, titulum tibi reddere uellem,
    et raram famae conciliare fidem.
Ne noceam grato uereor tibi carmine, neue 15
    intempestiuus nominis obstet honor.
Quod licet et tutum est, intra tua pectora gaude
    meque tui memorem teque fuisse pium.
Vtque facis, remis ad opem luctare ferendam,
    dum ueniat placido mollior aura deo; 20
et tutare caput nulli seruabile, si non
    qui mersit Stygia subleuet illud aqua.
Teque, quod est rarum, praesta constanter ad omne
    indeclinatae munus amicitiae.
Sic tua processus habeat fortuna perennes, 25
    sic ope non egeas ipse iuuesque tuos;
sic aequet tua nupta uirum bonitate perenni,
    incidat et uestro nulla querella toro.
Diligat et semper socius te sanguinis illo,
    quo pius affectu Castora frater amat; 30
sic iuuenis similisque tibi sit natus, et illum
    moribus agnoscat quilibet esse tuum;
sic faciat socerum taeda te nata iugali,
    nec tardum iuueni det tibi nomen aui!

IV, 6

Tempore ruricolae patiens fit taurus aratri,
    praebet et incuruo colla premenda iugo;

tu, por cujas palavras esta alma moribunda reviveu,
   como revive, vertido o óleo, a vígil chama;
tu, que não temeste oferecer portos fiéis   5
   e refúgio ao barco batido pelo raio;
tu, por cujas posses eu não me sentiria indigente
   se César tivesse tomado meus bens paternos!
Enquanto o impulso arrebata-me, esquecido das circunstâncias,
   por pouco, ai de mim, quase deixei escapar teu nome!   10
Tu, porém, reconheces e, tocado pelo desejo de louvor,
   desejarias poder dizer abertamente: "Aquele sou eu".
Decerto eu queria, se deixasses, dar-te renome
   e unir à fama tua rara lealdade.
Mas temo te prejudicar com gratos versos,   15
   ou que seja danosa a inoportuna honra de teu nome.
Isto é lícito e é seguro: alegra-te no fundo do peito
   por eu me lembrar de ti e por teres sido leal.
Como fazes, rema forte para prestar auxílio,
   até que, aplacado o deus, venha brisa mais branda;   20
e defende a vida que ninguém pode salvar se não a erguer
   quem a submergiu na água estígia.
E tu, o que é raro, apresenta-te constantemente
   a todo dever da inabalável amizade.
Que tua sina tenha êxitos eternos,   25
   que tu próprio não careças de recursos e ajudes os teus;
que tua esposa se iguale ao marido em bondade eterna,
   e que ao teu leito nenhuma queixa sobrevenha.
Que teu companheiro de sangue sempre te ame
   com o mesmo afeto com que o leal irmão ama Cástor;   30
que teu jovem filho seja semelhante a ti
   e, pelos costumes, qualquer um reconheça-o teu;
que tua filha, com as núpcias, te faça sogro
   e, sem demora, te dê, ainda jovem, o nome de avô!

IV, 6

Com o tempo, o touro se acostuma ao arado agrícola
   e oferece o colo à pressão do jugo recurvo;

tempore paret equus lentis animosus habenis,
    et placido duros accipit ore lupos;
tempore Poenorum compescitur ira leonum,
    nec feritas animo, quae fuit ante, manet;
quaeque sui monitis obtemperat Inda magistri
    belua, seruitium tempore uicta subit.
Tempus ut extensis tumeat facit uua racemis,
    uixque merum capiant grana quod intus habent;
tempus et in canas semen producit aristas,
    et ne sint tristi poma sapore cauet.
Hoc tenuat dentem terram renouantis aratri,
    hoc rigidas silices, hoc adamanta terit;
hoc etiam saeuas paulatim mitigat iras,
    hoc minuit luctus maestaque corda leuat.
Cuncta potest igitur tacito pede lapsa uetustas
    praeterquam curas attenuare meas.
Vt patria careo, bis frugibus area trita est,
    dissiluit nudo pressa bis uua pede.
Nec quaesita tamen spatio patientia longo est,
    mensque mali sensum nostra recentis habet.
Scilicet et ueteres fugiunt iuga saepe iuuenci,
    et domitus freno saepe repugnat equus.
Tristior est etiam praesens aerumna priore:
    ut sit enim sibi par, creuit et aucta mora est.
Nec tam nota mihi, quam sunt, mala nostra fuerunt;
    nunc magis hoc, quo sunt cognitiora, grauant.
Est quoque non nihilum uires afferre recentes,
    nec praeconsumptum temporis esse malis.
Fortior in fulua nouus est luctator harena,
    quam cui sunt tarda brachia fessa mora.
Integer est melior nitidis gladiator in armis,
    quam cui tela suo sanguine tincta rubent.
Fert bene praecipites nauis modo facta procellas;
    quamlibet exiguo soluitur imbre uetus.
Nos quoque quae ferimus, tulimus patientius ante
    quae[66] mala sunt longa multiplicata die!
Credite, deficio; nostroque a corpore quantum
    auguror, accedent tempora parua malis.

com o tempo, o cavalo fogoso obedece à rédea tenaz
   e com mansa boca recebe os duros freios;
com o tempo, refreia-se a ira dos leões púnicos   5
   e esvai-se do ânimo a ferocidade que houve antes;
a fera indiana que se sujeita às ordens do mestre,
   com o tempo, suporta, vencida, a servidão.
O tempo faz a uva inchar nos dilatados cachos,
   e a custo os bagos encerram o sumo interior;   10
o tempo transforma a semente em alva espiga
   e impede que frutos tenham amargo sabor.
Ele afina o dente do arado que lavra a terra,
   ele fura a pedra dura, fura diamantes;
ele aos poucos ainda abranda as iras cruéis,   15
   ele mitiga o luto e aos tristes peitos alivia.
Tudo pode o tempo que escorre com pé silencioso,
   exceto atenuar minhas aflições.
Desde que careço da pátria, duas vezes debulharam-se os grãos no campo,
   duas vezes estourou a uva pisada por pé nu.   20
O longo tempo, porém, não pôde me fazer resignado,
   e minha mente experimenta uma desgraça recente.
Decerto os novilhos velhos amiúde fogem dos jugos,
   e o cavalo domado amiúde resiste ao freio.
O presente pesar é ainda mais triste que o anterior: 25
   embora igual, cresceu e aumentou com o tempo.
Meus males não me foram tão conhecidos como agora;
   agora que os conheço melhor, pesam mais.
Já vale algo trazer novas forças e não ser antecipadamente
   esgotado pelos males da situação.   30
Na dourada areia, o lutador que acabou de chegar é mais forte
   do que o que tem braços exaustos pela longa luta.
O gladiador indene em armas brilhantes é melhor
   do que o que ruboresce os dardos tintos com seu sangue.
Uma nau recente tolera bem violentas tempestades;   35
   uma antiga se dissolve sob ínfima chuva.
Também eu antes suportava melhor os males que sofro,
   os quais se multiplicaram com o passar dos dias!
Acreditai, eu defino; o quanto posso pressagiar
   de meu corpo, pouco tempo resta aos males.   40

Nam neque sunt uires, nec qui color esse solebat:
    uix habeo tenuem, quae tegat ossa, cutem.
Corpore sed mens est aegro magis aegra, malique
    in circumspectu stat sine fine sui.
Vrbis abest facies, absunt, mea cura, sodales,   45
    et, qua nulla mihi carior, uxor abest.
Vulgus adest Scythicum bracataque turba Getarum:
    sic me quae uideo non uideoque mouent.
Vna tamen spes est quae me soletur in istis,
    haec fore morte mea non diuturna mala.   50

IV, 7

Bis me sol adiit gelidae post frigora brumae,
    bisque suum tacto Pisce peregit iter.
Tempore tam longo cur non tua dextera uersus
    quamlibet in paucos officiosa fuit?
Cur tua cessauit pietas, scribentibus illis,   5
    exiguus nobis cum quibus usus erat?
Cur, quotiens alicui chartae sua uincula dempsi,
    illam speraui nomen habere tuum?
Di faciant ut saepe tua sit epistula dextra
    scripta, sed e multis reddita nulla mihi!   10
Quod precor, esse liquet. Credam prius ora Medusae
    Gorgonis anguineis cincta fuisse comis,
esse canes utero sub uirginis, esse Chimaeram,
    a truce quae flammis separet angue leam,
quadrupedesque hominis cum pectore pectora iunctos,   15
    tergeminumque uirum tergeminumque canem,
Sphingaque et Harpyias serpentipedesque Gigantes,
    centimanumque Gyan semibouemque uirum.
Haec ego cuncta prius, quam te, carissime, credam
    mutatum curam deposuisse mei.   20
Innumeri montes inter me teque uiaeque
    fluminaque et campi nec freta pauca iacent.
Mille potest causis a te quae littera saepe
    missa sit in nostras rara uenire manus;

Pois não tenho as forças nem a cor que costumava ter:
   a custo possuo fina pele cobrindo os ossos.
Mas a mente está mais doente que o corpo doente
   e contempla, sem cessar, a sua desgraça.
Ausenta-se a face de Roma, ausentam-se os amigos,   45
   meus afetos, ausenta-se a esposa, mais querida que tudo.
O que há é o povo cítico e a turba de getas com bragas:
   assim, agita-me aquilo que vejo e o que não vejo.
Há, porém, uma esperança que me alivia nestes males:
   graças à minha morte, não serão duradouros.   50

IV, 7

Duas vezes visitou-me o sol após o frio de gélido inverno,
   duas vezes tocando Peixes, completou seu caminho.
Por que, em tão longo tempo, tua destra
   não se ocupou, ainda que em poucas linhas?
Por que cessou tua lealdade, ao passo que aqueles   5
   com que tive ínfima convivência me escreviam?
Por que, cada vez que tirei o sinete de alguma carta,
   esperei que ela tivesse teu nome?
Queiram os deuses que amiúde tua destra tenha escrito uma carta,
   mas que, de tantas, nenhuma me tenha sido entregue!   10
O que peço, é claro que existe. Antes acreditaria ter existido
   a face da górgona Medusa cingida por cabeleira de serpentes,
existirem cães sob o ventre da jovem,[272] existir a Quimera,
   que com chamas separa a leoa da cruel serpente,
e os quadrúpedes com dorsos unidos ao dorso de homem,   15
   o homem de três corpos e o cão de três cabeças,[273]
a Esfinge, as Harpias e os Gigantes com pés de serpentes,
   Gias de cem braços e o homem meio touro.
Eu acreditaria antes em tudo isso, ó caríssimo, do que em ti,
   mudado, teres abandonado a afeição por mim.   20
Inúmeros montes, entre mim e ti, estradas,
   rios, campos e não poucos mares jazem.
Por mil motivos, a carta que amiúde me enviaste
   pode raramente chegar a minhas mãos;

mille tamen causas scribendo uince frequenter, 25
    excusem ne te semper, amice, mihi.

IV, 8

Iam mea cycneas imitantur tempora plumas,
    inficit et nigras alba senecta comas.
Iam subeunt anni fragiles et inertior aetas,
    iamque parum firmo me mihi ferre graue est.
Nunc erat, ut posito deberem fine laborum 5
    uiuere, me nullo sollicitante metu,
quaeque meae semper placuerunt otia menti
    carpere et in studiis molliter esse meis,
et paruam celebrare domum ueteresque Penates
    et quae nunc domino rura paterna carent, 10
inque sinu dominae carisque sodalibus inque
    securus patria consenuisse mea.
Haec mea sic quondam peragi sperauerat aetas,
    hos ego sic annos ponere dignus eram.
Non ita dis uisum, qui me terraque marique 15
    actum Sarmaticis exposuere locis.
In caua ducuntur quassae naualia puppes,
    ne temere in mediis dissoluantur[67] aquis.
Ne cadat et multas palmas inhonestet adeptus,
    languidus in pratis gramina carpit equus. 20
Miles ubi emeritis non est satis utilis annis,
    ponit ad antiquos, quae tulit, arma Lares.
Sic igitur, tarda uires minuente senecta,
    me quoque donari iam rude tempus erat.
Tempus erat nec me peregrinum ducere caelum, 25
    nec siccam Getico fonte leuare sitim,
sed modo, quos habui, uacuos secedere in hortos,
    nunc hominum uisu rursus et Vrbe frui.
Sic animo quondam non diuinante futura
    optabam placide uiuere posse senex. 30
Fata repugnarunt, quae cum mihi tempora prima
    mollia praebuerint, posteriora grauant.

vence, porém, os mil motivos escrevendo-me com frequência, 25
    para que eu não precise, ó amigo, sempre te desculpar.

IV, 8

Já minhas têmporas imitam penas de cisne,
    e a branca velhice tinge meus cabelos negros.
Já sobrevêm os anos fracos e a idade mais inativa,
    já é pesado para mim, infirme, ter de me suster.
Era agora que eu deveria, findados os esforços, 5
    viver sem nenhum medo me agitando,
colher os ócios que sempre agradaram minha mente,
    viver brandamente em meus estudos,
honrar a pequena casa, os velhos Penates,
    e os campos paternos que agora carecem de dono, 10
e, no seio da amada, junto aos caros amigos
    e em minha pátria, envelhecer tranquilo.
Assim esperava outrora completar minha vida,
    assim eu merecia terminar meus anos.
Assim não pareceu aos deuses, que me atiraram, 15
    por terra e por mar, às regiões sarmáticas.
As popas golpeadas são levadas a docas vazias,
    para não se dissolverem sem razão em meio às águas.
Para não cair e desonrar as muitas palmas alcançadas,
    o cavalo cansado pasta relva nos prados. 20
O soldado, quando, findo o serviço, não mais é útil,
    depõe aos Lares antigos as armas que empunhou.
Assim, pela lenta velhice que reduz as forças,
    era tempo de também eu já receber o bastão.[274]
Era tempo de eu não respirar ares estrangeiros 25
    nem de matar a seca sede em fonte gética,
mas de ora retirar-me para os vazios jardins que possuí,
    ora de novo fruir da Urbe e da vista dos homens.
Assim, quando outrora o ânimo não adivinhava o futuro,
    eu desejava poder, velho, viver sossegado. 30
Opuseram-se os fados, que tendo me oferecido
    branda juventude, pesam os tempos posteriores.

Iamque decem lustris omni sine labe peractis,
   parte premor uitae deteriore meae;
nec procul a metis, quas paene tenere uidebar, 35
   curriculo grauis est facta ruina meo.
Ergo illum demens in me saeuire coegi,
   mitius inmensus quo nihil orbis habet?
Ipsaque delictis uicta est clementia nostris,
   nec tamen errori uita negata meo est? 40
Vita procul patria peragenda sub axe Boreo,
   qua maris Euxini terra sinistra iacet.
Hoc mihi si Delphi Dodonaque diceret ipsa,
   esse uideretur uanus uterque locus.
Nil adeo ualidum est, adamas licet alliget illud, 45
   ut maneat rapido firmius igne Iouis;
nil ita sublime est supraque pericula tendit
   non sit ut inferius suppositumque deo.
Nam quamquam uitio pars est contracta malorum,
   plus tamen exitii numinis ira dedit. 50
At uos admoniti nostris quoque casibus este,
   aequantem superos emeruisse uirum!

IV, 9

Si licet et pateris, nomen facinusque tacebo,
   et tua Lethaeis acta dabuntur aquis,
nostraque uincetur lacrimis clementia seris.
   Fac modo te pateat paenituisse tui!
Fac modo te damnes cupiasque eradere uitae 5
   tempora, si possis, Tisiphonea tuae.
Sin minus, et flagrant odio tua pectora nostro,
   induet infelix arma coacta dolor.
Sim licet extremum, sicut sum, missus in orbem,
   nostra suas isto[68] porriget ira manus. 10
Omnia, si nescis, Caesar mihi iura reliquit,
   et sola est patria poena carere mea.
Et patriam, modo sit sospes, speramus ab illo:
   saepe Iouis telo quercus adusta uiret.

Já completados dez lustros sem mácula alguma,
    sou oprimido na pior parte de minha vida;
e não longe das metas que eu quase supunha alcançar   35
    a ruína pesou sobre meu carro.
Então, desvairado, obriguei que se enfurecesse contra mim
    aquele que é o mais doce em todo o imenso mundo?
E sua própria clemência foi vencida por meus delitos;
    a vida, porém, não me foi tirada por causa de meu erro?   40
Uma vida levada longe da pátria, sob o Polo Norte,
    onde jaz a margem sinistra do mar Euxino.
Se Delfos e mesmo Dodona me dissessem isso,
    ambos os locais pareceriam vãos.
Nada é tão forte, mesmo envolto por diamante,   45
    para resistir firme ao rápido raio de Júpiter;
nada é tão sublime e se estende além dos perigos
    que também não seja inferior e subordinado a um deus.
Pois, embora parte dos males se deva à minha falta,
    a ira do deus deu maior destruição.   50
Mas que também meus infortúnios vos advirtam
    a ser dignos do homem que se iguala aos deuses!

IV, 9

Se é lícito e o permites, calarei o nome e o crime,
    mandarei teus atos às águas do Letes,
e minha clemência será vencida por lágrimas tardias.
    Apenas manifesta teu arrependimento!
Apenas condena a ti mesmo e deseja apagar de   5
    tua vida, se puderes, os tempos de Tisífone.[275]
Se não, se contra mim teu peito inflama em ódio,
    a dor, infeliz, será obrigada a se armar.
Ainda que eu tenha sido enviado ao fim do mundo,
    como fui, minha ira estenderá as mãos a ti.   10
Se não o sabes, César manteve-me todos os diretos,
    minha única pena é carecer da pátria.
E a pátria, esteja ele a salvo, espero dele:
    amiúde viceja o carvalho que o dardo de Júpiter queimou.

Denique uindictae si sit mihi nulla facultas, 15
    Pierides uires et sua tela dabunt.
Quod Scythicis habitem longe summotus in oris,
    siccaque sint oculis proxima signa meis,
nostra per inmensas ibunt praeconia gentes,
    quodque querar notum qua patet orbis erit. 20
Ibit ad occasum quicquid dicemus ob ortu,
    testis et Hesperiae uocis Eous erit.
Trans ego tellurem, trans altas audiar undas,
    et gemitus uox est magna futura mei;
nec tua te sontem tantummodo saecula norint: 25
    perpetuae crimen posteritatis eris.
Iam feror in pugnas, et nondum cornua sumpsi,
    nec mihi sumendi causa sit ulla uelim.
Circus adhuc cessat; spargit iam toruus[69] harenam
    taurus et infesto iam pede pulsat humum. 30
Hoc quoque, quam uolui, plus est. Cane, Musa, receptus,
    dum licet huic nomen dissimulare suum!

IV, 10

Ille ego qui fuerim, tenerorum lusor amorum,
    quem legis, ut noris, accipe, posteritas.
Sulmo mihi patria est, gelidis uberrimus undis
    milia qui nouies distat ab Vrbe decem.
Editus hic ego sum, nec non ut tempora noris, 5
    cum cecidit fato consul uterque pari.
Siquid id est, usque a proauis uetus ordinis heres,
    non modo fortunae munere factus eques.
Nec stirps prima fui; genito sum fratre creatus,
    qui tribus ante quater mensibus ortus erat. 10
Lucifer amborum natalibus affuit idem:
    una celebrata est per duo liba dies;
haec est armiferae festis de quinque Mineruae,
    quae fieri pugna prima cruenta solet.
Protinus excolimur teneri, curaque parentis 15
    imus ad insignes Vrbis ab arte uiros.

Enfim, se eu não tiver meio algum de vingança, 15
    as Piérides me darão forças e seus dardos.
Mesmo que eu, apartado para longe, habite as praias cíticas
    e veja de perto os astros não banhados,
apregoarei por povos infinitos, e minhas queixas
    serão conhecidas por toda a extensão do mundo. 20
O que direi irá do nascente ao poente,
    e Eos será testemunha das palavras da Hespéria.[276]
Serei ouvido além da terra, além das altas ondas,
    e há de ser grande o eco de meu gemido;
não só tua época te saberá culpado: 25
    serás crime pela eterna posteridade.
Já sou levado à batalha, mas ainda não assumi os chifres,
    nem quero ter motivo para assumi-los.
O circo ainda descansa; o touro bravio já espalha
    a areia e bate o solo com pé hostil. 30
Até isso é mais do que eu quis. Soa, Musa, a retirada,
    enquanto é lícito que ele oculte seu nome!

IV, 10

Aquele que eu fui, versejador de tenros amores,
    que lês, ouve, para o saberes, ó posteridade!
Sulmona é minha pátria, riquíssima em água fresca,
    distante de Roma em noventa milhas.
Aqui fui gerado e, para saberes a época, 5
    quando ambos os cônsules tombaram de igual fado.[277]
Se vale algo, antigo herdeiro da ordem desde os bisavós,
    não me tornei cavaleiro há pouco, por dom da fortuna.
Primogênito não fui; nasci depois de um irmão,
    que veio ao mundo doze meses antes. 10
A mesma estrela presenciou o nascer de ambos:
    festejou-se um só dia com dois bolos;
dos cinco dias festivos de Minerva guerreira,
    é o primeiro a se tornar sangrento pela luta.[278]
Ainda novos nos instruímos e, por cuidado paterno, 15
    fomos aos mestres de Roma insignes pelo saber.[279]

Frater ad eloquium uiridi tendebat ab aeuo,
    fortia uerbosi natus ad arma fori;
at mihi iam puero caelestia sacra placebant,
    inque suum furtim Musa trahebat opus.   20
Saepe pater dixit: "studium quid inutile temptas?
    Maeonides nullas ipse reliquit opes."
Motus eram dictis, totoque Helicone relicto
    scribere temptabam uerba soluta modis.
Sponte sua carmen numeros ueniebat ad aptos,   25
    et quod temptabam scribere, uersus erat.
Interea tacito passu labentibus annis
    liberior fratri sumpta mihique toga est,
induiturque umeris cum lato purpura clauo,
    et studium nobis, quod fuit ante, manet.   30
Iamque decem uitae frater geminauerat annos,
    cum perit, et coepi parte carere mei.
Cepimus et tenerae primos aetatis honores,
    eque uiris quondam pars tribus una fui.
Curia restabat: claui mensura coacta est;   35
    maius erat nostris uiribus illud onus.
Nec patiens corpus, nec mens fuit apta labori,
    sollicitaeque fugax ambitionis eram;
et petere Aoniae suadebant tuta sorores
    otia, iudicio semper amata meo.   40
Temporis illius colui fouique poetas,
    quotque aderant uates, rebar adesse deos.
Saepe suas Volucres legit mihi grandior aeuo,
    quaeque nocet serpens, quae iuuat herba, Macer.
Saepe suos solitus recitare Propertius ignes,   45
    iure sodalitii, quo mihi iunctus erat.
Ponticus heroo, Bassus quoque clarus iambis
    dulcia conuictus membra fuere mei.
Et tenuit nostras numerosus Horatius aures,
    dum ferit Ausonia carmina culta lyra.   50
Vergilium uidi tantum, nec auara[70] Tibullo
    tempus amicitiae fata dedere meae.
Successor fuit hic tibi, Galle, Propertius illi;
    quartus ab his serie temporis ipse fui.

Tristezas IV

Meu irmão pendia à eloquência desde à flor da idade,
   nascido para os veementes duelos do fórum loquaz;
mas a mim, já menino agradavam os mistérios celestes,
   e a Musa, furtiva, à sua obra me puxava.   20
Amiúde meu pai dizia: "Por que tentas inútil estudo?
   Mesmo o Meônio não deixou riqueza alguma".
Agitavam-me seus ditos e, deixando o Hélicon,
   tentava escrever palavras livres de ritmos.
O poema brotava espontâneo no ritmo adequado,   25
   e o que eu tentava escrever saía em verso.[280]
Enquanto os anos deslizavam a passo tácito,
   meu irmão e eu assumimos a toga viril,[281]
cobrimos o ombro com a púrpura do laticlavo,[282]
   mas nos permanece o interesse que antes existiu.   30
Meu irmão já duplicara dez anos quando morreu,
   e começou a faltar uma parte de mim.
Alcancei as primeiras honras da tenra idade
   e outrora fui um dos triúnviros.[283]
Restava a Cúria:[284] restringiu-se a medida do laticlavo;   35
   era um peso maior que as minhas forças.
Nem firme era o corpo, nem a mente, apta ao esforço,
   e eu fugia da inquieta ambição;
as irmãs aônias[285] aconselhavam-me a buscar
   os calmos ócios, sempre amados por meu juízo.   40
Honrei e aplaudi os poetas de meu tempo,
   aos vates presentes, julgava-os deuses presentes.
Amiúde Mácer,[286] mais velho, leu-me suas *Aves*,
   que serpente dana, que erva ajuda.
Amiúde Propércio, dado a recitar paixões ardentes,   45
   por laço de amizade a mim se unira.
Pôntico,[287] ilustre na épica, Basso,[288] nos jambos,
   foram doces membros de meu convívio.
E cativou-me os ouvidos Horácio de muitos ritmos,
   ao tanger cultos cantos na ausônia lira.[289]   50
Virgílio só vi, e o fado avaro não deu
   tempo a Tibulo para minha amizade.
Ele foi teu sucessor, ó Galo,[290] Propércio o dele;
   deles, fui o quarto na série dos anos.

Vtque ego maiores, sic me coluere minores, 55
    notaque non tarde facta Thalia mea est.
Carmina cum primum populo iuuenalia legi,
    barba resecta mihi bisue semelue fuit.
Mouerat ingenium totam cantata per Vrbem
    nomine non uero dicta Corinna mihi. 60
Multa quidem scripsi, sed quae uitiosa putaui,
    emendaturis ignibus ipse dedi.
Tunc quoque, cum fugerem, quaedam placitura cremaui,
    iratus studio carminibusque meis.
Molle Cupidineis nec inexpugnabile telis 65
    cor mihi, quodque leuis causa moueret, erat.
Cum tamen hic essem minimoque accenderer igni,
    nomine sub nostro fabula nulla fuit.
Paene mihi puero nec digna nec utilis uxor
    est data, quae tempus per breue nupta fuit. 70
Illi successit, quamuis sine crimine coniunx,
    non tamen in nostro firma futura toro.
Vltima, quae mecum seros permansit in annos,
    sustinuit coniunx exulis esse uiri.
Filia me mea bis prima fecunda iuuenta, 75
    sed non ex uno coniuge, fecit auum.
Et iam complerat genitor sua fata nouemque
    addiderat lustris altera lustra nouem.
Non aliter fleui, quam me fleturus ademptum
    ille fuit. Matri proxima iusta tuli. 80
Felices ambo tempestiueque sepulti,
    ante diem poenae quod periere meae!
Me quoque felicem, quod non uiuentibus illis
    sum miser, et de me quod doluere nihil!
Si tamen extinctis aliquid nisi nomina restat, 85
    et gracilis structos effugit umbra rogos,
fama, parentales, si uos mea contigit, umbrae,
    et sunt in Stygio crimina nostra foro,
scite, precor, causam – nec uos mihi fallere fas est –
    errorem iussae, non scelus, esse fugae. 90

Honrei os mais velhos, os mais novos honraram-me, 55
    e sem tardar minha Tália²⁹¹ fez-se famosa.
Quando primeiro li ao povo poemas juvenis,
    a barba me fora feita uma ou duas vezes.
Cantada por toda Roma, movera-me o engenho
    Corina, por mim com falso nome chamada. 60
Decerto muito escrevi, mas o que julguei defeituoso,
    eu próprio lancei à correção do fogo.
Sendo desterrado, queimei o que agradaria,
    irado com meu pendor e meus poemas.
Frouxo e não invencível às flechas de Cupido 65
    era-me o peito, e leve motivo o moveria.
Embora eu fosse assim e me abrasasse com o menor fogo,
    sob meu nome, nenhuma invenção houve.
Quase menino, foi-me dada uma mulher nem digna
    nem útil, que por breve tempo ficou casada. 70
A ela seguiu-se uma esposa, embora sem crime,
    que não se firmaria em meu leito.
A última, que comigo permaneceu até a idade avançada,
    tolerou ser esposa de um exilado.
Minha filha, na primeira juventude duas vezes grávida, 75
    fez-me avô, mas não com um só marido.
Meu pai já cumprira seus fados
    e acrescentara nove lustros a outros nove.
Chorei não menos do que ele me teria chorado
    se eu partisse. Logo dei à minha mãe as honras fúnebres. 80
Felizes ambos e oportunamente enterrados,
    pois morreram antes do dia de minha pena!
Também eu feliz, pois, sem que eles estejam vivos,
    sou desventurado, e nada sofreram por minha causa.
Porém, se aos mortos algo resta além dos nomes 85
    e a tênue sombra escapa às piras preparadas,
se minha fama vos alcançou, sombras dos pais,
    e meus crimes estão no foro estígio,
sabei, imploro, – não é justo vos enganar –
    ser um erro, não um crime, a causa do desterro. 90

Manibus hoc satis est. Ad uos, studiosa, reuertor,
    pectora, quae uitae quaeritis acta meae.
Iam mihi canities pulsis melioribus annis
    uenerat, antiquas miscueratque comas.
Postque meos ortus Pisaea uinctus oliua　　　　　　　95
    abstulerat decies praemia uictor eques,
cum maris Euxini positos ad laeua Tomitas
    quaerere me laesi principis ira iubet.
Causa meae cunctis nimium quoque nota ruinae
    indicio non est testificanda meo.　　　　　　　100
Quid referam comitumque nefas famulosque nocentes?
    Ipsa multa tuli non leuiora fuga.
Indignata malis mens est succumbere seque
    praestitit inuictam, uiribus usa suis;
oblitusque mei ductaeque per otia uitae　　　　　　　105
    insolita cepi temporis arma manu;
totque tuli casus pelago terraque quot inter
    occultum stellae conspicuumque polum.
Tacta mihi tandem longis erroribus acto
    iuncta pharetratis Sarmatis ora Getis.　　　　　110
Hic ego, finitimis quamuis circumsoner armis,
    tristia, quo possum, carmine fata leuo.
Quod quamuis nemo est, cuius referatur ad aures,
    sic tamen absumo decipioque diem.
Ergo quod uiuo durisque laboribus obsto,　　　　　　115
    nec me sollicitae taedia lucis habent,
gratia, Musa, tibi! Nam tu solacia praebes,
    tu curae requies, tu medicina uenis.
Tu dux et comes es, tu nos abducis ab Histro,
    in medioque mihi das Helicone locum.　　　　120
Tu mihi, quod rarum est, uiuo sublime dedisti
    nomen, ab exequiis quod dare fama solet.
Nec, qui detrectat praesentia, Liuor iniquo
    ullum de nostris dente momordit opus.
Nam tulerint magnos cum saecula nostra poetas,　　125
    non fuit ingenio fama maligna meo,

Aos Manes isto basta. Torno a vós, curiosos ânimos,
    que indagais os feitos de minha vida.
Fugidos os bons anos, as cãs já me chegaram
    e aos antigos cabelos se misturaram.
Desde que nasci, dez vezes o cavaleiro vencedor,   95
    coroado com a oliva de Pisa,²⁹² ganhara os prêmios,
quando a ira do Príncipe ofendido me ordena
    aos tomitas, a oeste do mar Euxino.
A causa de minha ruína, a todos conhecida,
    não precisa se atestar por prova minha.   100
Por que mencionar a traição dos amigos e os servos nocivos?
    Suportei pesos muito piores que o próprio desterro.
A mente se indignou em ceder aos males e se
    mostrou indomável, servindo-se de suas forças;
esquecido de mim e da vida levada em ócios,   105
    tomei, com inabituada mão, as armas deste tempo
e sofri por mar e por terra tantos infortúnios quantas
    são as estrelas entre o polo oculto e o visível.²⁹³
Lançado a longas errâncias, enfim toquei
    os litorais sármatas, junto aos getas de aljava.   110
Aqui, embora retumbem-me em torno armas vizinhas,
    alivio os tristes fados como posso, com poesia.
Pois, embora ninguém haja a cujos ouvidos chegue,
    assim ao menos gasto e engano o dia.
Então, porque vivo e enfrento duros esforços,   115
    e não me encerra a angústia de inquieta vida,
agradeço-te, ó Musa! Pois tu dás consolos,
    tu és repouso à dor, tu vens como remédio.
Tu és guia e companheira, tu me afastas do Istro
    e me dás lugar no meio do Hélicon.   120
Tu me deste ainda vivo – algo raro – nome ilustre,
    que a fama costuma dar com as exéquias.
Nem a Inveja, que avilta o presente, mordeu
    com dente injusto alguma obra minha.
Pois, tendo esta época produzido grandes poetas,   125
    não foi a fama avara com meu engenho,

cumque ego praeponam multos mihi, non minor illis
    dicor et in toto plurimus orbe legor.
Siquid habent igitur uatum praesagia ueri,
    protinus ut moriar, non ero, terra, tuus.   130
Siue fauore tuli, siue hanc ego carmine famam,
    iure tibi grates, candide lector, ago.

e embora eu ponha muitos à minha frente, não me
    dizem menor que eles, e em todo o mundo sou lido.
Então, se alguma verdade têm os presságios dos vates,
    logo que eu morrer, não serei teu, ó terra.   130
Se por teu favor ou pelo poema ganhei fama,
    com direito dou-te graças, bom leitor.

LIBER V

V, 1

Hunc quoque de Getico, nostri studiose, libellum
    litore praemissis quattuor adde meis.
Hic quoque talis erit, qualis fortuna poetae:
    inuenies toto carmine dulce nihil.
Flebilis ut noster status est, ita flebile carmen, 5
    materiae scripto conueniente suae.
Integer et laetus laeta et iuuenalia lusi:
    illa tamen nunc me composuisse piget.
Vt cecidi, subiti perago praeconia casus,
    sumque argumenti conditor ipse mei. 10
Vtque iacens ripa deflere Caystrius ales
    dicitur ore suam deficiente necem,
sic ego, Sarmaticas longe proiectus in oras,
    efficio tacitum ne mihi funus eat.
Delicias siquis lasciuaque carmina quaerit, 15
    praemoneo, non est scripta quod ista legat!
Aptior huic Gallus blandique Propertius oris,
    aptior, ingenium mite, Tibullus erit.
Atque utinam numero non nos essemus in isto!
    Ei mihi, cur umquam Musa iocata mea est? 20
Sed dedimus poenas, Scythicique in finibus Histri
    ille pharetrati lusor Amoris abest.
Quod superest, animos[71] ad publica carmina flexi,
    et memores iussi nominis esse mei.
Si tamen e uobis aliquis tam multa requiret, 25
    unde dolenda canam, multa dolenda tuli.
Non haec ingenio, non haec componimus arte:
    materia est propriis ingeniosa malis.

LIVRO V

V, 1

Ajunta, curioso leitor, também este livrinho
    aos quatro já enviados das praias géticas.
Também ele será tal qual a sina do poeta:
    nada ameno encontrarás em todo o poema.
Choroso é meu estado, choroso é meu poema: 5
    os escritos convêm à sua matéria.
Ileso e alegre, alegrias juvenis gracejei;[294]
    arrependo-me, agora, do que compus.
Depois de cair, pronuncio o anúncio da queda súbita
    e sou eu próprio o criador de meu drama.   10
Como a ave do Caístro,[295] à margem estirada -
    dizem - chora sua morte com falho canto,
eu, lançado ao longe nos litorais sármatas,
    faço com que meu funeral não passe tácito.
Se alguém busca prazeres e lascivos poemas,   15
    previno: não há por que ler meus escritos!
Melhores Galo e Propércio de brando canto,
    melhor será Tibulo, doce engenho.
Oxalá eu não estivesse nesta lista!
    Ai! Por que um dia minha Musa gracejou?   20
Mas as penas sofri: nos confins do Istro cítico
    se ausenta o versejador do Amor de aljava.
Agora, a poemas públicos verti meu ânimo
    e ordenei-lhes que lembrassem meu nome.
Se algum de vós, porém, perguntar por que canto   25
    muitas dores, muitas dores tolerei.
Não as compus com engenho, tampouco com arte:
    a matéria se engendra nos meus males.

Tristia V

Et quota fortunae pars est in carmine nostrae?
    Felix, qui patitur quae numerare potest!   30
Quot frutices siluae, quot flauas Thybris harenas,
    mollia quot Martis gramina campus habet,
tot mala pertulimus, quorum medicina quiesque
    nulla nisi in studio est Pieridumque mora.
"Quis tibi, Naso, modus lacrimosi carminis?" inquis.   35
    Idem, fortunae qui modus huius erit.
Quod querar, illa mihi pleno de fonte ministrat,
    nec mea sunt, fati uerba sed ista mei.
At mihi si cara patriam cum coniuge reddas,
    sint uultus hilares, simque quod ante fui.   40
Lenior inuicti si sit mihi Caesaris ira,
    carmina laetitiae iam tibi plena dabo.
Nec tamen ut lusit, rursus mea littera ludet:
    sit semel illa ioco luxuriata meo.
Quod probet ipse, canam, poenae modo parte leuata   45
    barbariam rigidos effugiamque Getas.
Interea nostri quid agant, nisi triste, libelli?
    Tibia funeribus conuenit ista meis.
"At poteras", inquis, "melius mala ferre silendo,
    et tacitus casus dissimulare tuos."   50
Exigis ut nulli gemitus tormenta sequantur,
    acceptoque graui uulnere flere uetas?
Ipse Perilleo Phalaris permisit in aere
    edere mugitus et bouis ore queri.
Cum Priami lacrimis offensus non sit Achilles,   55
    tu fletus inhibes, durior hoste, meos?
Cum faceret Nioben orbam Latonia proles,
    non tamen et siccas iussit habere genas.
Est aliquid, fatale malum per uerba leuare:
    hoc querulam Procnen Alcyonenque facit.   60
Hoc erat, in gelido quare Poeantius antro
    uoce fatigaret Lemnia saxa sua.
Strangulat inclusus dolor atque exaestuat intus,
    cogitur et uires multiplicare suas.
Da ueniam potius, uel totos tolle libellos,   65
    si mihi quod prodest hoc tibi, lector, obest.

E quanto da minha própria sina há no poema?
    Feliz quem pode contar os males que sofre!   30
Quantas são as árvores da mata, as flavas areias do Tibre,
    quanta erva tenra o campo de Marte tem,
tantos males suportei, sem remédio ou repouso,
    senão na espera e na entrega às Piérides.
"Quando, Nasão, cessarás os lacrimosos poemas?",   35
    perguntas. "Quando cessar também minha sina".
Ela me fornece em fonte cheia o que chorar,
    e não são minhas, mas de meu fado essas palavras.
Mas se me devolvesses a pátria e a cara esposa,
    meu rosto seria alegre, e eu o mesmo de antes.   40
Se for mais branda a ira do invencível César,
    logo te darei poemas cheios de alegria.
Porém, como gracejou, minha obra não mais gracejará:
    só uma vez se exceda com meu jogo.
O que César aprovar, cantarei, desde que, aliviada parte   45
    da pena, eu escape à barbárie e aos rijos getas.
Até lá, o que, senão tristeza, poderiam obrar meus livrinhos?
    Essa flauta[296] convém aos meus funerais.
"Mas podias", dizes, "em silêncio suportar melhor
    os males, e disfarçar tua queda calado".   50
Exiges que gemido algum siga aos tormentos,
    e a grave ferida me proíbes de chorar?
Até Faláris permitiu os mugidos no bronze
    de Perilo e a queixa pela boca do boi.
As lágrimas de Príamo não ofenderam Aquiles, mas tu,   55
    mais cruel que o inimigo, impedes meus choros?
A prole de Latona tirou os filhos de Níobe,[297]
    mas não lhe ordenou manter as faces secas.
Aliviar um mal fatal com palavras já é algo:
    isso faz Procne[298] e Alcíone[299] queixosas.   60
Era o motivo de o Peâncio,[300] em antro gélido,
    com a voz exaurir as rochas de Lemnos.
A dor reprimida sufoca e dentro ferve,
    é impelida a multiplicar suas forças.
Antes perdoa, ou lança longe os livrinhos todos,   65
    se te prejudica, leitor, o que me aproveita.

Sed neque obesse potest, ulli nec scripta fuerunt
    nostra nisi auctori perniciosa suo.
"At mala sunt." Fateor. Quis te mala sumere cogit?
    Aut quis deceptum ponere sumpta uetat?   70
Ipse nec emendo:[72] sed ut hic deducta legantur:
    non sunt illa suo barbariora loco.
Nec me Roma suis debet conferre poetis:
    inter Sauromatas ingeniosus eram.
Denique nulla mihi captatur gloria, quaeque   75
    ingenio stimulos subdere fama solet.
Nolumus assiduis animum tabescere curis,
    quae tamen inrumpunt quoque uetantur eunt.
Cur scribam, docui. Cur mittam, quaeritis, isto?
    Vobiscum cupio quolibet esse modo.   80

V, 2

Ecquid ubi e Ponto noua uenit epistula, palles,
    et tibi sollicita soluitur illa manu?
Pone metum, ualeo; corpusque, quod ante laborum
    impatiens nobis inualidumque fuit,
sufficit, atque ipso uexatum induruit usu.   5
    An magis infirmo non uacat esse mihi?
Mens tamen aegra iacet, nec tempore robora sumpsit,
    affectusque animi qui fuit ante, manet.
Quaeque mora spatioque suo coitura putaui
    uulnera non aliter quam modo facta dolent.   10
Scilicet exiguis prodest annosa uetustas;
    grandibus accedunt tempore damna malis.
Paene decem totis aluit Poeantius annis
    pestiferum tumido uulnus ab angue datum.
Telephus aeterna consumptus tabe perisset,   15
    si non quae nocuit, dextra tulisset opem.
Et mea, si facinus nullum commisimus, opto,
    uulnera qui fecit, facta leuare uelit.
Contentusque mei iam tandem parte doloris
    exiguum pleno de mare demat aquae.   20

Mas não pode prejudicar; não foram meus escritos
    nocivos a ninguém, senão ao seu autor.
"São, porém, ruins". Confesso. Quem te obriga a lê-los?
    Ou quem proíbe que, enganado, os largues?   70
Sequer os corrijo: como daqui fiados, sejam lidos:
    não são eles mais bárbaros que o lugar.
Nem Roma deve me comparar a seus poetas:
    entre os sármatas eu era talentoso.
Enfim, eu não ambiciono glória alguma,   75
    nem a fama que ao engenho estimula.
Não quero consumir o espírito com constantes dores,
    que irrompem e vão aonde é proibido.
Por que escrevo, já o disse. Indagais por que vos envio?
    Pois quero estar convosco, de qualquer modo.   80

V, 2

Quando chega do Ponto nova carta, acaso
    empalideces e a abres com mão inquieta?
Deixa o medo, passo bem; e meu corpo, que antes
    foi-me infirme aos esforços e débil, resiste
e endureceu atormentado pelo próprio hábito.   5
    Ou acaso não me é mais permitido estar fraco?
A mente, porém, jaz doente e não se fortaleceu com o tempo,
    e meu estado de ânimo permaneceu o de antes.
As feridas que julguei que fechariam com o tempo
    doem como se há pouco feitas.   10
Decerto a extensão dos anos é útil nos males ínfimos,
    nos grandes, os danos crescem com o tempo.
Por quase dez anos inteiros, o Peâncio nutriu
    ferida pestilenta dada por túmida serpente.
Télefo teria perecido por putrefação eterna,   15
    se não o auxiliasse a destra que o prejudicou.
E, se nenhum crime cometi, rogo que quem
    fez minhas feridas queira aliviá-las.
Com parte de minha dor enfim satisfeito,
    tire um pouco de água do mar cheio.   20

Detrahat ut multum, multum restabit acerbi,
  parsque meae poenae totius instar erit.
Litora quot conchas, quot amoena rosaria flores,
  quotue soporiferum grana papauer habet,
silua feras quot alit, quot piscibus unda natatur,   25
  quot tenerum pennis aera pulsat auis,
tot premor aduersis: quae si comprendere coner,
  Icariae numerum dicere coner aquae.
Vtque uiae casus, ut amara pericula ponti,
  ut taceam strictas in mea fata manus,   30
barbara me tellus orbisque nouissima magni
  sustinet et saeuo cinctus ab hoste locus.
Hinc ego traicerer[73] – neque enim mea culpa cruenta est –
  esset, quae debet, si tibi cura mei.
Ille deus, bene quo Romana potentia nixa est,   35
  saepe suo uictor lenis in hoste fuit.
Quid dubitas et tuta times? Accede rogaque:
  Caesare nil ingens mitius orbis habet.
Me miserum! Quid agam, si proxima quaeque relinquunt?
  Subtrahis effracto tu quoque colla iugo?   40
Quo ferar? Vnde petam lassis solacia rebus?
  Ancora iam nostram non tenet ulla ratem.
Videris! Ipse sacram, quamuis inuisus, ad aram
  confugiam: nullas summouet ara manus.

V, 2b[74]

Adloquor en absens absentia numina supplex,   45
  si fas est homini cum Ioue posse loqui.
Arbiter imperii, quo certum est sospite cunctos
  Ausoniae curam gentis habere deos,
o decus, o patriae per te florentis imago,   [5]
  o uir non ipso, quem regis, orbe minor –   50
sic habites terras et te desideret aether,
  sic ad pacta tibi sidera tardus eas –
parce, precor, minimamque tuo de fulmine partem
  deme! Satis poenae, quod superabit, erit.   [10]

Mesmo que retire muito, muito de amargo restará,
  parte de minha pena equivalerá ao todo.
Quantas conchas têm as praias, quantas flores as roseiras,
  ou quantos grãos a soporífera papoula,
quantas feras a mata nutre e peixes nadam em águas, 25
  com quantas penas a ave bate o ar macio,
tantas adversidades me oprimem: se as tentasse abarcar,
  tentaria contar as ondas icárias.
Mesmo que eu silencie os infortúnios do percurso, os amargos
  perigos do mar, as mãos armadas contra meu fado, 30
retém-me bárbara terra, no fim do grande mundo,
  local cercado por cruel inimigo.
Daqui eu seria transferido – minha culpa sequer tem sangue –
  se deveras te preocupasses comigo.
Aquele deus, em quem a potência romana bem se apoiou, 35
  vencedor, amiúde foi brando com seu inimigo.
Por que hesitas e temes o que é seguro? Aproxima e roga:
  nada no universo é mais bondoso que César.
Ai de mim! Que farei, se todos os próximos me abandonam?
  Também tu retiras o pescoço de rompido jugo? 40
Para onde serei levado? Onde buscarei consolo às desgraças?
  Agora âncora alguma detém meu barco.
Tu verás! Eu próprio, embora odioso, me refugiarei
  junto ao sacro altar: o altar não repele mão alguma.

V, 2b [Prece]

Ausente, eis que suplico a um nume ausente, 45
  se a um mortal é lícito falar com Júpiter.
Árbitro do império, para quem, são e salvo, é certo
  que todos os deuses cuidam do povo ausônio,
ó honra, ó imagem da pátria que por ti floresce, [5]
  ó homem não menor que o próprio mundo que governas – 50
que tu vivas na terra e o éter te deseje,
  que partas tarde aos astros a ti prometidos –
poupa, imploro, e tira de teu raio uma parte
  mínima! A pena restante já bastará! [10]

Ira quidem moderata tua est, uitamque dedisti,
   nec mihi ius ciuis nec mihi nomen abest,
nec mea concessa est aliis fortuna, nec exul
   edicti uerbis nominor ipse tui.
Omniaque haec timui, quia me meruisse uidebam;
   sed tua peccato lenior ira meo est.
Arua relegatum iussisti uisere Ponti,
   et Scythicum profuga scindere puppe fretum.
Iussus ad Euxini deformia litora ueni
   aequoris – haec gelido terra sub axe iacet –
nec me tam cruciat numquam sine frigore caelum,
   glebaque canenti semper obusta gelu,
nesciaque est uocis quod barbara lingua Latinae,
   Graecaque quod Getico uicta loquella sono est,
quam quod finitimo cinctus premor undique Marte,
   uixque breuis tutum[75] murus ab hoste facit.
Pax tamen interdum est, pacis fiducia numquam:
   sic hic nunc patitur, nunc timet arma locus.
Hinc ego dum muter, uel me Zanclaea Charybdis
   deuoret atque suis ad Styga mittat aquis,
uel rapidae flammis urar patienter in Aetnae,
   uel freta Leucadii mittar in alta dei.
Quod petimus, poena est. Neque enim miser esse recuso,
   sed precor ut possim tutius esse miser.

V, 3

Illa dies haec est, qua te celebrare poetae,
   si modo non fallunt tempora, Bacche, solent,
festaque odoratis innectunt tempora sertis,
   et dicunt laudes ad tua uina tuas.
Inter quos, memini, dum me mea fata sinebant,
   non inuisa tibi pars ego saepe fui,
quem nunc suppositum stellis Cynosuridos Vrsae
   iuncta tenet crudis Sarmatis ora Getis.
Quique prius mollem uacuamque laboribus egi
   in studiis uitam Pieridumque choro,

Tua ira é decerto moderada e deste-me a vida, 55
    não careço de direito ou nome de cidadão,
outros não detêm meus bens, nem exilado
    sou nomeado nas palavras de teu edito.
Tudo isso temi, pois pensava merecê-lo; [15]
    mas tua ira é mais branda que minha falta. 60
Ordenaste ao relegado ver os campos do Ponto
    e fender cíticas ondas com desterrada popa.
Ordenado, vim para as disformes praias do mar
    Euxino – esta terra jaz sob gélido polo – [20]
e não me flagelam tanto o clima jamais sem frio, 65
    o solo sempre queimado por branco gelo,
a bárbara língua que desconhece os sons latinos
    e os termos gregos vencidos por sotaque gético,
quanto ser oprimido, de todo cercado por Marte vizinho, [25]
    e a custo estreito muro protege-me contra o inimigo. 70
Às vezes há paz, jamais a certeza de paz:
    assim, este local ora tolera, ora teme as armas.
Desde que me tirem daqui, que ou Caríbdis zancleia[301]
    me devore e me envie ao Estige com suas águas, [30]
ou eu arda, resignado, nas chamas do Etna arrebatador, 75
    ou seja enviado às ondas profundas do deus leucádio.
O que peço é já uma pena. Sequer recuso ser desventurado,
    mas imploro poder sê-lo em maior segurança.

V, 3

Este é o dia em que os poetas te celebram,
    ó Baco, se não me falham os tempos;
cobrem com coroas perfumadas as festivas têmporas
    e cantam tuas honras com teus vinhos.
Entre eles, lembro-me, enquanto meus fados permitiam-me, 5
    amiúde fui parte não odiosa a ti;
agora, sob as estrelas da cinosúrida Ursa,[302]
    retém-me o litoral sármata, contíguo aos getas cruéis.
E eu que antes levei vida branda e privada de esforços
    na poesia e no coro das Piérides, 10

Tristia V

nunc procul a patria Geticis circumsonor armis.
    Multa prius pelago multaque passus humo.
Siue mihi casus siue hoc dedit ira deorum,
    nubila nascenti seu mihi Parca fuit,
tu tamen e sacris hederae cultoribus unum
    numine debueras sustinuisse tuo.
An dominae fati quicquid cecinere sorores,
    omne sub arbitrio desinit esse dei?
Ipse quoque aetherias meritis inuectus es arces,
    quo non exiguo facta labore uia est.
Nec patria est habitata tibi, sed adusque niuosum
    Strymona uenisti Marticolamque Geten,
Persidaque et lato spatiantem flumine Gangen,
    et quascumque bibit decolor Indus aquas.
Scilicet hanc legem nentes fatalia Parcae
    stamina bis genito bis cecinere tibi.
Me quoque, si fas est exemplis ire deorum,
    ferrea sors uitae difficilisque premit.
Illo nec leuius cecidi quem magna locutum
    reppulit a Thebis Iuppiter igne suo.
Vt tamen audisti percussum fulmine uatem,
    admonitu matris condoluisse potes,
et potes aspiciens circum tua sacra poetas
    "Nescio quis nostri" dicere "cultor abest."
Fer, bone Liber, opem: sic altera degrauet ulmum
    uitis, et incluso plena sit uua mero;
sic tibi cum Bacchis Satyrorum gnaua iuuentus
    adsit, et attonito non taceare sono;
ossa bipenniferi sic sint male pressa Lycurgi,
    impia nec poena Pentheos umbra uacet,;
sic micet aeternum uicinaque sidera uincat
    coniugis in caelo clara corona tuae!
Huc ades et casus releues, pulcherrime, nostros,
    unum de numero me memor esse tuo.
Sunt dis inter se commercia. Flectere tempta
    Caesareum numen numine, Bacche, tuo.
Vos quoque, consortes studii, pia turba, poetae,
    haec eadem sumpto quisque rogate mero.

agora, longe da pátria, retumbo-me com as armas géticas.
    Muito sofri no mar, muito sofri na terra.
Se ou o destino, ou a ira dos deuses deu-me isso,
    ou a Parca era sombria quando nasci,
tu, porém, a um único entre os sacros adoradores   15
    devias ter amparado com teu nume.
Acaso o que as irmãs donas do destino cantaram
    deixa de todo de estar sob o arbítrio de um deus?
Também tu, por teus méritos, foste alçado ao céu,
    para onde a via se abre com esforço não ínfimo.   20
Não moraste na pátria, mas vieste até o nevado
    Estrimão e o geta adorador de Marte,
à Pérsia e ao Ganges errante em amplo curso
    e a todas as águas que o hindu moreno bebe.
Decerto as Parcas tecedoras do fio dos fados   25
    duas vezes cantaram esta lei a ti, duas vezes nascido.
Também a mim, se é justo recorrer a exemplos divinos,
    me oprime uma sina férrea e difícil.
Não caí com mais leveza que aquele que, tendo dito insolências,
    Júpiter expulsou de Tebas com seu fogo.[303]   30
Porém, quando ouviste que um vate foi golpeado pelo raio,
    lembrando tua mãe,[304] podias ter-te condoído
e, olhando os poetas em torno de teus cultos,
    dizer: "Algum de meus adoradores se ausenta".
Traz auxílio, ó bom Líber: que nova vide pese   35
    o olmo, e a uva esteja repleta de vinho;
que as bacantes e a ágil juventude de sátiros
    estejam contigo e, em som delirante, não te cales;
que os ossos do bipene Licurgo[305] com força sejam premidos
    e que a ímpia sombra de Penteu[306] não escape da pena;   40
que eternamente brilhe e vença os astros vizinhos,
    fulgente no céu, a coroa de tua esposa![307]
Que venhas para cá e alivies, ó belíssimo, meus infortúnios,
    lembrado de que sou um dos teus.
Os deuses se relacionam. Tenta dobrar   45
    o nume de César, ó Baco, com teu nume.
Também vós, ó poetas consortes na paixão, turba devota,
    tomando o vinho, rogai cada um o mesmo.

Atque aliquis uestrum, Nasonis nomine dicto,
    apponat lacrimis pocula mixta suis, 50
admonitusque mei, cum circumspexerit omnes,
    dicat: "Vbi est nostri pars modo Naso chori?"
Idque ita, si uestrum merui candore fauorem,
    nullaque iudicio littera laesa meo est, 55
si, ueterum digne ueneror cum scripta uirorum,
    proxima non illis esse minora reor.
Sic igitur dextro faciatis Apolline carmen!
    Quod licet, inter uos nomen habete meum.

V, 4

Litore ab Euxino Nasonis epistula ueni,
    lassaque facta mari lassaque facta uia.
Qui mihi flens dixit: "Tu, cui licet, aspice Romam!
    Heu, quanto melior sors tua sorte mea est!"
Flens quoque me scripsit, nec qua signabar, ad os est 5
    ante, sed ad madidas gemma relata genas.
Tristitiae causam siquis cognoscere quaerit,
    ostendi solem postulat ille sibi,
nec frondem in siluis, nec aperto mollia prato
    gramina, nec pleno flumine cernit aquam; 10
quid Priamus doleat, mirabitur, Hectore rapto,
    quidue Philoctetes ictus ab angue gemat.
Di facerent utinam talis status esset in illo,
    ut non tristitiae causa dolenda foret!
Fert tamen, ut debet, casus patienter amaros, 15
    more nec indomiti frena recusat equi.
Nec fore perpetuam sperat sibi numinis iram,
    conscius in culpa non scelus esse sua.
Saepe refert, sit quanta dei clementia, cuius
    se quoque in exemplis adnumerare solet: 20
nam, quod opes teneat patrias, quod nomina ciuis,
    denique quod uiuat, munus habere dei.
Te tamen, o, si quid credis mihi, carior illi
    omnibus, in toto pectore semper habet;

E, pronunciando o nome de Nasão, algum de vós
    erga o copo misturado com suas lágrimas   50
e, lembrando-se de mim ao olhar todos em torno,
    diga: "Onde está Nasão, há pouco parte de nosso coro?"
Assim seja, se por minha boa-fé mereci vosso favor
    e obra alguma foi ferida por meu juízo,
se, quando venero os versos dos antigos merecidamente,   55
    julgo não serem os recentes inferiores a eles.
Que então façais versos com o favor de Apolo!
    Mantende – isso é lícito – meu nome entre vós.

V, 4

Carta de Nasão, vim das margens do Euxino,
    cansada do mar, cansada do caminho.
Chorando, ele me disse: "Tu, que podes, contempla Roma!
    Ai, quão melhor é tua sorte que a minha!"
Chorando me escreveu, e a gema para selar-me   5
    não levou à boca antes,[308] mas à face úmida.
Se alguém quer conhecer a causa da tristeza,
    o que demanda é que lhe mostrem o sol,
quando não enxerga nem as folhas nas florestas, nem a tenra
    erva em amplo prado, nem a água em rio cheio;   10
admirará que sofra Príamo por Heitor ser arrastado,
    que gema Filoctetes, picado por serpente.
Oxalá os deuses fizessem tal o seu estado,
    que a causa de tristeza não fosse lamentada!
Mas ele suporta resignado, como deve, o amargo fado,   15
    nem recusa o freio qual cavalo indomado.
Nem espera do nume, contra si, a ira eterna,
    pois sabe-se sem crime em sua culpa.
Recorda amiúde quão grande é a clemência do deus,
    em cujos exemplos também se inclui: 20
se mantém os bens pátrios e o título de cidadão,
    se, enfim, vive, considera-o graça do deus.
A ti, porém – se me acreditas, ó amigo o mais querido –
    guarda-te sempre no fundo do peito;

teque Menoetiaden, te, qui comitatus Orestem,   25
　　te uocat Aegiden Euryalumque suum.
Nec patriam magis ille suam desiderat et quae
　　plurima cum patria sentit abesse sibi,
quam uultus oculosque tuos, o dulcior illo
　　melle, quod in ceris Attica ponit apis.   30
Saepe etiam maerens tempus reminiscitur illud,
　　quod non praeuentum morte fuisse dolet;
cumque alii fugerent subitae contagia cladis,
　　nec uellent ictae limen adire domus,
te sibi cum paucis meminit mansisse fidelem,   35
　　si paucos aliquis tresue duosue uocat.
Quamuis attonitus, sensit tamen omnia, nec te
　　se minus aduersis indoluisse suis.
Verba solet uultumque tuum gemitusque referre,
　　et te flente suos emaduisse sinus: 40
quam sibi praestiteris, qua consolatus amicum
　　sis ope, solandus cum simul ipse fores.
Pro quibus affirmat fore se memoremque piumque,
　　siue diem uideat siue tegatur humo,
per caput ipse suum solitus iurare tuumque,   45
　　quod scio non illi uilius esse suo.
Plena tot ac tantis referetur gratia factis,
　　nec sinet ille tuos litus arare boues.
Fac modo, constanter profugum tueare; quod ille,
　　qui bene te nouit, non rogat, ipsa rogo.   50

V, 5

Annuus adsuetum dominae natalis honorem
　　exigit: ite manus ad pia sacra meae.
Sic quondam festum Laertius egerat heros
　　forsan in extremo coniugis orbe diem.
Lingua fauens adsit, nostrorum oblita malorum,   5
　　quae, puto, dedidicit iam bona uerba loqui;
quaeque semel toto uestis mihi sumitur anno,
　　sumatur fatis discolor alba meis;

chama-te Menecíada, e companheiro de Orestes, 25
    chama-te seu Egida e seu Euríalo.[309]
E não deseja sua pátria e as várias coisas
    que com a pátria lhe estão distantes
mais que o teu rosto e o teu olhar, ó mais doce
    que o mel do favo da abelha ática. 30
Amiúde ainda, triste recorda aquele tempo
    que ele lamenta a morte não ter evitado;
embora os outros fugissem do contato com a ruína súbita
    e evitassem o umbral da casa golpeada,
lembra que tu lhe ficaste fiel, como outros poucos, 35
    se alguém chama poucos uns dois ou três.
Ainda que atônito, tudo percebeu: tu,
    não menos que ele, sofrias com sua adversidade.
Recorda tuas palavras, teu rosto e gemidos,
    que tu molharas-lhe o peito com pranto: 40
o quanto o assististe, com que ajuda o consolaste,
    quando tu próprio devias ser consolado.
Por isso te assegura: será grato e devoto,
    ou se vir a luz, ou se a terra o cobrir,
costumou jurar pela própria vida e pela tua, 45
    que sei não lhe ser menos cara que a sua.
Completa gratidão terá por tantos e tamanhos feitos,
    e não consentirá que teus bois arem areias.
Apenas protege o desterrado a todo tempo; isso ele,
    que bem te conhece, não roga, rogo eu. 50

V, 5

O aniversário de minha senhora exige a honra
    habitual: ide, minhas mãos, ao devoto culto.
Assim outrora o herói laércio[310] festejara,
    talvez nos confins do mundo, o dia da esposa.
Que, esquecida de meus males, a língua silencie – 5
    já desaprendeu, julgo, a falar palavras propícias –;
que a veste que visto só uma vez no ano inteiro
    seja vestida – branca, ela difere de meu fado;

araque gramineo uiridis de caespite fiat,
    et uelet tepidos nexa corona focos.
Da mihi tura, puer, pingues facientia flammas,
    quodque pio fusum stridat in igne merum.
Optime Natalis, quamuis procul absumus, opto
    candidus huc uenias dissimilisque meo;
si quod et instabat dominae miserabile uulnus,
    sit perfuncta meis tempus in omne malis;
quaeque graui nuper plus quam quassata procella est,
    quod superest, tutum per mare nauis eat.
Illa domo nataque sua patriaque fruatur –
    erepta haec uni sit satis esse mihi –
quatenus et non est in caro coniuge felix,
    pars uitae tristi cetera nube uacet.
Viuat, ametque uirum, quoniam sic cogitur, absens,
    consumatque annos, sed diuturna, suos.
Adicerem et nostros, sed ne contagia fati
    corrumpant timeo, quos agit ipsa, mei.
Nil homini certum est. Fieri quis posse putaret,
    ut facerem in mediis haec ego sacra Getis?
Aspice ut aura tamen fumos e ture coortos
    in partes Italas et loca dextra ferat.
Sensus inest igitur nebulis, quas exigit ignis:
    consilio fugiunt aethera, Ponte, tuum.
Consilio, commune sacrum cum fiat in ara
    fratribus, alterna qui periere manu,
ipsa sibi discors, tamquam mandetur ab illis,
    scinditur in partes atra fauilla duas.
Hoc, memini, quondam fieri non posse loquebar,
    et me Battiades iudice falsus erat.
Omnia nunc credo, cum tu consultus[76] ab Arcto
    terga, uapor, dederis Ausoniamque petas.
Haec ergo lux est, quae si non orta fuisset,
    nulla fuit misero festa uidenda mihi.
Edidit haec mores illis heroisin aequos,
    quis erat Eetion Icariusque pater.
Nata pudicitia est, uirtus[77] probitasque fidesque,
    at non sunt ista gaudia nata die,

que da terra gramada faça-se verdejante altar
    e que a coroa entrançada orne os tépidos fogos.   10
Dá-me incensos, menino, que façam chamas espessas,
    e vinho que, derramado no fogo devoto, crepite.
Caro Aniversário, embora eu esteja distante, desejo
    que venhas para cá radiante e diverso do meu;
se alguma deplorável chaga afligia minha senhora,   15
    para sempre seja quitada por meus males;
e o barco mais que quebrado por pesada procela
    siga em mar seguro o caminho que falta.
Que ela possa fruir da casa, da filha e de sua pátria –
    já basta tudo isso me ter sido arrancado –   20
e como não é afortunada também no caro esposo,
    que o restante de sua vida se isente de nuvem sombria.
Que ela viva e, ausente, ame o marido, pois assim é obrigada,
    e complete, mas longeva, os seus anos.
Eu acrescentaria ainda os meus, mas temo que o contágio   25
    de meu fado corrompa os anos que ela vive.
Nada é certo para o homem. Quem julgaria me ser possível
    fazer esses cultos em meio aos getas?
Vê, porém, como a brisa carrega a fumaça saída do incenso
    rumo às regiões da Itália e a locais propícios.   30
Há sentimento, então, nas nuvens que o fogo expele:
    de propósito, fogem dos teus ares, ó Ponto.
De propósito, quando é feito no altar um sacrifício comum
    aos irmãos que morreram um pela mão do outro,
o próprio fumo, discorde de si, como se por eles guiado,   35
    fende-se, negro, em duas partes.
Isso, lembro-me, outrora eu dizia ser impossível,
    e o Batíade, a meu ver, era um mentiroso.
Agora acredito em tudo, já que tu, ó fumo, de propósito
    deste as costas para a Ursa e buscas a Ausônia.   40
Este então é o dia que, se não tivesse raiado,
    festa alguma seria vista por mim, infeliz.
Ele rendeu parelho caráter àquelas heroínas
    de que Eécion e Icário eram pais.[311]
Nasceram o pudor, o caráter, a retidão e a lealdade,   45
    mas neste dia não nasceram alegrias,

sed labor et curae fortunaque moribus impar,
    iustaque de uiduo paene querella toro.
Scilicet aduersis probitas exercita rebus
    tristi materiam tempore laudis habet.
Si nihil infesti durus uidisset Vlixes,
    Penelope felix, sed sine laude foret.
Victor Echionias si uir penetrasset in arces,
    forsitan Euadnen uix sua nosset humus.
Cum Pelia genitae tot sint, cur nobilis una est?
    Nempe fuit misero nupta quod una uiro.
Effice ut Iliacas tangat prior alter harenas,
    Laodamia nihil cur referatur erit.
Et tua, quod malles, pietas ignota maneret,
    implerent uenti si mea uela sui.
Di tamen et Caesar dis accessure, sed olim,
    aequarint Pylios cum tua fata dies,
non mihi, qui poenam fateor meruisse, sed illi
    parcite, quae nullo digna dolore dolet.

V, 6

Tu quoque, nostrarum quondam fiducia rerum,
    qui mihi confugium, qui mihi portus eras,
tu quoque suscepti curam dimittis amici,
    officiique pium tam cito ponis onus?
Sarcina sum, fateor, quam si non tempore nostro[78]
    depositurus eras, non subeunda fuit.
Fluctibus in mediis nauem, Palinure, relinquis?
    Ne fuge, neue tua sit minor arte fides.
Numquid Achilleos inter fera proelia fidi
    deseruit leuitas Automedontis equos?
Quem semel excepit, nunquam Podalirius aegro
    promissam medicae non tulit artis opem.
Turpius eicitur, quam non admittitur hospes:
    quae patuit, dextrae firma sit ara meae.
Nil nisi me solum primo tutatus es; at nunc
    me pariter serua iudiciumque tuum,

e sim esforço, aflições e destino desigual ao caráter,
    um justo pranto sobre o leito quase viúvo.
Decerto a retidão agitada por adversidades
    tem matéria de louvor em triste tempo.   50
Se o firme Ulisses não tivesse visto perigo algum,
    Penélope teria sido feliz, mas sem louvor.
Se o marido tivesse penetrado a cidadela equiônia vencedor,
    talvez a custo Evadne seria conhecida na própria terra.
Sendo tantas as filhas de Pélias,[312] por que só uma é famosa?   55
    Decerto porque só uma casou-se com um marido infeliz.
Faz que outro toque primeiro as areias ilíacas,
    Laodâmia não terá por que ser mencionada.
Tua dedicação – preferirias isto – ficaria desconhecida
    se ventos propícios enchessem minhas velas.   60
Ó deuses e César (que há de se unir aos deuses,
    mas quando teu fado igualar os anos de Pilos),
poupai não a mim, que confesso ter merecido a pena,
    mas a ela que, não merecendo, condói-se de dor.

V, 6

Também tu, outrora confiança de meus bens,
    que me eras refúgio, que me eras porto,
também tu renuncias cuidar do amigo que apoiaste
    e tão cedo deixas o bondoso peso da amizade?
Sou um fardo, confesso, mas se fosse para o deixar   5
    no tempo desfavorável, não deverias tê-lo assumido.
Abandonas, Palinuro,[313] o navio em meio às ondas?
    Não fujas, nem seja tua lealdade menor que tua arte.
Acaso a inconstância do leal Automedonte[314] desamparou
    os cavalos de Aquiles entre feros combates?   10
Ao doente que acolheu uma vez, Podalírio[315] sempre
    levou o prometido auxílio da arte médica.
Mais torpe é expulsar o hóspede do que não recebê-lo:
    uma vez aberto, que o altar seja firme para minha destra.
Nada protegeste antes senão a mim; mas agora   15
    conserva igualmente a mim e a teu juízo,

si modo non aliqua est in me noua culpa, tuamque
    mutarunt subito crimina nostra fidem.
Spiritus hic, Scythica quem non bene ducimus aura,
    quod cupio, membris exeat ante meis,
quam tua delicto stringantur pectora nostro,
    et uidear merito uilior esse tibi.
Non adeo toti fatis urgemur iniquis,
    ut mea sit longis mens quoque mota malis.
Finge tamen motam, quotiens Agamemnone natum
    dixisse in Pyladen improba uerba putas?
Nec procul a uero est quin et pulsarit amicum:
    mansit in officiis non minus ille suis.
Hoc est cum miseris solum commune beatis,
    ambobus tribui quod solet obsequium:
ceditur et caecis et quos praetexta uerendos
    uirgaque cum uerbis imperiosa facit.
Si mihi non parcis, fortunae parcere debes:
    non habet in nobis ullius ira locum.
Elige nostrorum minimum minimumque malorum:
    isto, quod quereris,[79] grandius illud erit.
Quam multa madidae celantur[80] harundine fossae,
    florida quam multas Hybla tuetur apes,
quam multae gracili terrena sub horrea ferre
    limite formicae grana reperta solent,
tam me circumstant densorum turba malorum.
    Crede mihi, uero est nostra querella minor.
His qui contentus non est, in litus harenas,
    in segetem spicas, in mare fundat aquas.
Intempestiuos igitur compesce tumores,
    uela neque in medio desere nostra mari.

V, 7

Quam legis, ex illa tibi uenit epistula terra,
    latus ubi aequoreis additur Hister aquis.
Si tibi contingit cum dulci uita salute,
    candida fortunae pars manet una meae.

desde que em mim não haja alguma nova culpa,
  e meus crimes não tenham de súbito mudado tua lealdade.
Este alento, que a custo mantenho em ares cíticos,
  antes deixe os meus membros – desejo isso –　　　　20
do que teu peito se feche diante de meu delito
  e, com razão, eu te pareça desprezível.
Não sou todo a tal ponto oprimido por fado desfavorável
  que também minha mente seja movida por longos males.
Imagina-a, porém, movida, quantas vezes julgas　　　　25
  que o filho de Agamêmnon disse injustas palavras a Pílades?
Não dista da verdade ter ele até batido no amigo:
  este não perdurou menos na amizade.
Só isto há em comum entre infelizes e afortunados:
  a ambos costuma-se atribuir o mesmo respeito –　　　　30
cede-se tanto aos cegos quanto àqueles que, com palavras,
  a pretexta e as fasces consulares tornam veneráveis.
Se não poupas a mim, deves poupar o destino:
  contra mim, não tem lugar a ira de ninguém.
Escolhe o menor dos menores de meus males:　　　　35
  será maior do que esse de que te queixas.
Quantas são as canas que ocultam as fossas úmidas,
  quantas as abelhas que o Hibla[316] florido nutre,
quantas as formigas que em fila estreita carregam
  para galerias subterrâneas os grãos encontrados,　　　　40
tanta é a turba de múltiplos males que estão em torno.
  Acredita: meu lamento é menor que a verdade.
Quem não se contenta com isso, que verta areia na praia,
  espigas no campo e águas no mar.
Reprime, então, a fúria inoportuna,　　　　45
  e não desampara minhas velas no meio do mar.

V, 7

A carta que lês chega a ti desde a terra
  onde o largo Istro se une às águas do mar.
Se estás vivo em doce saúde, ao menos uma parte
  de minha fortuna permanece propícia.

Tristia V

Scilicet, ut semper, quid agam, carissime, quaeris,
　　quamuis hoc uel me scire tacente potes.
Sum miser; haec breuis est nostrorum summa malorum;
　　quisquis et offenso Caesare uiuit, erit.
Turba Tomitanae quae sit regionis et inter
　　quos habitem mores, discere cura tibi est?
Mixta sit haec quamuis inter Graecosque Getasque,
　　a male pacatis plus trahit ora Getis.
Sarmaticae maior Geticaeque frequentia gentis
　　per medias in equis itque reditque uias.
In quibus est nemo, qui non coryton et arcum
　　telaque uipereo lurida felle gerat.
Vox fera, trux uultus, uerissima Martis imago;
　　non coma, non ulla barba resecta manu;
dextera non segnis fixo dare uulnera cultro,
　　quem iunctum lateri barbarus omnis habet.
Viuit in his heu nunc, lusorum oblitus amorum,
　　hos uidet, hos uates audit, amice, tuus:
atque utinam uiuat non et moriatur in illis,
　　absit ab inuisis et tamen umbra locis.
Carmina quod pleno saltari nostra theatro
　　uersibus et plaudi scribis, amice, meis:
nil equidem feci – tu scis hoc ipse – theatris,
　　Musa nec in plausus ambitiosa mea est.
Non tamen ingratum est, quodcumque obliuia nostri
　　impedit et profugi nomen in ora refert.
Quamuis interdum, quae me laesisse recordor,
　　carmina deuoueo Pieridasque meas,
cum bene deuoui, nequeo tamen esse sine illis,
　　uulneribusque meis tela cruenta sequor,
quaeque modo Euboicis lacerata est fluctibus, audet
　　Graia Caphaeream currere puppis aquam.
Nec tamen, ut lauder, uigilo curamque futuri
　　nominis, utilius quod latuisset, ago.
Detineo studiis animum falloque dolores,
　　experior curis et dare uerba meis.
Quid potius faciam desertis solus in oris,
　　quamue malis aliam quaerere coner opem?

Decerto, como sempre, ó querido, perguntas o que faço,   5
   mas podes sabê-lo mesmo que eu me cale.
Sou infeliz; esta é a breve soma de meus males;
   ofendido César, quem quer que viver também o será.
Te interessa saber que turba há na região
   de Tomos e entre que costumes vivo?   10
Embora seja uma mistura de gregos e getas,
   estende-se mais a fronteira dos mal pacificados getas.
Maior multidão de sármatas e getas
   vai e vem a cavalo pelo meio das ruas.
Deles, não há um só que não porte arco, aljava   15
   e dardos pálidos de viperino veneno.
Voz feroz, rude rosto, perfeita imagem de Marte;
   nem cabelo nem barba cortados por mão alguma;
a destra ágil em ferir com firme faca
   que todo bárbaro tem junto ao flanco.   20
Entre estes, ai, já esquecido dos amores gracejados,
   vive teu vate, ó amigo, e os vê e os ouve:
oxalá viva, mas não morra entre eles,
   e a sombra ausente-se dos lugares indesejados.
Escreves que, em teatro cheio, se dançam meus poemas   25
   e que aplaudem, ó amigo, meus versos:
de fato – tu próprio o sabes – nada compus para teatro,
   nem minha Musa ambiciona aplausos.
Não é desagradável, porém, tudo que impede o olvido
   de mim e traz nos lábios o nome do desterrado.   30
Embora às vezes, ao recordar que me lesaram,
   eu amaldiçoe os poemas e minhas Piérides,
tão logo os amaldiçoei, não posso estar sem eles,
   busco os sangrentos dardos de minhas feridas,
e, há pouco espedaçada por ondas eubeias,   35
   a popa grega ousa sulcar a água cafareia.
Mas não vigilo por louvor nem me aflijo em eternizar
   meu nome, mais útil teria sido ocultá-lo.
Detenho o ânimo na poesia e engano as dores,
   tento tapear também minhas aflições.   40
O que mais posso fazer, sozinho em regiões desertas,
   que outro auxílio tentar buscar para os males?

Siue locum specto, locus est inamabilis, et quo
    esse nihil toto tristius orbe potest,
siue homines, uix sunt homines hoc nomine digni, 45
    quamque lupi, saeuae plus feritatis habent.
Non metuunt leges, sed cedit uiribus aequum,
    uictaque pugnaci iura sub ense iacent.
Pellibus et laxis arcent mala frigora bracis,
    oraque sunt longis horrida tecta comis. 50
In paucis extant Graecae uestigia linguae,
    haec quoque iam Getico barbara facta sono.
Vnus in hoc nemo est populo, qui forte Latine
    quaelibet e medio reddere uerba queat.
Ille ego Romanus uates – ignoscite, Musae! – 55
    Sarmatico cogor plurima more loqui.
Et pudet et fateor, iam desuetudine longa
    uix subeunt ipsi uerba Latina mihi.
Nec dubito quin sint et in hoc non pauca libello
    barbara: non hominis culpa, sed ista loci. 60
Ne tamen Ausoniae perdam commercia linguae,
    et fiat patrio uox mea muta sono,
ipse loquor mecum desuetaque uerba retracto,
    et studii repeto signa sinistra mei.
Sic animum tempusque traho, sic meque reduco 65
    a contemplatu summoueoque mali.
Carminibus quaero miserarum obliuia rerum:
    praemia si studio consequar ista, sat est.

V, 8

Non adeo cecidi, quamuis abiectus, ut infra
    te quoque sim, inferius quo nihil esse potest.
Quae tibi res animos in me facit, improbe? Curue
    casibus insultas, quos potes ipse pati?
Nec mala te reddunt mitem placidumque iacenti 5
    nostra, quibus possint inlacrimare ferae.
Nec metuis dubio Fortunae stantis in orbe
    numen, et exosae uerba superba deae.

Se observo o lugar, o lugar é abominável e nada
    em todo o mundo pode ser mais triste que ele;
se os homens, mal são dignos desse nome   45
    e mais ferozes e cruéis que os lobos.
Não temem as leis, mas a justiça cede às forças,
    e o direito jaz vencido sob belicosa espada.
Com peles e largas bragas evitam o frio penoso,
    e a face selvagem se cobre de longos cabelos.   50
Em poucos subsistem traços da língua grega,
    também ela fez-se bárbara com o sotaque gético.
Ninguém há neste povo capaz de passar
    para latim qualquer palavra de uso comum.
Eu, vate romano – Musas, perdoai! –   55
    sou obrigado a muito falar ao modo sármata.
Envergonha, mas confesso: por longo desuso,
    a custo restam, mesmo a mim, palavras latinas.
Não duvido haver também neste livrinho não poucas
    palavras bárbaras: culpa não do homem, mas do lugar.   60
Para não perder a relação com a língua ausônia,
    e minha voz não se emudecer no pátrio som,
eu próprio converso comigo e relembro palavras não usuais,
    retomo as sinistras insígnias de minha paixão.
Assim arrasto o tempo e o ânimo, assim me retiro   65
    e me aparto da contemplação dos males.
Com poemas busco olvidar as desventuras:
    se este prêmio eu atingir com a poesia, já basta.

V, 8

Mesmo prostrado em terra, não caí tanto a ponto
    de estar abaixo de ti, inferior a todos.
O que te inflama o ânimo contra mim, ó perverso?
    Por que insultas infortúnios que tu próprio podes sofrer?
Nem meus males, que poderiam fazer feras chorarem,   5
    te tornam doce e plácido com este jacente.
Nem temes o poder da Fortuna sobre a roda instável,
    nem da deusa que odeia palavras soberbas.

Exigit a dignis ultrix Rhamnusia poenas!
    Imposito calcas quid mea fata pede?
Vidi ego naufragium qui risit in aequore mergi,
    et "Numquam", dixi, "iustior unda fuit."
Vilia qui quondam miseris alimenta negarat,
    nunc mendicato pascitur ipse cibo.
Passibus ambiguis Fortuna uolubilis errat
    et manet in nullo certa tenaxque loco,
sed modo laeta uenit, uultus modo sumit acerbos,
    et tantum constans in leuitate sua est.
Nos quoque floruimus, sed flos erat ille caducus,
    flammaque de stipula nostra breuisque fuit.
Neue tamen tota capias fera gaudia mente,
    non est placandi spes mihi nulla dei,
uel quia peccaui citra scelus, utque pudore
    non caret, inuidia sic mea culpa caret,
uel quia nil ingens ad finem solis ab ortu
    illo, cui paret, mitius orbis habet.
Scilicet ut non est per uim superabilis ulli,
    molle cor ad timidas sic habet ille preces,
exemploque deum, quibus accessurus et ipse est,
    cum poenae uenia plura roganda petam.
Si numeres anno soles et nubila toto,
    inuenies nitidum saepius esse diem.
Ergo ne nimium nostra laetere ruina,
    restitui quondam me quoque posse puta.
Posse puta fieri lenito principe uultus
    ut uideas media tristis in Vrbe meos,
utque ego te uideam causa grauiore fugatum!
    Haec sunt a primis proxima uota meis.

V, 9

O tua si sineres in nostris nomina poni
    carminibus, positus quam mihi saepe fores!

Ramnúsia[317] vingadora pune os que merecem!
  Por que calcas meus fados com pé sobreposto? 10
Bem vi quem zombou do naufrágio afogar-se no mar,
  e "nunca", eu disse, "a onda foi mais justa".
Quem outrora negara comida ordinária aos infelizes
  agora se nutre ele próprio com alimento mendigado.
Com passos dúbios a Fortuna volúvel vaga 15
  sem permanecer certa e sólida em lugar nenhum,
mas ora vem alegre, ora assume feições amargas,
  e é constante apenas em sua inconstância.
Também eu floresci, mas era flor efêmera,
  minha chama foi breve, um fogo de palha. 20
Para que não enchas toda a mente com feras alegrias,
  tenho alguma esperança de aplacar o deus,
ou porque minha falha fica aquém de um crime, e assim como
  não carece de pudor, de ódio carece minha culpa,
ou porque o mundo imenso, do nascer ao pôr do sol, 25
  não tem nada mais doce que aquele a quem obedece.
E assim como pela força decerto ninguém o supera,
  ele tem um coração mole às temerosas súplicas
e, pelo exemplo dos deuses, aos quais haverá de se unir,
  pedirei, além do perdão de minha pena, outros favores. 30
Se contares os sóis e as nuvens no ano inteiro,
  descobrirás que a maioria dos dias é límpida.
Não te alegres demasiado, então, como minha ruína,
  pensa que um dia também eu possa ser restituído.
Abrandado o príncipe, pensa que pode acontecer 35
  de tu, triste, veres meu rosto no meio da Urbe
e de eu te ver desterrado por causa mais grave!
  Esses são os votos seguintes aos meus primeiros.

V, 9

Ó, se me deixasses pôr teu nome em meus poemas,
  quão amiúde eu o teria posto!

Tristia V

Te canerem solum, meriti memor, inque libellis
    creuisset sine te pagina nulla meis.
Quid tibi deberem, tota sciretur in Vrbe,
    exul in amissa si tamen Vrbe legor.
Te praesens mitem nosset, te serior aetas,
    scripta uetustatem si modo nostra ferunt.
Nec tibi cessaret doctus bene dicere lector.
    Hic te seruato uate maneret honor.
Caesaris est primum munus, quod ducimus auras;
    gratia post magnos est tibi habenda deos.
Ille dedit uitam; tu, quam dedit ille, tueris,
    et facis accepto munere posse frui.
Cumque perhorruerit casus pars maxima nostros,
    pars etiam credi pertimuisse uelit,
naufragiumque meum tumulo spectarit ab alto,
    nec dederit nanti per freta saeua manum,
seminecem Stygia reuocasti solus ab unda.
    Hoc quoque, quod memores possumus esse, tuum est.
Di tibi se tribuant cum Caesare semper amicos:
    non potuit uotum plenius esse meum.
Haec meus argutis, si tu paterere, libellis
    poneret in multa luce uidenda labor;
nunc quoque se, quamuis est iussa quiescere, quin te
    nominet inuitum, uix mea Musa tenet.
Vtque canem pauidae nactum uestigia ceruae
    latrantem frustra copula dura tenet,
utque fores nondum reserati carceris acer
    nunc pede, nunc ipsa fronte lacessit equus,
sic mea lege data uincta atque inclusa Thalia
    per titulum uetiti nominis ire cupit.
Ne tamen officio memoris laedaris amici,
    parebo iussis – parce timere – tuis.
At non parerem, si non me meminisse putares.
    Hoc quod non prohibet uox tua, gratus ero.
Dumque – quod o breue sit! – lumen uitale uidebo,
    seruiet officio spiritus iste tuo.

Tristezas V

Só a ti eu cantaria, lembrado de teu merecimento,
    e em meus livrinhos folha alguma cresceria sem ti.
Em toda Roma se saberia o quanto te devo, 5
    se, exilado, ainda sou lido na afastada Roma.
O presente te conheceria bondoso, o futuro te conheceria,
    se ao menos meus escritos resistirem ao tempo.
O douto leitor não cessaria de te bendizer.
    Por proteger o vate, te ficaria essa honra. 10
A primeira graça – que eu viva – é de César;
    depois dos grandes deuses, tu terás minha gratidão.
Ele me deu a vida, tu defendes o que ele me deu
    e fazes que eu possa fruir a graça recebida.
Quando muitos tiveram horror de meus infortúnios, 15
    alguns quiseram fazer acreditar tê-los temido,
observando de alta colina ao meu naufrágio
    sem estender a mão ao nadador em águas cruéis;
só tu chamaste de volta da água estígia o semimorto.
    Também isto – que eu possa me lembrar – é teu. 20
Que os deuses e César te concedam sempre sua amizade:
    meu voto não poderia ser mais completo.
Tudo isso, se permitisses, meu esforço colocaria
    em argutos livrinhos, para ser visto em plena luz;
agora também minha Musa, embora ordenada ao repouso, 25
    a custo contém-se para não te nomear contra tua vontade.
Como o cão que encontrou pegadas do temeroso cervo,
    latindo em vão, é retido por firme coleira,
como o enérgico cavalo bate as portas das baias
    ainda fechadas, ora com o pé, ora com a própria fronte, 30
assim minha Tália, vencida e encerrada por lei imposta,
    deseja celebrar vedado nome.
Porém, para não seres ferido pelo dever de lembrado amigo,
    obedecerei – deixa de temer – às tuas ordens.
Mas não obedeceria se pensasses que não me lembrei. 35
    Serei grato – isso tua voz não proíbe.
E enquanto eu vir a luz da vida – ó, seja isso breve! –
    meu espírito servirá à tua amizade.

V, 10

Vt sumus in Ponto, ter frigore constitit Hister,
    facta est Euxini dura ter unda maris.
At mihi iam uideor patria procul esse tot annis,
    Dardana quot Graio Troia sub hoste fuit.
Stare putes, adeo procedunt tempora tarde,
    et peragit lentis passibus annus iter.
Nec mihi solstitium quicquam de noctibus aufert,
    efficit angustos nec mihi bruma dies.
Scilicet in nobis rerum natura nouata est,
    cumque meis curis omnia longa facit.
An peragunt solitos communia tempora motus,
    suntque magis uitae tempora dura meae,
quem tenet Euxini mendax cognomine litus,
    et Scythici uere terra sinistra freti?
Innumerae circa gentes fera bella minantur,
    quae sibi non rapto uiuere turpe putant.
Nil extra tutum est: tumulus defenditur ipse
    moenibus exiguis ingenioque loci.
Cum minime credas, ut aues, densissimus hostis
    aduolat, et praedam uix bene uisus agit.
Saepe intra muros clausis uenientia portis
    per medias legimus noxia tela uias.
Est igitur rarus, rus qui colere audeat, isque
    hac arat infelix, hac tenet arma manu.
Sub galea pastor iunctis pice cantat auenis,
    proque lupo pauidae bella uerentur oues.
Vix ope castelli defendimur; et tamen intus
    mixta facit Graecis barbara turba metum.
Quippe simul nobis habitat discrimine nullo
    barbarus et tecti plus quoque parte tenet.
Quos ut non timeas, possis odisse uidendo
    pellibus et longa corpora tecta coma.
Hos quoque, qui geniti Graia creduntur ab urbe,
    pro patrio cultu Persica braca tegit.
Exercent illi sociae commercia linguae:
    per gestum res est significanda mihi.

V, 10

Desde que estou no Ponto, três vezes congelou-se o Istro com o frio,
    três vezes endureceu a água do mar Euxino.
Mas, para mim, pareço estar longe da pátria tantos anos
    quantos a dárdana Troia esteve sob o inimigo grego.
Diriam que o tempo está parado ou avança com vagar,   5
    e o ano completa o percurso com passos lentos.
Para mim, o solstício em nada encurta as noites,
    para mim, o inverno em nada estreita os dias.
Decerto renovou-se em mim a natureza das coisas
    e faz com que tudo se alongue com minhas aflições.   10
Acaso o tempo comum completa os movimentos usuais
    e o tempo de minha vida é mais duro,
a mim, retido pelo litoral do Euxino de falso nome
    e pela terra, de fato sinistra, do mar cítico?
Inúmeros povos ao redor ameaçam feras guerras,   15
    julgam torpe para si viver sem rapina.
De fora, nada é seguro: a própria colina é defendida
    por ínfimas muralhas e pela natureza do lugar.
Embora pouco se creia, o numeroso inimigo, como aves,
    voa e, visto a custo, toma a presa.   20
Fechadas as portas, amiúde colhemos dentro dos muros
    flechas nocivas que chegam pelo meio das ruas.
É raro quem ouse cultivar o campo; este infeliz
    ara com uma mão, com a outra empunha as armas.
Sob o elmo, o pastor toca flautas unidas com pez,   25
    as medrosas ovelhas temem as guerras, não o lobo.
A custo defende-nos a proteção da fortaleza, e dentro
    bárbara turba misturada com gregos inspira medo.
Sem qualquer distinção, junto de nós habita
    o bárbaro, e ainda detém a maior parte das casas.   30
Embora não os temas, podes ter aversão ao ver
    os corpos cobertos de pelos e a longa cabeleira.
Também os que se creem gerados em cidade grega,
    cobrem-nos uma braga persa, e não o traje pátrio.
Eles compartilham uma língua comum: 35
    por gestos devo me exprimir.

Barbarus hic ego sum, qui non intellegor ulli,
    et rident stolidi uerba Latina Getae;
meque palam de me tuto male saepe loquuntur,
    forsitan obiciunt exiliumque mihi.   40
Vtque fit, in me aliquid, si quid dicentibus illis
    abnuerim quotiens adnuerimque, putant.
Adde quod iniustum rigido ius dicitur ense,
    dantur et in medio uulnera saepe foro.
O duram Lachesin, quae tam graue sidus habenti   45
    fila dedit uitae non breuiora meae!
Quod patriae uultu uestroque caremus, amici,
    atque hic in Scythicis gentibus esse queror:
utraque poena grauis. Merui tamen Vrbe carere,
    non merui tali forsitan esse loco.   50
Quid loquor, a! demens? Ipsam quoque perdere uitam,
    Caesaris offenso numine, dignus eram.

V, 11

Quod te nescio quis per iurgia dixerit esse
    exulis uxorem, littera questa tua est.
Indolui, non tam mea quod fortuna male audit,
    qui iam consueui fortiter esse miser,
quam quod, cui minime uellem, sum causa pudoris,   5
    teque reor nostris erubuisse malis.
Perfer et obdura! Multo grauiora tulisti,
    eripuit cum me principis ira tibi.
Fallitur iste tamen, quo iudice nominor exul:
    mollior est culpam poena secuta meam.   10
Maxima poena mihi est ipsum offendisse, priusque
    uenisset mallem funeris hora mihi.
Quassa tamen nostra est, non mersa nec obruta nauis;
    utque caret portu, sic tamen extat aquis.
Nec uitam nec opes nec ius mihi ciuis ademit,   15
    qui[81] merui uitio perdere cuncta meo.
Sed quia peccato facinus non adfuit illi,
    nil nisi me patriis iussit abesse focis.

Bárbaro aqui sou eu, que ninguém entende,
    e os getas estúpidos riem das palavras latinas;
em minha presença, amiúde falam mal de mim a salvo,
    talvez lançam-me à cara o exílio.   40
E, como sucede, sempre que discordo ou concordo
    com o que dizem, me interpretam mal.
Acresce que rija espada dita injusta justiça
    e, no meio da praça, amiúde se fazem feridas.
Ó dura Láquesis,[318] que ao possuidor de tão penosa estrela   45
    não deu fio mais breve à minha vida!
Careço do rosto da pátria e do vosso, ó amigos,
    e me queixo de estar aqui entre os povos cíticos:
ambas penosas penas. Mereci carecer de Roma,
    mas não mereci, talvez, estar em tal lugar.   50
O que digo, ah, insano? Ofendido o poder de César,
    eu era digno de perder a própria vida.

V, 11

Tua carta queixou-se de que não sei quem, em litígio,
    chamou-te esposa de um exilado.
Sofri não tanto pela má reputação de minha fortuna –
    já me habituei a ser forte na desventura –
mas porque, a quem menos desejo, sou causa de vergonha,   5
    e penso que coraste por causa dos meus males.
Tolera e resiste! Suportaste coisas muito mais penosas
    quando a ira do príncipe me arrebatou de ti.
Mas se engana o juiz que me nomeia exilado:
    é mais branda a pena que se seguiu à minha culpa.   10
Minha maior pena é tê-lo ofendido, e antes
    prefeririia que me tivesse chegado a hora da morte.
Meu navio foi quebrado, não submerso ou destruído;
    assim como carece de porto, ainda subsiste nas águas.
Nem a vida, nem os bens, nem a cidadania ele me tomou,   15
    a mim que mereci perder tudo por meu erro.
Mas, como meu ato não constituiu delito,
    nada, senão distar dos fogos pátrios, ele me ordenou.

Vtque aliis, quorum numerum comprendere non est,
    Caesareum numen sic mihi mite fuit.   20
Ipse relegati, non exulis utitur in me
    nomine: tuta suo iudice causa mea est.
Iure igitur laudes, Caesar, pro parte uirili
    carmina nostra tuas qualiacumque canunt;
iure deos, ut adhuc caeli tibi limina claudant,   25
    teque uelint sine se comprecor, esse deum.
Optat idem populus; sed, ut in mare flumina uastum,
    sic solet exiguae currere riuus aquae.
At tu fortunam, cuius uocor exul ab ore,
    nomine mendaci parce grauare meam!   30

V, 12

Scribis, ut oblectem studio lacrimabile tempus,
    ne pereant turpi pectora nostra situ.
Difficile est quod, amice, mones, quia carmina laetum
    sunt opus et pacem mentis habere uolunt.
Nostra per aduersas agitur fortuna procellas,   5
    sorte nec ulla mea tristior esse potest.
Exigis ut Priamus natorum in funere plaudat,[82]
    et Niobe festos ducat ut orba choros.
Luctibus an studio uideor debere teneri,
    solus in extremos iussus abire Getas?   10
Des licet in ualido pectus mihi robore fultum,
    fama refert Anyti quale fuisse reo,
fracta cadet tantae sapientia mole ruinae:
    plus ualet humanis uiribus ira dei.
Ille senex, dictus sapiens ab Apolline, nullum   15
    scribere in hoc casu sustinuisset opus.
Vt ueniant patriae, ueniant obliuia uestri,
    omnis et amissi sensus abesse queat,
at timor officio fungi uetat ipse quietum:
    cinctus ab innumero me tenet hoste locus.   20
Adde quod ingenium longa rubigine laesum
    torpet et est multo, quam fuit ante, minus.

Como a outros, cujo número é incontável,
    também a mim foi brando o poder de César.　　20
Ele próprio atribui-me o nome de relegado,
    não exilado: minha causa está segura em seu juízo.
Com direito, meus poemas, mesmo ruins, com sua força
    cantam-te louvores, ó César;
com direito, rogo aos deuses que ainda te fechem　　25
    as portas do céu e queiram que sejas deus sem eles.
O povo deseja o mesmo; mas assim como rios correm
    ao vasto mar, o riacho corre com ínfima água.
Mas tu, por cuja boca sou chamado exilado,
    deixa de manchar minha fortuna com nome falso!　　30

V, 12

Escreves para eu entreter o tempo choroso com poesia,
    para meu ânimo não perecer em torpe inação.
Difícil é o que aconselhas, amigo, pois poemas
    são obra alegre e exigem paz de espírito.
Minha sina é agitada por hostis procelas,　　5
    e sorte alguma é mais triste que a minha.
Exiges que Príamo aplauda no funeral dos filhos,
    e Níobe, sem sua prole, festiva dance.
Com prantos ou poemas devo me ocupar,
    condenado a ir sozinho aos longínquos getas?　　10
Mesmo que me dês um ânimo de forte firmeza,
    qual – diz a fama – foi o do réu de Ânito,[319]
o saber se esfacelará sob tamanho acúmulo de ruína:
    mais que forças humanas pode a ira do deus.
Aquele velho, nomeado sábio por Apolo,[320] obra alguma　　15
    suportaria escrever se em meu infortúnio.
Mesmo que eu olvide a pátria, que eu vos olvide,
    e que me falte todo o sentimento de perda,
é o temor que me impede de cumprir os deveres sossegado:
    retém-me um lugar de inimigos inúmeros cercado.　　20
Acresce que meu engenho, estragado e enferrujado,
    entorpece e é bem menor do que foi antes.

Fertilis, assiduo si non renouatur aratro,
    nil nisi cum spinis gramen habebit ager.
Tempore qui longo steterit, male curret et inter   25
    carceribus missos ultimus ibit equus.
Vertitur in teneram cariem rimisque dehiscit,
    siqua diu solitis cumba uacabit aquis.
Me quoque despera, fuerim cum paruus et ante,
    illi, qui fueram, posse redire parem.   30
Contudit ingenium patientia longa malorum,
    et pars antiqui nulla uigoris adest.
Siqua tamen nobis, ut nunc quoque, sumpta tabella est
    inque suos uolui cogere uerba pedes,
carmina nulla mihi sunt scripta, aut qualia cernis,   35
    digna sui domini tempore, digna loco.
Denique non paruas animo dat gloria uires,
    et fecunda facit pectora laudis amor.
Nominis et famae quondam fulgore trahebar,
    dum tulit antemnas aura secunda meas.   40
Non adeo est bene nunc ut sit mihi gloria curae:
    si liceat, nulli cognitus esse uelim.
An quia cesserunt primo bene carmina, suades
    scribere, successus ut sequar ipse meos?
Pace, nouem, uestra liceat dixisse, Sorores: 45
    uos estis nostrae maxima causa fugae.
Vtque dedit iustas tauri fabricator aeni,
    sic ego do poenas artibus ipse meis.
Nil mihi debebat cum uersibus amplius esse,
    cum fugerem merito naufragus omne fretum.   50
At, puto, si demens studium fatale retemptem,
    hic mihi praebebit carminis arma locus.
Non liber hic ullus, non qui mihi commodet aurem,
    uerbaque significent quid mea, norit, adest.
Omnia barbariae loca sunt uocisque ferinae,   55
    omnia sunt Getici[83] plena timore soni.
Ipse mihi uideor iam dedidicisse Latine:
    iam didici Getice Sarmaticeque loqui.
Nec tamen, ut uerum fatear tibi, nostra teneri
    a componendo carmine Musa potest.   60

Fértil, se não lavrado por constante arado,
 nada terá o campo, senão erva e espinhos.
Correrá pouco o cavalo há muito inativo 25
 e será o último a sair das baias.
Torna-se podre caruncho e abre-se em fendas
 a barca que muito se ausentar das águas habituais.
Também eu, pequeno embora antes, não esperes
 que eu volte a ser igual a quem eu fora. 30
Sofrer tantos males esmagou-me o engenho,
 e nada mais resta do antigo vigor.
Se, porém, como agora, tomei uma tabuinha
 e quis submeter as palavras a seus pés,
nenhum poema escrevo, só estes que vês, 35
 dignos deste tempo, dignos deste lugar.
Sim, a glória dá ao espírito não poucas forças,
 e o amor ao louvor faz fecundos os ânimos.
Outrora me impelia a centelha de fama e renome,
 quando uma aura propícia soprou minhas velas. 40
Agora, estou tão mal, que tenho a glória da aflição:
 se possível, queria que ninguém me conhecesse.
Porque antes prosperaram meus poemas, persuades-me
 a escrever, para eu mesmo perseguir meu êxito?
Com vossa permissão, nove Irmãs, eu diria: 45
 sois a causa maior de meu desterro.
Como o construtor do brônzeo touro[321] sofreu justas penas,
 assim eu próprio sofro as penas de minha arte.
Nada mais eu devia ter com a poesia;
 náufrago, com razão eu fugia de todo mar. 50
Mas se, demente, eu retomar a fatal ocupação,
 este lugar, creio, me dará as armas do poema.
Aqui não há livros, nem quem me dê ouvidos
 ou entenda o que dizem minhas palavras.
Todos os locais são barbárie e línguas selvagens, 55
 todos estão cheios com o medo dos ruídos getas.
Eu mesmo pareço que desaprendi o latim:
 falar aprendi já em gético e sarmático.
Confesso-te, porém, a verdade: minha Musa
 não consegue se abster de compor poemas. 60

Scribimus et scriptos absumimus igne libellos:
    exitus est studii parua fauilla mei.
Nec possum et cupio non nullos ducere uersus:
    ponitur idcirco noster in igne labor,
nec nisi pars casu flammis erepta doloue   65
    ad uos ingenii peruenit ulla mei.
Sic utinam, quae nil metuentem tale magistrum
    perdidit, in cineres Ars mea uersa foret!

V, 13

Hanc tuus e Getico mittit tibi Naso salutem,
    mittere si quisquam, quo caret ipse, potest.
Aeger enim traxi contagia corpore mentis,
    libera tormento pars mihi ne qua uacet;
perque dies multos lateris cruciatibus uror,   5
    saeua quod inmodico[84] frigore laesit hiems.
Si tamen ipse uales, aliqua nos parte ualemus:
    quippe mea est umeris fulta ruina tuis.
Quid, mihi cum dederis ingentia pignora, cumque
    per numeros omnes hoc tueare caput,   10
quod tua me raro solatur epistula, peccas?
    Remque piam praestas, si mihi uerba negas?
Hoc, precor, emenda! Quod si correxeris unum,
    nullus in egregio corpore naeuus erit.
Pluribus accusem, fieri nisi possit, ut ad me   15
    littera non ueniat, missa sit illa tamen.
Di faciant, ut sit temeraria nostra querella,
    teque putem falso non meminisse mei!
Quod precor, esse liquet: neque enim mutabile robur
    credere me fas est pectoris esse tui.   20
Cana prius gelido desint absinthia Ponto,
    et careat dulci Trinacris Hybla thymo,
inmemorem quam te quisquam conuincat amici.
    Non ita sunt fati stamina nigra mei.
Tu tamen, ut possis falsae quoque pellere culpae   25
    crimina, quod non es, ne uideare, caue.

Escrevo e destruo no fogo os livros escritos:
  parcas cinzas são o êxito do meu ofício.
Não posso, mas desejo traçar alguns versos:
  por isso o meu esforço é posto no fogo
e não vos chega parte alguma do meu engenho, 65
  senão a furtada às chamas por dolo ou acaso.
Ah, quisera eu ter feito pó daquela minha *Arte*,
  que arruinou seu mestre desprevenido!

V, 13

Teu Nasão envia-te "Saúde!" desde a terra gética,
  se é que alguém pode enviar aquilo de que carece.
Doente na mente, contagiei também o corpo,
  para nenhuma parte minha se isentar de tormento;
por muitos dias ardo de dor no flanco, 5
  pois, cruel, com excessivo frio o inverno feriu.
Mas se tu passas bem, passo bem, em alguma medida:
  de fato, minha ruína apoiou-se em teus ombros.
Por que, tendo-me dado tamanha garantia
  e defendido esta vida por todas as formas, 10
falhas em raro me consolar em tua carta?
  Cumpres teu dever, se me negas tuas palavras?
Emenda, imploro, isso! Pois se corrigires só esta,
  nenhuma mancha haverá no ilustre corpo.
Farei mais acusações, a menos que possa acontecer 15
  de uma carta não chegar até mim, ainda que enviada.
Queiram os deuses que minha queixa seja infundada,
  e eu erre ao pensar que não te lembras de mim!
O que imploro é claro que existe: não é justo eu crer
  que a firmeza de teu peito seja mutável. 20
Antes se ausentem do gélido Ponto os brancos absintos
  e o Hibla trinácrio careça de doce timo
do que alguém te convença a esquecer o amigo.
  Não são tão negros os fios de meu fado.
Mas tu, para que possas afastar acusações de culpa 25
  também falsa, cuidado para não pareceres o que não és.

Vtque solebamus consumere longa loquendo
    tempora, sermonem deficiente die,
sic ferat ac referat tacitas nunc littera uoces,
    et peragant linguae charta manusque uices. 30
Quod fore ne nimium uidear diffidere, sitque
    uersibus hoc paucis admonuisse satis,
accipe quo semper finitur epistula uerbo,
    atque meis distent ut tua fata, uale!

V, 14

Quanta tibi dederim nostris monumenta libellis,
    o mihi me coniunx carior, ipsa uides.
Detrahat auctori multum fortuna licebit,
    tu tamen ingenio clara ferere meo;
dumque legar, pariter mecum tua fama legetur, 5
    nec potes in maestos omnis abire rogos.
Cumque uiri casu possis miseranda uideri,
    inuenies aliquas, quae, quod es, esse uelint,
quae te, nostrorum cum sis in parte malorum,
    felicem dicant inuideantque tibi. 10
Non ego diuitias dando tibi plura dedissem:
    nil feret ad Manes diuitis umbra suos.
Perpetui fructum donaui nominis idque,
    quo dare nil potui munere maius, habes.
Adde quod, ut rerum sola es tutela mearum, 15
    ad te non parui uenit honoris onus,
quod numquam uox est de te mea muta tuique
    indiciis debes esse superba uiri.
Quae ne quis possit temeraria dicere, persta,
    et pariter serua meque piamque fidem. 20
Nam tua, dum stetimus, turpi sine crimine mansit,
    et tantum probitas inreprehensa fuit.
Area de nostra nunc est tibi facta ruina:
    conspicuum uirtus hic tua ponat opus.
Esse bonam facile est, ubi, quod uetet esse, remotum est, 25
    et nihil officio nupta quod obstet habet.

Assim como passávamos longo tempo conversando,
    findando o dia antes da prosa,
agora a carta leve e traga vozes silentes,
    e o papiro e a mão falem no lugar da língua. 30
Para eu não parecer desconfiar demasiado do ocorrido
    e bastar tê-lo lembrado em poucos versos,
recebe o dito que sempre encerra a carta
    e, para teu fado distar do meu, passa bem!

V, 14

Quão grande monumento te ergui em meus livrinhos,
    vês tu mesma, ó minha muito cara esposa.
A Fortuna poderá arrancar muito ao autor,
    tu, porém, te tornarás ilustre por meu engenho;
enquanto eu for lido, será lida tua fama comigo, 5
    e não partirás por inteiro em tristes piras.
Embora pareças deplorável pelo infortúnio do marido,
    acharás mulheres que desejarão ser o que és,
as quais, mesmo que partilhes meus males,
    te dirão ditosa e te invejarão. 10
Muito eu não teria dado dando-te riquezas:
    a alma do rico nada levará aos Manes.
Concedi-te o proveito de um nome imortal,
    e tens o maior dom que eu pude te dar.
Acresce que, única tutela de meus bens, 15
    a ti chega um encargo de não pouca honra,
pois minha voz nunca está muda sobre ti,
    e deves te orgulhar das provas de teu marido.
Para ninguém as dizer temerárias, persiste,
    e conserva tanto a mim quanto a tua fiel lealdade. 20
Enquanto prosperei, permaneceu sem torpe crime
    tua virtude e foi mais que irrepreensível.
Agora, de minha ruína fizeste carreira:
    tua virtude erga aqui uma obra notável.
Ser digna é fácil quando nada o impede, 25
    e nada se opõe ao dever de uma esposa.

Cum deus intonuit, non se subducere nimbo,
  id demum est pietas, id socialis amor.
Rara quidem uirtus, quam non Fortuna gubernet,
  quae maneat stabili, cum fugit illa, pede.
Siqua tamen pretii sibi merces ipsa petiti,[85]
  inque parum laetis ardua rebus adest,
ut tempus numeres, per saecula nulla tacetur,
  et loca mirantur qua patet orbis iter.
Aspicis ut longo teneat laudabilis aeuo
  nomen inextinctum Penelopea fides?
Cernis ut Admeti cantetur et Hectoris uxor
  ausaque in accensos Iphias ire rogos?
Vt uiuat fama coniunx Phylaceia, cuius
  Iliacam celeri uir pede pressit humum?
Morte nihil opus est pro me, sed amore fideque:
  non ex difficili fama petenda tibi est.
Nec te credideris, quia non facis, ista moneri:
  uela damus, quamuis remige nauis[86] eat.
Qui monet ut facias, quod iam facis, ille monendo
  laudat et hortatu comprobat acta suo.

Quando o deus trovejou, não se furtar aos nimbos:
   isso é entrega, isso é amor conjugal.
Rara é a virtude que a Fortuna não governa,
   que fica de pé firme quando essa foge.   30
Mas se ela tem em si a própria recompensa buscada
   e se eleva nas situações pouco alegres,
mesmo que contes o tempo, em época alguma se silencia,
   e admiram-na por onde se abre a via do mundo.
Vês como ao longo do tempo a louvável lealdade   35
   de Penélope³²² mantém inapagável renome?
Vês como se celebram a esposa de Admeto³²³ e a de Heitor,³²⁴
   e a Ífiade³²⁵ que ousou entrar em abrasadas piras?
Como vive na fama a esposa filaceia,³²⁶ cujo marido
   fincou o pé veloz em solo ilíaco?   40
Não preciso de que morras por mim, mas de amor e lealdade:
   não deves buscar tua fama na dificuldade.
Não creias que te exorto a essas coisas porque não as fazes:
   dou velas, mesmo que o barco seja a remos.
Quem te exorta a fazer o que já fazes, louva   45
   ao exortar, e aprova os feitos com o conselho.

NOTAS

1 Preferimos a forma nas edições da Loeb e da Les Belles Lettres, em vez do *ipse* presente no texto-base.
2 Optamos aqui pela forma *abest*, presente na edição da Garzanti, em lugar do *obest* registrado no texto-base.
3 Adotamos aqui a lição da edição da Les Belles Lettres, em lugar do *morae* presente no texto-base.
4 Optamos pelas formas *quam* [...] *pendere* registradas na edição revista da Coleção Loeb (1996), em lugar de *quantam* [...] *perdere* presentes no texto-base.
5 Preferimos a forma presente na edição revista da Coleção Loeb (1996), na Garzanti e na Les Belles Lettres, em detrimento do *piis* registrado no texto-base.
6 Preferimos a lição nas edições da Loeb e da Les Belles Lettres, em lugar da forma *pulsu* do texto-base.
7 Em lugar do *tibi di* registrado no texto-base, optamos pela forma *et opis* presente na edição revista da Coleção Loeb (1996).
8 Preferimos a grafia *omnes* para o acusativo plural, em lugar da forma *omnis* do texto-base.
9 Optamos pela lição presente tanto na edição da Les Belles Lettres quanto na edição mais recente da Coleção Loeb (1996), em lugar da sequência *Geticos Sarmaticosque* do texto-base.
10 Optamos pela forma *nostri* da edição revista da Coleção Loeb (1996), em lugar do *nostris* do texto-base.
11 Optamos pela lição nas edições da Loeb e na Les Belles Lettres, em vez da forma *primi* do texto-base.
12 Preferimos aqui a lição proposta pela Les Belles Lettres e pela edição mais recente da Coleção Loeb (1996), em lugar da forma *adloquiis tuis* do texto-base.
13 Optamos pela forma *uale*, presente na Garzanti, em lugar da forma *uel* do texto-base.
14 Preferimos a lição das edições da Loeb e da Les Belles Lettres, em lugar da forma *tibi* do texto-base.
15 Optamos pelo verso registrado nas edições da Loeb, em vez do verso *Vrbe mea, quae iam non adeunda mihi* do texto-base.
16 Optamos pela forma presente nas edições da Loeb, em lugar da sequência *Praestita nam* do texto-base.
17 Preferimos a lição presente nas edições da Loeb, em lugar da sequência *ista cum minor* do texto-base.
18 Optamos pela forma *pede*, presente na edição da Les Belles Lettres e da Garzanti, em lugar da repetição do *bene* registrada no texto-base.
19 Preferimos o verbo no imperativo, conforme edição revista da Loeb (1996), ao infinitivo *adesse* do texto-base.
20 Optamos pela lição das edições da Loeb, em vez da sequência *cura mens releuata* do texto-base.
21 Em vez da forma *demum* do texto-base, preferimos a lição presente na primeira edição da Loeb (1924).

22 Em lugar do *ista* presente no texto-base, optamos pela lição da edição revista da Coleção Loeb (1996) e também da edição do texto estabelecido por Ingleheart (2010).
23 Em lugar da forma *animam* do texto-base, preferimos a lição presente na primeira edição da Loeb (1924).
24 Preferimos a lição na primeira edição da Loeb (1924), em lugar da sequência *nam nostris quot* do texto-base.
25 Optamos pela lição na Les Belles Lettres e no texto estabelecido por Ingleheart (2010), em lugar da forma *possint* do texto-base.
26 Preferimos a lição do texto de Ingleheart (2010), em lugar da forma *ipse suo quodam* presente no texto-base.
27 Preferimos a forma *eram* da primeira edição da Loeb (1924), em lugar do *erit* do texto-base.
28 Optamos pela forma do verso presente na primeira edição da Loeb, em lugar da sequência *si quoque parua domus uel censu nostra uel astu* presente no texto-base da Teubner (1884).
29 Optamos pela lição de Ingleheart (2010), em vez da forma *Iazyges et Colchi Metereaque* do texto-base.
30 Preferimos a grafia *similes* para o acusativo plural, em lugar da forma *similis* do texto-base.
31 Preferimos a lição presente na primeira edição da Loeb (1924), em lugar da forma *mimi* do texto-base.
32 Preferimos a grafia *molles* para o acusativo plural, em lugar da forma *mollis* do texto-base.
33 Preferimos a grafia *stantes* para o acusativo plural, em lugar da forma *stantis* do texto-base.
34 Optamos pela forma presente no texto estabelecido por Ingleheart (2010) e na edição revista da Coleção Loeb (1996), em lugar da forma *quis* do texto-base.
35 Optamos pela forma *Nam* presente na primeira edição da Loeb (1924), em lugar do *Num* do texto-base.
36 Preferimos a forma *mixta* da primeira edição da Loeb (1924), em lugar do *salua* do texto-base.
37 Preferimos a grafia *turpes* para o acusativo plural, em lugar da forma *turpis* do texto-base.
38 Optamos pela lição presente na primeira edição da Loeb (1924), em vez da sequência *custodem dominam* do texto-base.
39 Preferimos a lição do texto de Ingleheart (2010), em lugar da forma *cur totiens ... excreet* do texto-base.
40 Em vez da sequência *ut mare uelle* do texto-base, preferimos a lição na primeira edição da Loeb (1924).
41 Optamos pela forma presente na edição revista da Coleção Loeb (1996), em lugar do *quodque* do texto-base.
42 Preferimos a lição presente na primeira edição da Loeb (1924), em lugar da forma *inreuocatus* do texto-base.
43 Optamos por acrescentar o *est* final presente nas edições da Loeb (1924, 1996).
44 Em lugar do termo *comas* do texto-base, optamos pelo *fores* da edição revista da Loeb (1996) e da Garzanti.
45 Preferimos a lição presente nas edições da Loeb (1924, 1939), em lugar da forma *plurimum* registrada no texto-base.
46 Optamos pela forma indicada em nota, como correção de *Faber*, presente na edição mais recente da Loeb (1996), em lugar da lição *tecum* do texto-base.
47 Assim como no texto-base, a edição da Loeb (1924, 1939) continua a numeração dos versos da elegia anterior. A edição da Les Belles Lettres, por sua vez, inicia uma nova numeração. Optamos por seguir a numeração do texto-base, mas indicamos entre colchetes o número dos versos da edição Les Belles Lettres.

48 Preferimos a forma *amabit*, da edição revista da Coleção Loeb (1996), à forma *amabat* do texto-base.
49 Em lugar da sequência *dixi uiolataque* do texto-base, optamos pela lição da edição Loeb (1924, 1939).
50 Em lugar do *cognita sunt ipsi...ista* presente no texto-base, adotamos a forma *cognitus est ipsi...iste* da edição da Les Belles Lettres.
51 Em lugar do termo *pudor* presente no texto-base, optamos pela forma *dolor* da edição revista da Loeb (1996) e da Les Belles Lettres.
52 Adotamos a sequência presente na edição revista da Loeb (1996), em lugar da sequência *suburbana est hic mihi terra locus* do texto-base.
53 Optamos pelo *tulit* da edição revista da Loeb (1996) e da Les Belles Lettres, em vez do *tibi* do texto-base.
54 Preferimos a lição da edição Loeb (1924, 1939), em lugar da sequência *quid sim quid* do texto-base.
55 Em lugar do *dum patet et boreas et nix iniecta* presente no texto-base, preferimos adotar a lição presente na edição da Les Belles Lettres.
56 Optamos pela lição presente nas edições da Loeb, em lugar do *nutritus* do texto-base.
57 Optamos pela forma da edição da Coleção Loeb revista (1996), em lugar do *quod* do texto-base.
58 Em vez da sequência *duro non fodiuntur* do texto-base, optamos pela lição da edição da Loeb (1924, 1939).
59 Preferimos a lição presente na edição da Les Belles Lettres, em lugar da forma *suspicis* do texto-base.
60 Preferimos a forma na edição revista da Coleção Loeb (1996) e na Les Belles Lettres, em lugar do *pulsat* do texto-base.
61 Preferimos a lição da edição da Garzanti, em vez do *Sinti* do texto-base.
62 Preferimos a lição da edição revista da Loeb (1996) e da Les Belles Lettres, em lugar da forma *canente* do texto-base.
63 Preferimos a forma presente na edição da Les Belles Lettres, em lugar do *at* do texto-base.
64 Optamos pela forma presente na edição da Les Belles Lettres, em lugar do *freta est* do texto-base.
65 Optamos pela lição da primeira edição da Loeb (1924, 1939), em lugar da forma *rumpe* do texto-base.
66 Optamos pela forma *quae* da edição revista da Coleção Loeb (1996), em lugar do *quam* do texto-base.
67 Preferimos a lição das edições Loeb, em vez da forma *destituantur* do texto-base.
68 Preferimos a lição *isto* da edição revista da Coleção Loeb (1996) à forma *istuc* do texto-base.
69 Optamos pela lição da primeira edição da Loeb (1924, 1939), em vez da sequência *tamen acer* do texto-base.
70 Preferimos a lição da primeira edição da Loeb (1924, 1939), em vez da forma *amara* do texto-base.
71 Preferimos a lição da edição Loeb (1924, 1939) em lugar da forma *numeros* do texto-base.
72 Optamos pela lição presente na primeira edição da Loeb (1924, 1939), em lugar da sequência *hoc mando* do texto-base.
73 Preferimos a lição da edição Loeb (1924, 1939), em lugar da forma *traicerem* do texto-base.
74 Enquanto o texto-base considera que se trata de uma única elegia, a edição da Les Belles Lettres divide a elegia em V, 2 e V, 2b. Seguimos a numeração dos versos oferecida pelo texto-base, mas indicamos igualmente, entre colchetes, a numeração da edição da Les Belles Lettres.

75 Optamos pela forma da primeira edição da Loeb (1924, 1939), em vez da forma *tutos* do texto-base.
76 Preferimos a lição presente na edição Les Belles Lettres, em lugar da forma *non stultus* do texto-base.
77 Preferimos a lição da edição da Loeb (1924, 1939) em lugar da forma *moris* do texto-base.
78 Optamos pela lição nas edições da Loeb e da Les Belles Lettres, em vez da sequência *si tu tempore duro* presente no texto-base.
79 Optamos pela lição da edição Les Belles Lettres, em vez da forma *reris* presente no texto-base.
80 Optamos pela forma na primeira edição da Loeb (1924, 1939), em lugar da forma *celebrantur* do texto-base.
81 Optamos pela lição das edições da Loeb e da Les Belles Lettres, em lugar do *quae* do texto-base.
82 Preferimos a lição da edição revista da Coleção Loeb (1996), em lugar da forma *ludat* do texto-base.
83 Adotamos a lição da Les Belles Lettres, em lugar da forma *omniaque hostilis* do texto-base.
84 Preferimos a lição da edição revista da Coleção Loeb (1996), em vez do *seu me non modico* do texto-base.
85 Optamos pela lição presente na Les Belles Lettres, em lugar do verso do texto-base.
86 Optamos pela lição da edição revista da Coleção Loeb (1996), em lugar da forma *puppis* do texto-base.
87 O procedimento de referência ao próprio livro tem antecedentes em Catulo (*Carm.* 1 e 35) e Horácio (*Ep.* I, 20). Na presente elegia, porém, ele adquire um novo significado, uma vez que, estando Nasão exilado, o livro, personificado, recebe o papel de intermediário de seu autor, levando sua mensagem aos destinatários distantes. Mais do que isso, ele assume características do poeta exilado e, identificando-se com ele, o substitui e representa nos locais que ele é proibido de frequentar (BONVICINI, 1999, p. 214). Nesse sentido, é possível pensar em uma metamorfose do poeta em livro.
88 Mirtilos: arbusto cujos frutos são uma espécie de baga, usada na Antiguidade para obter uma cor vermelho-escura ou azul arroxeada, adequada para reforçar os tons de púrpura (Plin. *Nat.* XXI, 26: "os mirtilos, semeados na Itália nas caças a pássaros, mas, na Gália, também para a produção de púrpura para as vestes dos escravos" – *uaccinia Italiae in aucupiis sata, Galliae uero etiam purpurae tinguendae causa ad seruitiorum uestes*).
89 Mínio: tinta vermelha geralmente usada para escrever o título (*titulus* ou *index*) numa etiqueta que pendia do rolo de papiro. Cedro: o óleo de cedro, uma resina amarelada, era usado para ungir os papiros, com o objetivo de afastar as traças e melhor conservá-los. Beiras brancas: as tiras de papiro eram enroladas em torno de cilindros (*umbiculus*), cujas extremidades (*cornua*) ficavam para fora e eram adornadas com osso ou marfim, ou pintadas.
90 Faces: margens laterais do *uolumen*, geralmente polidas com pedra-pomes e, às vezes, tingidas.
91 Pé permitido: trocadilho com o termo "pé". Se é proibido a Nasão tocar Roma com seus próprios pés, ele pode, no entanto, alcançar a Urbe com os pés métricos de seus versos, ao enviar para lá seus poemas. Esse trocadilho será amplamente explorado nas *Tristezas* com valor metapoético.
92 No trecho, o exílio é aproximado da morte. O termo *ademptum* (v. 27) pode significar "afastado", "arrebatado", mas também "falecido", ao passo que o verso *sit mea lenito Caesare poena leuis* é uma variação da fórmula *sit tibi terra leuis* ("seja-te a terra leve"), usada na ocasião do sepultamento dos mortos, em referência à terra que cobrirá o corpo.

93 Meônio: Homero, que teria nascido na cidade de Esmirna, situada na região da Meônia (ou Lídia). A cidade localiza-se no sudoeste da atual Turquia, na região do Egeu.

94 Referência à *Arte de amar*, que é considerada uma das causas do exílio. Nos *Tristia* (II, 207), Nasão atribui a causa de seu exílio a um *carmen et error* ("um poema e um erro"). O poema é associado à *Arte de amar*, ao passo que o suposto erro não é em momento algum esclarecido.

95 Casa de César: a morada do imperador era também chamada de *Palatium*, uma vez que estava situada no alto do monte Palatino. Lá também se localizavam o templo de Júpiter Estátor, o templo da Vitória, os templos da Juventude e da Grande Mãe, ambos construídos por Augusto (Aug. *Res gest.* XIX), e o templo de Apolo, erigido na parte da casa de Augusto que foi atingida por um raio e que os adivinhos declararam ser escolhida pelo deus (Suet. *Aug.* XXIX). É em razão disso que o verso seguinte considera tais locais augustos. O termo *augustus*, por sua vez, é um adjetivo formado a partir de *augur* (mesma raiz de *augeo*, "crescer"), substantivo que significava, em sua origem, "crescimento concedido pelos deuses a uma empresa", daí "presságio favorável". Assim, *augustus* é "aquele que dá o crescimento", "aquele que dá os presságios favoráveis" (ERNOUT & MEILLET, 1951, p. 101). Suetônio, além de associar o termo a "augúrio" e a *auctus* ("dotado" ou "crescido"), apresenta as falsas etimologias de *auium gestus* ("voo das aves", que fornecia presságios) e de *gustus* ("gosto", "paladar"), ao explicar o nome adotado pelo imperador: "prevaleceu que seria preferivelmente chamado Augusto, com um cognome não apenas novo, mas também mais grandioso, pois tanto os locais santos como aquilo que neles é consagrado por augúrio são chamados 'augustos', de *auctus*, *auium gestus* ou *gustus*, como também Ênio ensina em seus escritos: 'Depois que a famosa Roma foi fundada por um augúrio divino'" (Suet. *Aug.* VII, trad. M. Trevizam e P. Vasconcellos, 2007, p. 56 - *praeualuisset ut Augustus potius uocaretur, non tantum nouo sed etiam ampliore cognomine, quod loca quoque religiosa et in quibus augurato quid consecratur augusta dicantur, ab aucti uel ab auium gestu gustuue, sicut etiam Ennius docet scribens: 'Augusto augurio postquam incluta condita Roma est'*).

96 Faetonte: filho do Sol e de Clímene, desejou conduzir o carro de fogo de seu pai. No entanto, perdendo o controle sobre as rédeas e os cavalos de fogo, incendeia terras e destrói cidades, até que Júpiter lança-lhe um de seus raios, fazendo com que Faetonte se precipite no rio Erídano, atual rio Pó (Ov. *Met.* I, 750–II, 366; Hyg. *Fab.* 152).

97 Cafareu: promontório ao sul da ilha de Eubeia, segunda maior ilha grega, localizada a leste da Beócia e separada do continente pelo estreito de Euripus. Nos rochedos do cabo Cafareu, a frota grega liderada por Ájax no retorno de Troia naufragou ao ser enganada pelos sinais luminosos de Náuplio, que buscava vingar a morte que Ulisses causara a seu filho Palamedes (Hyg. *Fab.* 116).

98 Ícaro: filho de Dédalo, o arquiteto do labirinto construído em Creta para encerrar o Minotauro. Após a construção, Dédalo e Ícaro foram feitos prisioneiros do rei Minos. A fim de fugir do cativeiro, Dédalo construiu para si e para seu filho asas de pena e de cera. Entretanto, tendo voado muito alto, o sol derreteu a cera das asas de Ícaro, fazendo com que ele se precipitasse nas águas do mar Egeu, que, neste local, passou a ser chamado mar Icário (Ov. *Ars* II, 21-96; *Met.* VIII, 183-235; Hyg. *Fab.* 40).

99 Télefo, rei da Mísia, foi ferido por Aquiles com uma lança que pertenceria a Quíron. Uma vez que a ferida não se curava, tendo consultado o oráculo de Apolo, obteve a resposta de que apenas aquele que o feriu poderia curá-lo. Diante disso, Télefo vai como mendigo para os campos gregos, para que Aquiles, usando a mesma lança, cure sua ferida (Hyg. *Fab.* 101).

100 Édipo e Telégono foram filhos que mataram os próprios pais, assim como os livros da *Arte de amar*, filhos de Nasão, metaforicamente mataram seu pai por terem sido uma das causas do exílio. Édipo (*Oedipodas*): filho de Laio e Jocasta, foi abandonado pouco depois de nascer, em razão de um oráculo que havia previsto que mataria seu pai, como de fato ocorreu, embora Édipo o tenha feito sem saber (Hyg. *Fab*. 66-67). Telégono (*Telegonos*): filho de Ulisses e Circe, enviado pela mãe para procurar o pai, foi levado até Ítaca por uma tempestade e lá começou a saquear os campos, motivo pelo qual Telêmaco e Ulisses travaram combate contra ele. Sem reconhecer o pai, Telégono o mata (Hyg. *Fab*. 127).

101 César: o imperador César Otaviano Augusto, frequentemente referido nas elegias das *Tristezas* como um deus repleto de ira que fora lesado por uma suposta ofensa do eu poético, a quem ele punira com o exílio para os confins do Império, na cidade de Tomos, situada na margem ocidental do Ponto Euxino (atual Mar Negro). Augusto também é várias vezes assimilado a Júpiter nas elegias de exílio, sendo referido como um deus que lança raios ou que possui o poder supremo.

102 Mulcíbero: epíteto de Vulcano. Formado a partir de *mulceo* ("apalpar", "tocar de leve"), significa "aquele que amolece, que funde o ferro", de modo a destacar que se trata de um deus artífice.

103 Teucros: os troianos. Teucro, filho de Escamandro e da ninfa Ida, era um rei de origem cretense que teria se fixado na região da Tróade, onde algumas gerações depois seria fundada a cidade de Troia. É considerado ancestral dos troianos.

104 Satúrnia: patronímico de Juno, que era filha de Saturno.

105 Turno: rei dos rútulos e grande antagonista de Eneias na segunda metade da *Eneida*. Era um potencial pretendente de Lavínia, filha do rei Latino, até a chegada de Eneias no Lácio e contava com o apoio da deusa Juno.

106 Noto: nome grego do vento sul, caracterizado por ser úmido e trazer tempestades, sendo associado ao fim do verão. É chamado Austro entre os latinos.

107 Euro: vento leste (ou sudeste), associado ao outono.

108 Zéfiro: vento oeste, ameno e agradável, é associado à primavera. É chamado Favônio entre os latinos.

109 Bóreas: vento norte, também chamado Aquilão entre os latinos. Era associado ao inverno. Na elegia, o eu poético menciona todos os quatro ventos cardeais – cada um deles era associado a uma estação do ano e a um ponto cardeal, de acordo com a direção de onde sopravam –, a fim de amplificar a dimensão da tempestade que enfrenta no mar.

110 Ursa: a constelação da Ursa Maior é caracterizada como "seca", uma vez que fica sempre acima do horizonte, e suas estrelas nunca se põem. Segundo o mito, Juno, por vingança, teria transformado Calisto, uma das amantes de Júpiter, em ursa. Júpiter, por sua vez, transformou-a depois em constelação. Furiosa por causa dessa honra recebida pela amante de seu marido, Juno roga aos deuses do mar que jamais acolham as estrelas da constelação da Ursa nem permitam que elas mergulhem em suas águas, ou seja, que elas nunca se ponham: "Mas, se vos toca o desprezo por esta pupila ofendida,/ afastai os sete Triões das profundezas azuis/ e expulsai as estrelas recebidas no céu por paga de adultério,/ para que essa concubina não se banhe nas águas puras!" – '*At uos si laesae tangit contemptus alumnae,/ gurgite caeruleo Septem prohibete triones/ sideraque in caelo stupri mercede recepta/ pellite, ne puro tingatur in aequore paelex!*' (Ov. *Met*. II, 527-530).

111 Águas estígias: rio Estige, que, localizado no Mundo Inferior, devia ser atravessado pelas almas dos mortos.

112 Cidade de Alexandre: Alexandria, fundada por Alexandre, o Grande, no Egito, e que se celebrizou no período helenístico pela biblioteca criada pelos Ptolomeus com o objetivo de ser um repositório do maior número possível de textos.

113 Sármatas: povo (considerado bárbaro pelos romanos) que habitava a Sarmácia, região mais ocidental da Cítia, localizada ao norte do Mar Negro e correspondente aos atuais territórios da Ucrânia e do sul da Rússia.
114 Tomitas: habitantes da cidade de Tomos (atual Constança), localizada à margem ocidental do Mar Negro.
115 Ausônia: nome atribuído pelos gregos ao centro-sul da Itália, onde vivia o antigo povo dos ausônios. Por metonímia, designa toda a Itália.
116 Quirino: nome recebido por Rômulo, fundador de Roma, ao ser divinizado após sua morte. A cidadela de Quirino é a cidadela de Roma, cujos cidadãos muitas vezes são denominados "quirites".
117 Penates: deuses do lar e da família, responsáveis pelo bem-estar e pela prosperidade.
118 Ursa Parrásia: referência à constelação da Ursa Maior, que recebe o epíteto "Parrásia" em razão do monte Parrásio, situado na região grega da Arcádia, terra de Calisto. Segundo o mito (Ov. *Met.* II, 416-530), por ter conquistado Júpiter, Calisto foi transformada em ursa por Juno. Passado o tempo, quando o filho Arcas foi caçar na floresta, não reconhecendo a mãe sob a forma de urso, tentou matá-la com sua lança. Júpiter, no entanto, evitou essa desgraça transformando ambos em estrelas: a Ursa Maior (Calisto) e a Ursa Menor (Arcas).
119 Lúcifer: estrela da manhã, geralmente identificada com o planeta Vênus, responsável por anunciar a chegada do alvorecer.
120 Mécio Fufécio: comandante do exército albano, que incitou os veienses e fidenates a se rebelarem contra os romanos. Durante a guerra, dizendo-se aliado dos romanos, no entanto os traiu e, por isso, foi punido pelo rei Tulo. Seu castigo foi ser amarrado a duas quadrigas que, movendo-se em sentidos opostos, o dilaceraram. O episódio foi narrado por Tito Lívio (I, 28).
121 Guardião da Ursa de Erimanto: perífrase para *Arktophylax* (em grego, "guardião da ursa"), estrela mais brilhante da constelação de Bootes. Faz referência a Arcas, filho de Júpiter e da ninfa Calisto. O epíteto "de Erimanto" faz referência ao monte Erimanto, situado na Arcádia, terra natal da ninfa Calisto.
122 Deuses pintados: era comum que a imagem dos deuses fosse pintada na popa dos navios, para assegurar a proteção dos navegantes.
123 Ilíria: região ao noroeste do mar Adriático. Segundo destaca Bonvicini (1999, p. 240), se Nasão navega no mar Jônio rumo ao sul, teria à sua esquerda a costa do Epiro, e não da Ilíria. Neste caso, Ilíria poderia ser uma definição extensiva.
124 São apresentados três exemplos de amizade forte e fiel: Teseu e Pirítoo, Orestes e Pílades, Niso e Euríalo. Pirítoo: rei dos lápitas, filho de Ixião e Dia e grande amigo de Teseu, a quem auxiliou no rapto de Helena. Teseu, por sua vez, acompanhou-o em sua tentativa de raptar Perséfone do Mundo Inferior. Porém, ambos foram feitos prisioneiros, até que Hércules os libertou (Hyg. *Fab.* 79).
125 Foceu: Pílades, rei da Fócida (região da Grécia central onde se situa o monte Parnaso), acompanhou em todas as aventuras Orestes, filho de Agamêmnon e Clitemnestra.
126 Hirtácida Niso: filho de Hírtaco, Niso se ofereceu voluntariamente para atravessar o acampamento do exército inimigo, dos rútulos (povo da Itália central), a fim de entregar uma mensagem a Eneias, que desconhecia os acontecimentos recentes da guerra por estar afastado buscando alianças. O jovem Euríalo acompanha Niso, pois ambos nutriam mútua afeição. No percurso, porém, foram surpreendidos por inimigos e, embora Niso tivesse conseguido escapar, Euríalo foi capturado. Diante disso, Niso retorna para salvar o amigo, mas ambos perecem (Virg. *Aen.* IX, 176-458).

127 Chefe Nerício: Ulisses, que recebeu esse epíteto em razão do monte Nérito, situado em Ítaca, onde era rei.
128 Dulíquias: referente a Dulíquio, ilha vizinha a Ítaca, situada no mar Jônico. Ilíacas: referente a Ílio, outra denominação de Troia.
129 Géticas: referente aos getas, povo que habitava a região do baixo Istro (atual Danúbio).
130 Sete colinas: Capitólio, Quirinal, Viminal, Esquilino, Célio, Aventino e Palatino.
131 Guerreira deusa: Minerva ou Atena, que era protetora de Odisseu.
132 Poeta de Claros: Antímaco de Cólofon, poeta que viveu entre o fim do século V e o início do século IV a.C., tendo composto um poema épico intitulado *Tebaida* e uma coletânea em versos elegíacos, *Lide*, sobre infelicidades amorosas. O epíteto Claros provém do santuário de Apolo situado perto de sua cidade de origem.
133 Poeta de Cós: Filetas de Cós, poeta helenístico que viveu em torno do século III a.C. e que teria composto, entre outras obras, versos para sua amada, Bítis.
134 Esposa de Heitor: Andrômaca, que mesmo após a morte do marido e a queda de Troia, permanece fiel a ele.
135 Laodâmia: esposa de Protesilau. Segundo o mito, eles haviam se casado sem cumprir os rituais sagrados. Protesilau parte para a Guerra de Troia e é o primeiro dos gregos a morrer. Tomada pelo sofrimento da ausência do marido, Laodâmia suicida-se (Ov. *Her.* XIII, 151ss; Hyg. *Fab.* 104).
136 Poemas narrando as formas mudadas dos homens: referência às *Metamorfoses,* longo poema de quinze livros, composto em hexâmetro datílico e de caráter mítico-etiológico, no qual o poeta propõe-se a contar uma série de transformações sofridas pelos seres, desde a criação do mundo até a apoteose de César.
137 Testíade: Alteia, filha de Téstio e esposa de Eneu, rei da Etólia (região da Grécia continental), deu à luz Meleagro, cujo destino as Parcas predisseram logo após seu nascimento: ele morreria quando um tição lançado ao fogo (que representava sua vida) fosse completamente queimado. Diante disso, Alteia retira o tição do fogo e o esconde. No entanto, quando em uma caçada Meleagro mata os irmãos de sua mãe, esta, tomada de dor, lança novamente o tição ao fogo, causando a morte do próprio filho (Ov. *Met.* VIII, 445-525; Hyg. *Fab.* 174).
138 Segundo Bonvicini (1999, p. 250), a afirmação de que as *Metamorfoses* teriam sido queimadas antes da partida para o exílio pode ser interpretada literariamente, na medida em que coloca o exilado no mesmo plano de Virgílio, que, antes de morrer, ordenou que a *Eneida*, ainda incompleta, fosse queimada. No entanto, Augusto se opôs a esse pedido, e a obra foi salva pelos editores Vário e Tuca.
139 Letes: rio do Hades cujas águas eram dadas às almas para que esquecessem o passado.
140 *Tópos* frequente para expressar a insensibilidade, geralmente em contexto amoroso, já presente em Catulo (*Carm.* 64, 154-157), Virgílio (*Aen.* IV, 365-367) e Ovídio (*Her.* IV, 39-42). Aqui, Ovídio adapta seu emprego para uma situação de amizade.
141 Actórida: patronímico de Pátroclo, filho de Menécio e neto de Actor.
142 Referência a três tipos de artes divinatórias existentes entre os antigos: o aruspício, que consistia na leitura de presságios a partir da inspeção das entranhas de animais; a brontoscopia, que obtinha presságios a partir do estudo de trovões; e o augúrio, que era a previsão do futuro a partir do canto ou do voo de pássaros.
143 Cêncreas: um dos dois portos de Corinto antiga, situado no extremo oeste do golfo Sarônico.
144 Mar da eólia Hele: o Helesponto, atual estreito de Dardanelos, que liga o mar Egeu ao mar de Mármara. O nome provém de Hele, filha de Atamante, que, ao fugir com o irmão Frixo sobre o carneiro do velocino de ouro, teria caído no mar (Hyg. *Fab.* 2-3).

Notas

145 Terra ímbria: ilha situada a oeste do Helesponto.
146 Praias seríntias: praias com vista para a cidade de Serinto, situada na ilha de Samotrácia.
147 Têmpira: cidade localizada na costa sul da Trácia.
148 Campos bistônios: os bistônios eram um povo que habitava o litoral sul da Trácia, junto ao lago Bistonis.
149 Lâmpsaco: cidade situada na margem asiática do Helesponto.
150 Sesto: cidade na margem europeia do Helesponto, situada em seu ponto mais estreito. Do lado oposto, na costa asiática, situava-se Abidos.
151 Cízico: antiga cidade situada na Mísia, banhada pelo mar de Mármara.
152 Propôntida: antigo nome do mar de Mármara.
153 Cianeias: outro nome para as Simplégades, par de rochedos no Bósforo que, segundo o mito, se juntavam sempre que passava um navio, de modo a esmagá-lo.
154 Baías tiníacas: promontório de Tínia, fundação trácia situada junto ao Ponto Euxino, próxima da atual fronteira entre Turquia e Bulgária.
155 Cidade de Apolo: *Apollonia Pontica*, antiga cidade às margens do Ponto Euxino, hoje situada na Bulgária e denominada Sozopol.
156 Anquíalo: localidade ao norte da cidade de Apolônia, da qual era uma colônia.
157 Mesêmbria: cidade costeira na margem ocidental do Ponto Euxino (atual Nesebar, na Bulgária).
158 Odessos: cidade na costa ocidental do Ponto Euxino, antiga colônia de Mileto (atual Varna, na Bulgária).
159 Alcátoo: Filho de Pélops e governante de Mégara. O local mencionado consiste em uma colônia megarense.
160 Tindáridas: Cástor e Pólux, filhos de Leda (respectivamente com Tíndaro e Júpiter), venerados como protetores dos navegantes.
161 Istmo bímare: istmo de Corinto, que une a Grécia continental ao Peloponeso e separa dois mares (o mar Jônio e o mar Egeu), daí ser chamado bímare.
162 Egeias Cíclades: grupo de ilhas no mar Egeu, ao sudeste da Grécia continental, cujo nome provém do fato de elas circundarem a ilha sagrada de Delos.
163 Chuvosos Cabritos: grupo de estrelas pertencentes à constelação de Auriga e que prenunciavam tempestades.
164 Astro de Estérope: uma das Plêiades, constelação que, de acordo com Bonvicini (1999, p. 267), os latinos denominavam *Vergiliae*, talvez em razão de sua relação com a primavera. O inverno era anunciado por seu desaparecimento.
165 Austro: vento sul, que se caracteriza por ser úmido e trazer nuvens pesadas, neblina e tempestades. É o nome latino para o vento Noto.
166 Híades: constelação das chuvas e tempestades marinhas. Segundo o mito, eram filhas de Atlas e irmãs de Hias. Este foi morto por um animal selvagem, e suas irmãs, lamentando-o, morreram de sofrimento. Diante disso, foram transformadas nas estrelas situadas na cabeça da constelação de Touro, e chamadas, devido ao nome do irmão, Híades (Hyg. *Fab.* 192).
167 Aquilão: vento norte, caracterizado por ser frio, forte e trazer o inverno. É o correspondente latino do vento que os gregos chamavam Bóreas.
168 Possuidor dos reinos de Teutrante: Télefo, que passou a governar a Mísia após Teutrante, rei do local, o ter nomeado seu sucessor.
169 Ops coroada de torres: deusa de origem sabina relacionada à fertilidade da terra e à abundância. Segundo Bonvicini (1999, p. 276), Ops era identificada com a Grande Mãe ou com Cibele, que costumava ser representada na iconografia com uma coroa repleta de torres, como personificação da terra e suas cidades.

170 Febo: um dos epítetos do deus Apolo e que significa "brilhante".
171 Trata-se dos Jogos Seculares, celebrados por Augusto em 17 a.C., a fim de comemorar o início da *Pax Romana*. A celebração servia para demarcar o término de um século e início de outro, e fora a motivação para que Horácio compusesse seu *Carmen Saeculare* (cf. AVELLAR & PENNA, 2014).
172 Gigantomaquia: guerra dos Gigantes contra os deuses do Olimpo para obter a supremacia sobre o mundo. O episódio é brevemente narrado por Ovídio nas *Metamorfoses* (I, 151-163). Os Gigantes nasceram de Gaia (Terra) e do sangue derramado por Urano (Céu) ao ser castrado por seu filho Cronos (Hes. *Theog.* 183-187).
173 Centúnviros: cem magistrados (*centum uiri*) que compunham um tribunal civil em Roma e eram responsáveis por administrar causas civis, como as questões de herança e propriedade.
174 Teu filho: Tibério, que, na verdade, era filho de Lívia com o marido anterior, mas foi adotado por Augusto como sucessor em 4 d.C.
175 Teus netos: Druso Menor, filho de Tibério, e Germânico, adotado por Tibério.
176 Istro: antigo nome grego para o rio Danúbio, cuja foz estava próxima de Tomos, local do exílio de Nasão.
177 Ília: também conhecida como Reia Sílvia, era descendente de Eneias e mãe de Rômulo e Remo, que foram concebidos de uma união clandestina com Marte.
178 Mãe dos enéadas: abertura do poema *De rerum natura*, de Lucrécio.
179 Erictônio: jovem nascido do sêmen de Vulcano que caiu sobre a terra quando ele tentava violar Palas.
180 Ísis: divindade egípcia identificada com Io, jovem filha do rei Ínaco que foi amada por Júpiter e transformada por ele em novilha, a fim de que Juno, referida pelo patronímico Satúrnia, não a reconhecesse. Tomada de ciúme, Juno faz com que ela seja vigiada por Argo e, depois da morte deste, a persegue por todo o mundo, até que Io chega ao Egito, onde recupera sua forma humana por intervenção de Júpiter e se transforma na deusa Ísis (Ov. *Met.* I, 568-747; Hyg. *Fab.* 145).
181 Referência a mortais que foram objeto do amor de deusas. Anquises: guerreiro troiano que foi amado por Vênus e com ela gerou Eneias. Herói Latmio: Endimião, pastor que vivia perto do monte Latmo, na Cária, por quem a Lua se apaixonou ao vê-lo adormecido em uma caverna (Hyg. *Fab.* 271). Iásio: habitante de Creta que foi amado por Ceres (Ov. *Met.* IX, 422-423).
182 Velho lírico: referência a Anacreonte de Teos.
183 Batíade: o poeta Calímaco, que nasceu em Cirene, cidade fundada por Bato.
184 Tantálide: Pélops, filho de Tântalo, despedaçado pelo pai e servido aos deuses em banquete, a fim de testar a onisciência deles. Ao perceberem o feito, os deuses reconstroem o corpo de Pélops, mas colocam um pedaço de marfim em lugar do ombro esquerdo do jovem, que já havia sido comido por Ceres (Ov. *Met.* VI, 401-411; Hyg. *Fab.* 83).
185 Ítis: filho de Procne e Tereu, morto pela mãe e servido ao pai em jantar, como forma de vingança pelo fato de Tereu ter violado sua irmã Filomela (Ov. *Met.* VI, 412-674).
186 Érope: esposa de Atreu, Érope se uniu amorosamente com Tiestes, irmão de seu marido. Atreu, como forma de vingança, matou os filhos de Tiestes e serviu suas carnes em banquete oferecido ao irmão. O Sol, aterrorizado com tal feito, teria volvido seu próprio curso.
187 Jovem Esqueneide: Atalanta, filha do rei Esqueneu, que se torna esposa de Hipômenes após ser por ele vencida em corrida (Ov. *Met.* X, 560-707).
188 Febade: Cassandra, sacerdotisa de Febo. Após a queda de Troia, foi levada por Agamêmnon para Micenas.

189 Aristides: originário de Mileto, viveu no século II a.C. e foi autor de relatos eróticos que se celebrizaram em Roma sob a designação de "fábulas milesianas" (*fabulae Milesiae*).

190 Adotamos aqui a interpretação proposta por Jensson (2004, p. 270). Diferentemente da maior parte dos estudiosos (INGLEHEART, 2010, p. 326; WHEELER, 1996, p. 85; BONVICINI, 1999, p. 297; ANDRÉ, 2008, p. 165), que consideram que Éubio teria escrito um tratado sobre abortos, Jensson propõe que o verbo *corrumpi* seja entendido com o sentido de "molestar", e não "destruir", como foi usualmente feito. Seu argumento é de que um tratado sobre abortos dificilmente teria um caráter erótico, como exigido pelo contexto da argumentação ovidiana, ao passo que o assunto "sexo com crianças" facilmente seria acusado disso (JENSSON, 2004, p. 270).

191 *Sibaríticas*: coleção de composições eróticas ambientadas possivelmente na cidade de Síbaris, no sul da Itália e famosa pelos costumes licenciosos. A obra, de assunto luxurioso, teria sido escrita por Hemitéon de Síbaris.

192 Fílis e Amarílis são nomes de amadas dos pastores nas *Bucólicas*, de Virgílio.

193 Doze livrinhos: o emprego da expressão *sex totidemque* com o sentido de "doze" é usual nas obras ovidianas, conforme evidencia Ingleheart (2010, p. 391). Nasão afirma ter escrito doze livros dos *Fastos* (um para cada mês do ano), quando, na verdade, a obra nos chegou com apenas seis livros. O próprio eu poético, na sequência, explica que a obra foi interrompida pelo exílio. A inconsistência entre o que diz Nasão (ter escrito doze livros) e a obra que nos chegou (composta por seis livros) constitui um problema interpretativo entre os estudiosos, cuja explicação varia. Wheeler (1996, p. 96) defende que o poeta teria esboçado os doze livros, mas que apenas os seis primeiros teriam sido finalizados. Ingleheart (2010, p. 392), por sua vez, acredita que a afirmação de ter escrito doze livros seria uma promessa a Augusto: caso o imperador revogasse o exílio, então o poeta entregaria o restante da obra escrita. Vale lembrar que a obra teria sido supostamente interrompida exatamente antes dos meses do ano dedicados a Júlio César (julho) e Augusto (agosto).

194 Poemas coxos: referência aos versos que compõem o dístico elegíaco, pois o pentâmetro é mais curto que o hexâmetro. Imagem semelhante se faz presente em *Am.* III, 1, quando a Elegia é personificada como uma mulher elegante e de túnica fina, mas coxa.

195 O tema do itinerário por Roma é um *tópos* na poesia augustana e, segundo Bonvicini (1999, p. 307), antecedentes podem ser observados em Virg. *Aen.* VIII, 337ss e Prop. *El.* II, 31; IV, 1. Além disso, a menção nesta elegia de diversos monumentos e construções da Roma augustana faz lembrar uma outra descrição de construções anteriormente apresentada pelo poeta, ao constituir em sua *Arte de amar* uma espécie de catálogo de locais apropriados aos encontros amorosos (*Ars* I, 67-100), no qual os pórticos, o teatro, o circo e até mesmo os espaços de culto e o fórum são citados como adequados à conquista amorosa (Ov. *Ars* I, 67-100). Ora, ao associar, na *Ars*, exatamente os monumentos que representam o discurso augustano às relações amorosas, Ovídio promove uma inversão irônica dos valores divulgados pelo imperador (leis estimulando o casamento e contra o adultério, resgate do *mos maiorum*), de modo a desconstruir o elogio celebratório que se apresenta à primeira vista.

196 Fóruns de César: trata-se do Fórum de Júlio César (46 a.C.) e do Fórum de Augusto (2 a.C.), locais onde se exercia a justiça.

197 A *Via Sacra*, que cruzava o Fórum e o centro de Roma, era por onde passavam os triunfos rumo ao Capitólio e os cortejos sacros.

198 O templo de Vesta, além do fogo sagrado, que nunca podia se apagar e simbolizava a eternidade de Roma, abrigava também o Paládio, uma das duas estátuas de Palas que havia em Troia e que fora levada à Itália por Eneias (Ov. *Fast.* VI, 424).

199 Pequeno palácio do antigo Numa: na região do palácio de Numa, rei que organizara as instituições religiosas, haviam sido edificados o Átrio de Vesta (*Atrium Vestae*) e o Palácio do Pontífice (*Regia Pontificis*), cargo que fora exercido por César e que Augusto desempenhava na época. Além disso, o local evocava a acepção de rei-sacerdote, como fora Numa.

200 Porta do Palatino: *porta Mugonia*, que dava acesso ao Palatino, colina de Roma que abrigava o palácio de Augusto.

201 Estátor: epíteto de Júpiter. Esse templo foi construído em 294 a.C., e nele ocorreu a reunião do Senado em que Cícero denunciou Catilina. No imaginário romano, estava associado a Rômulo (Ov. *Fast.* VI, 793-4), razão pela qual se afirma que ali Roma fora primeiro fundada.

202 Coroa de carvalho: este emblema reforça a assimilação de Augusto a Júpiter, presente ao longo da coletânea, pois o carvalho era a árvore que simbolizava esse deus, e uma coroa de carvalho foi oferecida a Augusto em 27 a.C. por ter garantido a paz: "os umbrais de minha casa foram publicamente cobertos com louros, uma coroa cívica foi afixada acima de minha porta e um escudo de ouro posto na cúria Júlia. Atestava a inscrição do escudo que o senado e o povo romano o davam a mim pelo valor, pela clemência, pela justiça e pelo senso do dever" – *laurei postes aedium mearum uestiti publice coronaque ciuica super ianuam meam fixa est et clupeus aureus in curia Iulia positus, quem mihi senatum populumque Romanum dare uirtutis clementiaeque et iustitiae et pietatis causa testatum est per eius clupei inscriptionem* (Aug. *Res gest.* 34, trad. A. Martinez e M. Trevizam, 2007, p. 137-138).

203 Deus Leucádio: Apolo, que possuía um templo na ilha de Lêucade, situada no mar Jônio, era protetor da *gens Iulia* e patrono do regime augustano. Havia, inclusive, uma lenda que considerava Augusto filho de Apolo (Suet. *Aug.* 94). Anexa ao templo de Apolo no Palatino, estava uma das duas bibliotecas públicas instituídas por Augusto.

204 Intonso deus: Apolo. O epíteto também se faz presente em Hor. *Carm.* I, 21, 2 e Ov. *Met.* I, 564. O termo sinaliza a juventude do deus, pois era comum o uso de cabelos longos pelos jovens.

205 Bélides: filhas de Dânao e netas de Belo, daí o epíteto, que se casaram com seus primos, os cinquenta filhos de Egito. No entanto, todas, exceto Hipermnestra, mataram os maridos na noite de núpcias por ordem do pai cruel. Esse templo de Apolo, fronteado pelas estátuas das Bélides, foi mencionado como um dos locais de sedução na *Arte de amar* (I, 73-74).

206 Trata-se dos três volumes da *Arte de amar*, que teriam custado o exílio de Nasão.

207 Outros templos: os templos de Juno e de Júpiter, junto ao teatro de Marcelo. O pórtico de Otávia, nas proximidades, abrigava a outra biblioteca pública fundada por Augusto.

208 Liberdade: no átrio da Liberdade situava-se a primeira biblioteca pública, criada por Asínio Polião em 39 a.C.

209 Cítia: região que compreendia as terras ao nordeste da Europa e ao norte do Mar Negro.

210 Licaônio: referente a Licão, pai de Calisto, amante de Júpiter metamorfoseada em ursa e, depois, transformada na constelação da Ursa Maior. Ela se localiza sobre as terras do extremo norte.

211 Piérides: filhas do rei Piério, governante da Piéria, uma região da Macedônia, na Grécia. Hábeis no canto, elas ousaram rivalizar as Musas e propuseram uma disputa. Após serem vencidas, tiveram que ceder às Musas as planícies em que viviam e ainda foram transformadas em aves, as pegas (Ov. *Met.* V, 294-317 e 662-678). O termo pode ter sido usado na elegia para designar metonimicamente as Musas, mas também pode sugerir uma associação de Nasão, punido com o exílio, com as cantoras que também foram alvo de punição.

212 Filho de Latona: Apolo.
213 Velho de Samos: Pitágoras, que defendia a teoria da metempsicose, isto é, a transmigração da alma de um corpo para outro após a morte.
214 Manes: deuses benevolentes, que eram o espírito dos mortos e, especialmente, "os antepassados divinizados". Seu culto era bastante organizado: "ofereciam-se-lhes mel, vinho, leite e muitas flores", e eram celebrados nas festas denominadas *Rosaria, Violaria, Parentalia* e *Lemuralia* (Brandão, 2008, p. 213-214).
215 Irmã tebana: Antígona, filha de Édipo e irmã de Ismene, Etéocles e Polinices. Após a morte de Édipo, os dois irmãos pactuaram de se alternarem no governo de Tebas a cada ano. No entanto, estando no poder, Etéocles recusa-se a entregá-lo a Polinices, que é expulso de Tebas. Com isso, Polinices organiza a expedição dos sete contra Tebas, e os dois irmãos, lutando pelo domínio da cidade, acabam por matar um ao outro. O poder, então, é assumido por Creonte, irmão de Jocasta e tio dos filhos de Édipo. O novo governante decretou as honras fúnebres a Etéocles, mas proibiu, sob pena de morte, que Polinices fosse sepultado, visto que fora declarado inimigo da cidade. Antígona, porém, sepultou o irmão às escondidas e, por causa disso, foi condenada à morte.
216 Elpenor: um dos companheiros de viagem de Odisseu. Na estadia na ilha de Circe, Elpenor, embriagado, adormece sobre o telhado do palácio. Acordando de sobressalto, esqueceu que estava no alto, caiu de cabeça do telhado e morreu (Hom. *Od.* X, 552-560). No Averno, Odisseu encontra a alma de Elpenor, que pede para seu corpo ser devidamente sepultado (Hom. *Od.* X, 51-83).
217 Eumedes: pai de Dólon, guerreiro troiano que se ofereceu para espionar o acampamento grego, esperando obter como prêmio os cavalos e a carruagem de Aquiles, prometidos por Heitor. Dólon, no entanto, foi surpreendido durante a tarefa por Odisseu e Diomedes, que o mataram.
218 Mérope: rei da Etiópia casado com Clímene, que gerou Faetonte unindo-se ao Sol. Ao sair em busca de provas de que Febo era seu pai, Faetonte obtém do seu pai a permissão para guiar o carro do Sol. O jovem, porém, perde o domínio sobre o carro, sofre uma imensa queda e morre. Suas irmãs, filhas do Sol, por tanto lamentarem a morte do irmão, transformam-se em árvores (Ov. *Met.* I, 747 - II, 366).
219 Velho dardânio: rei Príamo. Ele apenas obteve o cadáver de seu filho Heitor, que permaneceu insepulto por doze dias, depois de se humilhar e chorar diante de Aquiles (Hom. *Il.* XXIV, 469-601).
220 Comandante da Emátia: Alexandre, o Grande, proveniente da Emátia, antigo nome da Macedônia. Após vencer, ele liberta Poro, governante da Índia, e realiza as honras fúnebres para Dario III, rei da Pérsia.
221 Genro de Juno: Hércules, após se reconciliar com Juno, casa-se com Hebe, filha da deusa.
222 Modo não pátrio: o adjetivo *patrius* em latim pode se referir tanto à pátria quanto ao pai, ambiguidade que é explorada no verso. Por um lado, considerando-se que Nasão se apresenta como mentor e pai intelectual de Perila, "poemas ao modo não pátrio" seriam poemas de caráter distinto das elegias amorosas que lhe teriam custado o exílio. Por outro, sendo *Perilla* um antropônimo tipicamente grego (ANDRÉ, 2008, p. 80), os "poemas ao modo não pátrio" seriam poemas escritos em latim, e não em grego, que seria a língua pátria da personagem.
223 Águas de Pégaso: fonte de Hipocrene, que, consagrada às Musas, começou a jorrar no monte Hélicon a partir de um coice de Pégaso.
224 Poeta de Lesbos: Safo.
225 Iro: mendigo que esmolava em Ítaca e que foi morto por Odisseu (Hom. *Od.* XVIII, 1ss).

226 Creso: rei da Lídia (região da Ásia Menor correspondente às províncias de Uşak, Manisa e İzmir da atual Turquia), no século VI a.C., célebre por suas riquezas.
227 Absirto: irmão de Medeia.
228 Trata-se de Argo, o barco que, construído com o auxílio de Minerva, primeiro sulcou os mares com Jasão e seus companheiros a bordo.
229 Medeia: filha de Eetes, rei da Cólquida, região ao sul do Cáucaso e à margem leste do mar Negro, correspondente ao território da atual Geórgia. Medeia ajudou Jasão, por quem estava apaixonada, na conquista do velo de ouro e fugiu com ele, abandonando o pai e a pátria.
230 Mínias: os argonautas, pois alguns deles pertenciam à estirpe de Mínias, habitantes da Beócia e da Tessália, regiões da Grécia.
231 A elegia, centrada no motivo etiológico, vincula o nome Tomos ao grego *témnein* ("cortar") e *tomé* ("corte").
232 Estrelas que nunca tocam o mar: trata-se da constelação da Ursa Maior, sempre visível acima do horizonte.
233 Bóreas: vento norte, também chamado Aquilão entre os latinos.
234 Rio rico em papiro: Nilo.
235 Leandro: jovem grego da cidade de Abidos, situada na região da Tróade, às margens do Helesponto. Todas as noites, Leandro atravessava o estreito a nado, a fim de se encontrar com sua amada Hero, que o guiava desde a outra margem por meio da luz de uma lamparina. Após vários encontros amorosos, no entanto, numa noite de tempestade, Leandro não conseguiu completar a travessia e morreu afogado. Hero, por sua vez, ao ver o corpo de seu amante morto, suicida-se saltando do alto de uma torre (Ov. *Her.* XVIII e XIX).
236 Secos: adjetivo geralmente atribuído aos ventos do norte que afastam as nuvens.
237 Acôncio: jovem apaixonado por Cidipe, que a segue até o templo de Ártemis e lhe lança uma maçã contendo a inscrição de um juramento: casar-se, em nome de Ártemis, com Acôncio. Tendo lido a mensagem em voz alta, a jovem fica então ligada a Acôncio por um juramento solene (Ov. *Her.* XX e XXI).
238 Ursa menálida: referência à constelação da Ursa Maior. O epíteto "menálida" evoca o monte Mênalo, situado na Arcádia, terra de onde provém Calisto, que foi metamorfoseada em ursa e, depois, em constelação.
239 Fálaris, rei tirano da Sicília, torturou e sacrificou seu conselheiro Perilo num touro de bronze que este havia inventado e construído. Perilo tinha dado a Fálaris o touro, explicando que nele poderiam ser introduzidos homens para serem assados vivos, de modo que morressem com grande sofrimento e emitissem urros de dor (que se tornariam mugidos do touro). Para testar a obra, Fálaris fez com que Perilo fosse o primeiro a ser introduzido nela.
240 Referência ao carneiro do velocino de ouro, que, transportando os irmãos Frixo e Hele em seu dorso, deixou a jovem cair nas águas do atual estreito de Dardanelos. Posteriormente, o carneiro foi transformado por Júpiter na constelação de Áries. O período em que o sol incide sobre Áries, iniciando-se em 21 de março, abrange o equinócio de primavera no hemisfério norte, por isso a menção à duração igual dos dias e noites.
241 Mãe maldosa: referência a Procne, que dera as carnes do filho Ítis ao marido Tereu como jantar. Segundo o mito, Procne é metamorfoseada em andorinha (Ov. *Met.* VI, 424-674; Hyg. *Fab.* 45).
242 Água da Virgem: referência à *aqua uirgo*, fonte de água fresca descoberta em Roma por uma moça virgem. O nome se estende também ao aqueduto, construído por Agripa (19 a.C.), que possibilitou o uso de suas águas.

Notas

243 Aprestas: o verbo *conficio* em latim pode ter o sentido técnico de "preparar uma edição" ou "organizar uma biblioteca" (BONVICINI, 1999, p. 351).
244 Arte: referência à *Arte de amar*, obra que teria sido um dos motivos do exílio de Nasão.
245 Corpo: pode-se referir ao corpo físico ou ao corpo de poemas. O jogo de palavras evidencia uma espécie de metamorfose de Nasão em sua própria obra, o que lhe possibilita ser lembrado e, dessa forma, mesmo no exílio, fazer-se presente em Roma.
246 Palas: Palas Atena nasceu diretamente da cabeça de Zeus, de onde saiu já armada (Hes. *Theog.* 924-926). Ela foi gerada por Zeus e Métis, a deusa da astúcia. Como havia sido profetizado que Métis geraria filhos mais poderosos que o próprio Zeus, este, após se unir a ela, engoliu-a. Porém, Atena já estava concebida (Hes. *Theog.* 886-900). Há também uma versão segundo a qual ela, tendo saído da cabeça de Zeus graças a um golpe do machado de Hefesto, deu um estrondoso grito de guerra (Pind. *Ol.* VII, 35-37).
247 Lirnésside: Briseida, nascida em Lirnesso, cidade situada na região da Tróade, onde também ficava Troia e que atualmente corresponde à parte asiática mais ocidental da Turquia. Durante a Guerra de Troia, Briseida foi capturada, e sua família, morta por Aquiles. Ela, então, foi dada ao herói como prêmio de guerra. No entanto, quando Agamêmnon perde sua concubina Criseida, toma a Aquiles Briseida, fazendo-o desertar das batalhas (Hom. *Il.* I, 318 ss; Hyg. *Fab.* 106).
248 Hemônia: antigo nome da Tessália, região da Grécia de que Aquiles era proveniente.
249 Orfeu, arquétipo de poeta, perdeu sua esposa Eurídice pela primeira vez quando esta morreu após ser picada por uma serpente venenosa. Tendo ido buscá-la no Mundo Inferior, perdeu-a novamente e para sempre ao desobedecer a condição estabelecida pelos deuses e olhar para ela antes de que saíssem do Hades (Virg. *Georg.* IV, 453-527; Ov. *Met.* X, 1-105 e XI, 1-66).
250 Referência aos companheiros de Odisseu que, no país dos lotófagos, provaram o lótus, flor que causava o esquecimento, e por isso esqueceram-se de tornar à sua pátria (Hom. *Od.* IX, 82ss.; Hyg. *Fab.* 125).
251 Bacante: as bacantes eram sacerdotisas de Baco, que, cobertas de pelos de animais e brandindo o tirso, celebravam ritos orgiásticos pelos montes e florestas.
252 Ida: monte situado na Frígia, região centro-oeste da Ásia Menor, na parte asiática da atual Turquia. O monte Ida associava-se aos ritos da deusa Cibele, executados pelos curetes e coribantes, que dançam ao som de tímpanos e címbalos (Ov. *Fast.* IV, 189-214). Por seu caráter orgiástico, aproximam-se dos ritos das bacantes.
253 Hélicon: monte situado na Beócia, região da Grécia, e consagrado a Apolo e às Musas. Foi também ao pé do monte Hélicon que as Musas ensinaram um belo canto a Hesíodo, quando ele pastoreava ovelhas (Hes. *Theog.* 1-34).
254 As Parcas (ou Moiras, na tradição grega) eram três irmãs – Cloto, Láquesis e Átropos – responsáveis por tecer o fio da vida de cada ser humano, de modo a controlar seu destino. O momento em que o fio era cortado correspondia à morte. Segundo Bonvicini (1999, p. 358), a cor negra atribuída ao fio da vida de Nasão destaca seu destino infeliz.
255 Sármatas: habitantes da Sarmácia, região mais ocidental da Cítia, localizada ao norte do Mar Negro e correspondente aos atuais territórios da Ucrânia e do sul da Rússia.
256 Ambos os Césares: Otaviano Augusto e Tibério.
257 Os jovens mencionados são Germânico e Druso Menor. Germânico foi adotado por Tibério, seu tio paterno, em 4 d.C. e se casou com Agripina, neta de Augusto. Druso Menor era filho de Tibério e se casou com Livila.
258 Referência às virgens vestais, sacerdotisas da deusa Vesta, responsáveis por manter sempre aceso o fogo sagrado no templo da deusa.

259 Druso: Nero Cláudio Druso Germânico (ou Druso Maior) era irmão mais novo de Tibério. Obteve grandes vitórias sobre os germânicos (12 a.C.), o que lhe conferiu o cognome de Germânico.
260 Ilíade Remo: irmão de Rômulo e filho de Reia Sílvia, também chamada Ília.
261 Carro tessálico: carro de Aquiles, que era oriundo da Ftia, cidade na Tessália. A tebana é Andrômaca, esposa de Heitor.
262 Capaneu: um dos chefes da expedição dos sete contra Tebas. Ao desafiar Júpiter, foi fulminado por um raio (Hyg. *Fab.* 68). Sua esposa, Evadne, lançou-se à pira do morto, para morrer junto com ele.
263 Sêmele: filha de Cadmo e Harmonia, foi uma das paixões de Júpiter. Juno, com ciúmes, aconselha-a a pedir a Júpiter para ele se mostrar a ela em todo o seu esplendor. Ao atender o pedido, Júpiter acaba por fulminá-la (Hyg. *Fab.* 179).
264 Tífis: timoneiro do navio Argo, que transportava os argonautas.
265 Uma das atribuições do deus Apolo, também evocado pelo epíteto Febo, era a capacidade de cura.
266 Pai da Pátria: Augusto recebeu o título de "Pai da Pátria", mencionado em sua autobiografia (*Res gest.* 35) e em sua biografia escrita por Suetônio (*Aug.* 58), no ano 2 a.C. É interessante notar, além disso, que eram comuns na cultura romana as denominações honoríficas envolvendo o termo *pater*, como, por exemplo, a denominação dos senadores de *patres conscripti*.
267 Axeno: do grego, *áxeinos*, que significa "inospitaleiro", "perigoso", e se forma a partir do alfa privativo e do substantivo *xénos* ("estrangeiro"). Essa antiga denominação parece mais apropriada às características do lugar do que Euxino (do grego, *eúxeinos*), que significa "hospitaleiro".
268 Táurico altar da deusa de aljava: em Táuris, região correspondente à atual Península da Crimeia, havia um templo dedicado a Ártemis (ou Diana), no qual eram feitos sacrifícios humanos, principalmente de estrangeiros (Hyg. *Fab.* 120). O epíteto "deusa de aljava" deve-se ao fato de Diana (Ártemis, na tradição grega) ser a deusa da caça.
269 Toante: rei em Táuris na época em que Ifigênia se torna sacerdotisa de Ártemis (ANDRÉ, 2008, p. 112).
270 Virgem pelopeia: Ifigênia, filha de Agamêmnon, que era descendente de Pélops. Seu pai ia sacrificá-la em Áulis, a fim de obter ventos propícios para que a frota grega navegasse até Troia. A deusa Ártemis interveio, substituindo Ifigênia por uma corça e levando-a consigo até Táuris, onde a fez sua sacerdotisa (Hyg. *Fab.* 98). Esse mito também aparece em várias tragédias gregas, como *Ifigênia em Táuris*, de Eurípides.
271 Orestes: filho de Agamêmnon e Clitemnestra e irmão de Ifigênia. Quando Agamêmnon retorna da Guerra de Troia, sua esposa, Clitemnestra, com o auxílio do amante, Egisto, o mata. Diante disso, Orestes, ainda criança, é enviado por sua irmã Electra para a Fócida, região da Grécia central, onde estaria a salvo. Depois de crescer, ele retorna a Micenas para vingar a morte de seu pai e, com a ajuda do companheiro Pílades, mata a mãe e Egisto. No entanto, por ter assassinado sua mãe, Orestes é perseguido pelas Fúrias (ou Erínias), divindades encarregadas de castigar os crimes de sangue cometidos pelos mortais (Hyg. *Fab.* 119-120).
272 Referência a Cila, ninfa que foi transformada em monstro marinho pelos venenos de Circe. Cila, quando era uma bela jovem, desprezara o amor de Glauco, que, apaixonado, dirige-se a Circe e lhe pede auxílio para que possa conquistar Cila por meio de um feitiço ou poção. Circe, em vez disso, oferece seu amor a Glauco, mas ele a recusa, dizendo amar somente a Cila. Tomada de ciúmes, Circe decide punir Cila e a transforma em um monstro.

A parte superior de seu corpo é de jovem mulher, a parte inferior é de peixe e, em torno da cintura, cingem-na terríveis cães (Ov. *Met.* XIII, 730-737; XIII, 900-XIV, 74).

273 Referência, respectivamente, aos Centauros, que possuíam a parte superior do corpo humana e a inferior de cavalo; a Gerião, descrito como um gigante de três corpos; e a Cérbero, o cão de três cabeças.

274 Os gladiadores recebiam um bastão de madeira quando terminavam seus serviços e eram licenciados.

275 Tisífone: uma das três Fúrias, era uma divindade da vingança, responsável por punir aqueles que cometiam crimes contra os direitos considerados sagrados.

276 Eos é a personificação da Aurora, que nasce no Oriente. Hespéria é um dos nomes da Itália, que, sob o ponto de vista dos gregos, situava-se no Ocidente.

277 Trata-se do ano de 43 a.C., quando os cônsules Hircío e Pansa morreram na batalha de Módena, lutando contra Marco Antônio e a favor de Otaviano (cf. ANDRÉ, 2008, p. 122; BONVICINI, 1999, p. 392).

278 Referência às *Quinquatria*, festividades em honra de Minerva, do dia 19 a 23 de março. De fato, apenas a partir do segundo dia começavam os combates (*ludi gladiatorii*): "No primeiro dia não há sangue, nem é permitido lutar com espada:/ porque nele nasceu Minerva" – *sanguine prima uacat, nec fas concurrere ferro:/ causa, quod est illa nata Minerua die* (Ov. *Fast.* III, 811-812). Em razão disso, pode-se concluir que o dia do nascimento de Ovídio é 20 de março.

279 Trata-se dos retores Marco Aurélio Fusco e Marco Pórcio Latrão (Sen. *Contr.* II, 2, 8).

280 A facilidade de Ovídio em compor versos foi mencionada por Sêneca, o Velho (*Contr.* II, 2, 8): "Ele tinha um engenho elegante, gracioso e agradável. Já nessa época seu discurso não podia ser considerado nada senão um poema em prosa." – *Habebat ille comptum et decens et amabile ingenium. Oratio eius iam tum nihil aliud poterat uideri quam solutum carmen.*

281 Toga viril: também chamada *toga uirilis* ou *toga pura*, por ser branca, era assumida pelo jovem por volta dos dezessete anos, quando ele adquiria maior independência e liberdade (BONVICINI, 1999, p. 394). É importante observar, no entanto, que os indivíduos apenas ganhavam a plena liberdade com a morte de seu pai, conforme determinava a *patria potestas*.

282 Púrpura do laticlavo: o laticlavo era um tipo de túnica que possuía uma larga faixa da cor púrpura, estendendo-se desde o pescoço até a cintura, e que era uma insígnia dos senadores. Na época imperial, segundo Lechi (2012, p. 324), o laticlavo foi estendido também a alguns jovens das camadas mais privilegiadas, os *equites illustres*, como sinal de sua destinação à carreira política.

283 Referência à sua participação no colégio dos *tresuiri capitales*, responsáveis por vigiar os prisioneiros e controlar a execução das sentenças (BONVICINI, 1999, p. 280).

284 Cúria: local em que se reunia o Senado. Como Ovídio renuncia a carreira política, assume em lugar do laticlavo o *angustus clauo*, que era próprio dos cavaleiros (ANDRÉ, 2008, p. 124).

285 Irmãs aônias: as Musas, pois viviam junto ao monte Hélicon, situado na região da Beócia, cujo nome antigo era Aônia.

286 Mácer: Emílio Mácer (século I a.C.) foi um poeta didático romano, que teria escrito as obras *Ornithogonia*, sobre pássaros, e *Theriaca*, sobre serpentes venenosas. Também lhe é atribuído um poema didático *De herbis*, sobre as propriedades medicinais das plantas, mas, de acordo com Bonvicini (1999, p. 395), seu título não é atestado em nenhuma outra fonte além da presente elegia.

287 Pôntico: poeta autor de uma *Thebais*, poema sobre a guerra contra Tebas, e que é mencionado por Propércio em I, 7 e I, 9.
288 Basso: poeta satírico, mencionado por Propércio em I, 4.
289 Ausônia lira: referência à Itália. Segundo Bonvicini (1999, p. 395), o verso alude à poesia lírica, com a qual Horácio buscou transportar para Roma a riqueza de formas dos metros gregos.
290 Galo: poeta latino que teria vivido entre 69 a.C. e 26 a.C. e que é considerado o fundador do gênero elegíaco em Roma. Suas elegias, das quais só nos restam fragmentos, cantavam os amores do eu poético por Licóris.
291 Tália: Musa da comédia e da poesia pastoril, mas aqui vinculada à poesia em geral.
292 Pisa: cidade do Peloponeso perto de Olímpia. Lá eram organizados os Jogos Olímpicos, cujos vencedores eram coroados com oliva. À época do banimento, Ovídio possuía 50 anos, conforme se observa pela referência a dez Olimpíadas (na contagem dos romanos, elas aconteciam a cada cinco anos).
293 O polo oculto e o visível: o polo oculto é o antártico, e o visível, o ártico.
294 Gracejei: o verbo *ludo*, que tem os sentidos iniciais de "jogar" e "divertir-se", pode também significar "compor ou cantar poemas", "gracejar" e até mesmo "iludir" (SARAIVA, 2006, p. 692). Aqui ele parece ter sido usado com o sentido de versejar poemas repletos de gracejos, numa referência às obras elegíacas amorosas escritas anteriormente. Além disso, segundo Bonvicini (1999, p. 260), o substantivo *lusus* foi empregado pelos poetas neotéricos para designar a poesia leve, em oposição à gravidade da épica (Catul. *Carm.* 50, 2 e 50, 5), e o resultado desse fazer poético era chamado – com falsa modéstia – uma "ninharia", *nuga* ou *iocus*.
295 Ave do Caístro: o cisne, que, segundo a tradição literária, supostamente canta de forma harmônica antes de morrer. O rio Caístro, que atravessa a Lídia (região correspondente a parte da atual Turquia) e deságua no mar Egeu, atraía às suas margens bandos de pássaros selvagens e, em particular, cisnes.
296 A *tibia* era um tipo de flauta usado nos cortejos fúnebres; vinculando-se, pois, à tristeza (Hor. *Carm.* III, 7, 30 e Cic. *Leg.* II, 62). Seu emprego na elegia reforça a caracterização do exílio como uma morte.
297 Níobe, filha de Tântalo, vangloriava-se de sua numerosa prole, composta por sete filhos e sete filhas, tendo chegado ao ponto de colocar-se acima de Latona, que possuía apenas dois filhos, Apolo e Diana. Diante disso, os dois deuses puniram Níobe, matando todos os seus filhos, e ela teria se transformado em uma rocha que verte água continuamente (Ov. *Met.* VI, 146-312; Hyg. *Fab.* 9).
298 Procne: esposa de Tereu, rei da Trácia, região do sudoeste da Europa, correspondente a partes do território das atuais Bulgária, Grécia e Turquia. Seu marido violara Filomela, sua irmã, e, em seguida, cortara-lhe a língua, para que ela não contasse a ninguém sobre a atrocidade. No entanto, Filomela fia uma tapeçaria descrevendo os fatos e a envia à sua irmã Procne, que a julgava morta. Diante disso, ambas se unem para vingar os feitos de Tereu: juntas matam Ítis, filho do casal, e servem sua carne a Tereu. Este, ao tomar consciência do fato, tenta matá-las e, durante a perseguição, os três são metamorfoseados em aves. Procne transforma-se em andorinha, Filomela em rouxinol e Tereu em poupa (Ov. *Met.*, VI, 424-674; Hyg. *Fab.* 45).
299 Alcíone: filha de Éolo, que encontra o corpo de seu marido Cêix no mar. Tomada de sofrimento, ela se lança ao mar, para também morrer, mas os deuses, movidos por sua dor, transformam-na em um pássaro marinho, que recebeu seu nome (Ov. *Met.* XI, 410-748).

Notas

300 Peâncio: patronímico de Filoctetes, filho do rei Peante. Numa escala feita durante a viagem até Troia, Filoctetes foi picado no pé por uma serpente. Como a ferida exalava um odor insuportável, ele foi deixado por seus companheiros na ilha de Lemnos, situada no nordeste do mar Egeu (Hyg. *Fab.* 102). O mito também se faz presente na tragédia *Filoctetes*, de Sófocles.

301 Caríbdis zancleia: Caríbdis era um monstro marinho situado em um dos lados do estreito de Messina (estreito que separa a Itália da Sicília), que engolia, três vezes ao dia, as águas do mar, para depois cuspi-las também três vezes. Sua caracterização como zancleia deve-se ao fato de que o antigo nome da cidade de Messina era Zancles.

302 Cinosúrida Ursa: Cinosura, ninfa de Creta, teria sido uma das amas de Zeus, que depois a transforma em uma das estrelas da constelação da Ursa Menor.

303 Referência a Capaneu.

304 A mãe de Baco era Sêmele, que foi fulminada quando Júpiter se mostrou a ela em todo o seu esplendor.

305 Licurgo: rei dos edônios na Trácia, perseguiu Baco e seu séquito de sátiros e bacantes, fazendo com que o deus se lançasse ao mar. Como castigo, Júpiter o cegou. Há ainda uma versão que diz que, como punição, os deuses o teriam feito enlouquecer, levando-o a matar a esposa e o filho sob o estado de loucura (Ov. *Met.* IV, 22-30; Hyg. *Fab.* 132).

306 Penteu: herói tebano que duvidou dos poderes de Baco e tentou impedir a difusão de seu culto. Ao seguir as bacantes até o monte Citéron, onde eram realizados os rituais em honra ao deus, Penteu foi morto e dilacerado pela própria mãe Agave, que, em êxtase báquico, não reconheceu o filho e julgou que se tratava de um javali (Ov. *Met.* III, 511-733).

307 Coroa de tua esposa: após ser deixada por Teseu na ilha de Naxos, Ariadne é desposada por Baco e recebe de Vênus, como presente de núpcias, uma coroa, que é transformada em constelação (Ov. *Fast.* III, 459-516).

308 Era comum marcar a cera que selava as cartas com a pedra do anel. Para evitar que ela se aderisse à pedra, esta era umedecida geralmente com a saliva.

309 São referidos quatro exemplos de amizade fiel: Pátroclo e Aquiles, Pílades e Orestes, Teseu e Pirítoo e Euríalo e Niso (os três últimos exemplos se fazem presentes também em I, 5). Menecíada: Pátroclo, filho de Menécio e grande amigo de Aquiles. Egida: Teseu, filho de Egeu e amigo de Pirítoo.

310 Herói laércio: Odisseu, referido pelo patronímico, uma vez que era filho de Laertes.

311 Eécion era pai de Andrômaca, e Icário era pai de Penélope.

312 Evadne era a mais bela das filhas de Pélias, rei de Iolco, cidade na Tessália. Ela se torna célebre por ter aceitado morrer em lugar de seu marido, Admeto, por amor (Hyg. *Fab.* 50 e 51).

313 Palinuro: piloto de Eneias. Mesmo tomado pelo Sono, Palinuro não soltou o leme do navio, precipitando-se no mar junto com ele (Virg. *Aen.* V, 833-861).

314 Automedonte: auriga de Aquiles, caracterizado por "ser de inteira confiança" (Hom. *Il.* XVI, 147).

315 Podalírio: filho de Asclépio, possuía o dom da cura. Atuou como médico dos gregos na Guerra de Troia.

316 Hibla: monte situado na parte leste da Sicília (também chamada de Trinácria, devido ao formato triangular da ilha), próximo de Siracusa, onde era produzido um mel bastante apreciado no mundo antigo.

317 Ramnúsia: epíteto de Nêmesis, deusa da vingança, pois possuía um santuário na cidade de Ramnunte, na Ática.

318 Láquesis: uma das três Parcas, responsável por puxar e enrolar o fio do destino, sorteando o quinhão da vida de cada um.
319 Réu de Ânito: o filósofo Sócrates, que teve Ânito como um de seus acusadores.
320 O título de "sábio" foi dado a Sócrates pelo oráculo de Delfos.
321 Construtor do brônzeo touro: Perilo.
322 Penélope: esposa de Ulisses, exemplo máximo de fidelidade. Na sequência, são apresentados outros exemplos de mulheres virtuosas, mesmo na desventura, aos quais é acrescido o exemplo da esposa de Nasão.
323 Esposa de Admeto: Alceste.
324 Esposa de Heitor: Andrômaca.
325 Ifíade: Evadne, filha de Ífis e esposa de Capaneu.
326 Esposa filaceia: Laodâmia, proveniente de Fílace, cidade na Tessália, era esposa de Protesilau. Esses exemplos proverbiais de mulheres fiéis também aparecem na *Arte de amar* (III, 15-22), quando o *magister* muda de tom sobre as mulheres ao se dirigir a elas (e não falar delas, como nos livros prévios).

REFERÊNCIAS

ANDRÉ, J. Introduction. In: OVIDE. *Tristes.* Texte établi et traduit par J. André. Paris: Les Belles Lettres, 2008, p. VII-LII.

AVELLAR, J. B. C. de. *As Metamorfoses do Eu e do Texto*: o jogo ficcional nos *Tristia* de Ovídio. 2015. 320 f. Dissertação (Mestrado em Letras: Estudos Literários) – Faculdade de Letras, Universidade Federal de Minas Gerais, Belo Horizonte, 2015. Disponível em: http://hdl.handle.net/1843/ECAP-A59FDP.

AVELLAR, J. B. C. de. *Uma teoria ovidiana da literatura*: os *Tristia* como epitáfio de um poeta-leitor. 2019. 611 f. Tese (Doutorado em Letras: Estudos Literários) – Faculdade de Letras, Universidade Federal de Minas Gerais, Belo Horizonte, 2019. Disponível em: http://hdl.handle.net/1843/30644.

AVELLAR, J. B. C. de; BARBOSA, T. V. R.; TREVIZAM, M. *Tempestades clássicas*: dos antigos à era dos descobrimentos. São Paulo/Coimbra: Annablume, 2018. Disponível em: https://ucdigitalis.uc.pt/pombalina/item/55079.

AVELLAR, J. B. C. de; PENNA, H. M. M. M. (org.). *Odes e Canto Secular*. Belo Horizonte: Laboratório de Edição - FALE/UFMG, 2014. Disponível em: https://labed-letras-ufmg.com.br/publicacoes/viva-voz/odes-e-canto-secular-2/.

BONVICINI, M. Note e commenti ai Tristia. In: OVIDIO. *Tristia.* Trad. R. Mazzanti. Milano: Garzanti, 1999, p. 211-457.

BOWIE, E. L. Early Greek Elegy, Symposium and Public Festival. *The Journal of Hellenic Studies*, Cambridge, v. 106, p. 13-35, 1986.

BRANDÃO, J. *Dicionário Mítico-etimológico*: mitologia e religião romana. Petrópolis: Vozes, 2008.

CAMPANINI, G & CARBONI, G. *Nomen. Il nuovissimo Campanini Carboni. Latino-italiano, italiano-latino.* Con CD-ROM. Torino: Paravia, 2007.

CARRARA, D. P. *In non credendos modos*: recursos retóricos e dissimulação no Livro II dos *Tristia*. 2005. 93 f. Dissertação (Mestrado em Letras: Estudos Literários) – Faculdade de Letras, Universidade Federal de Minas Gerais, Belo Horizonte, 2005.

CATULLE. *Poésies*. Texte établi et traduit par G. Lafaye. Paris: Les Belles Lettres, 1949.

CHANTRAINE, P. *Dictionnaire étymologique de la langue grecque. Histoire des mots*. Tome III. Paris: Klincksieck, 1974.

CHANTRAINE, P. *Dictionnaire étymologique de la langue grecque. Histoire des mots*. Tome IV-2. Paris: Klincksieck, 1980.

CICERO. *Letters to Quintus and Brutus. Letter Fragments. Letter to Octavian. Invectives. Handbook of Electioneering*. Edited and translated by D. R. Shackleton Bailey. Loeb Classical Library 462. Cambridge: Harvard University Press, 2002.

CICERO. *On the Republic. On the Laws*. Translated by Clinton W. Keyes. Loeb Classical Library 213. Cambridge: Harvard University Press, 1928.

CLAASSEN, J.-M. *Ovid Revisited*: The Poet in Exile. London: Duckworth, 2008.

CLAASSEN, J.-M. Ovid's Poems from Exile: the Creation of a Myth and the Triumph of Poetry. In: DIHLE, A.; HARMS, W. *et al.* (ed.). *Antike und Abendland*: Beiträge zum Verständnis der Griechen und Römer und ihres Nachlebens. Berlin/New York: Walter de Gruyter, 1988, Band XXXIV, p. 158-169.

CLAASSEN, J.-M. *Tristia*. In: KNOX, P. (ed.). *A Companion to Ovid*. Malden/Oxford: Wiley-Blackwell, 2009, p. 170-183.

ERNOUT, A. & MEILLET, A. *Dictionnaire étymologique de la langue latine*: histoire des mots. Paris: Klincksieck, 1951.

EURIPIDES. *Trojan Women. Iphigenia among the Taurians. Ion*. Edited and translated by David Kovacs. Loeb Classical Library 10. Cambridge: Harvard University Press, 1999.

FITTON BROWN, A. D. The Unreality of Ovid's Tomitan Exile. *Liverpool Classical Monthly*, Liverpool, vol. 10, n. 2, p. 18-22, 1985.

GAFFIOT, F. *Le Grand Gaffiot*: Dictionnaire Latin-Français. Paris: Hachette, 2000.

GLARE, P. G. W.; PALMER, R. C. et al. (ed.). *Oxford Latin Dictionary*. Oxford: Clarendon Press, 1968.

HARDIE, P. *Introduction*. In: _____. (ed.). *The Cambridge Companion to Ovid*. Cambridge: Cambridge University Press, 2006, p. 1-10.

HESÍODO. *Teogonia*. Trad. Jaa Torrano. São Paulo: Iluminuras, 2012.

HOMERO. *Ilíada*. Trad. C. A. Nunes. São Paulo: Ediouro, 2001.

HOMERO. *Odisseia*. Trad. F. Lourenço. São Paulo: Companhia das Letras, 2014.

HORACE. *Épitres*. Texte établi et traduit par F. Villeneuve. Paris: Les Belles Lettres, 1955.

HORÁCIO. *Odes*. Trad. Pedro Falcão. Lisboa: Cotovia, 2008.

HORACE. *Satires, Epistles, Ars poetica*. Ed. T. E. Page, E. Capps, W. H. D. Rouse, L. A. Post, E. H. Warmington. Translated by H. Rushton Fairclough. London: Loeb Classical Library 194. Cambridge: Harvard University Press, 1942.

HYGIN. *Fables*. Texte établi et traduit par Jean-Yves Boriaud. Paris: Les Belles Lettres, 1997.

INGLEHEART, J. *A Commentary on Ovid, 'Tristia', Book 2*. Oxford: Oxford University Press, 2010.

INGLEHEART, J. Introduction: Two Thousand Years of Responses to Ovid's Exile. In: _____. (ed.). *Two Thousand Years of Solitude*: Exile After Ovid. New York: Oxford University Press, 2011, p. 1-19.

JENSSON, G. *The Recollections of Encolpius*: The Satyrica of Petronius as Milesian Fiction. Groningen: Barkhuis Publishing/Gronigen University Library, 2004.

LAIRD, A. The *Ars Poetica*. In: HARRISON, S. (ed). *The Cambridge Companion to Horace*. New York: Cambridge University Press, 2007, p. 132-143.

LEWIS, C. T & SHORT, C. *A Latin Dictionary*. Revised, enlarged, and in great part rewritten by C. T. Lewis. Oxford: Clarendon Press, 1987.

LIDDELL, H. G. & SCOTT, R. *A Greek-English Lexicon*. Revised and augmented throughout by Sir Henry S. Jones. Oxford: Clarendon Press, 1996.

MARTINDALE, C. *Redeeming the Text*: Latin Poetry and the Hermeneutics of Reception. Cambridge: Cambridge University Press, 1993.

OVIDIUS. *Amores. Epistulae. Medicamina faciei femineae. Ars amatoria. Remedia amoris*. R. Ehwald edidit ex Rudolphi Merkelii recognitione. Leipzig: Teubner, 1907.

OVÍDIO. *Amores & Arte de amar*. Tradução, introdução e notas de Carlos A. André. São Paulo: Companhia das Letras, 2011.

OVÍDIO. *Arte de amar*. Edição bilíngue. Tradução, introdução e notas de Matheus Trevizam. Campinas: Mercado de Letras, 2016.

OVID. *Fasti*. Ed. T. E. Page, E. Capps, W. H. D. Rouse, L. A. Post, E. H. Warmington. Translated by J. G. Frazer. London: Loeb Classical Library 253. Cambridge: Harvard University Press, 1959.

OVÍDIO. *Fastos*. Trad. M. M. Gouvêa Júnior. Belo Horizonte: Autêntica, 2015.

OVID. *Heroides*: selected epistles. Edited by P. E. Knox. Cambridge: Cambridge University Press, 1995.

OVIDE. *L'art d'aimer*. Texte établi et traduit par H. Bornecque. Paris: Les Belles Lettres, 1951.

OVIDE. *Les Métamorphoses*. Texte établi par G. Lafaye. Émendé, présenté et traduit par O. Sers. Paris: Les Belles Lettres, 2011.

OVIDIO. *Lettere di eroine*. A cura di G. Rosati. Milano: BUR, 2008.

OVIDIO. *Le tristezze*. A cura di F. Lechi. Milano: Rizzoli, 2012.

OVÍDIO. *Metamorfoses*. Edição bilíngue. Trad. D. L. Dias. São Paulo: Editora 34, 2017.

OVÍDIO. *Metamorfoses*. Trad. P. Farmhouse Alberto. Lisboa: Cotovia, 2007.

OVID. *Metamorphoses, Volume I: Books 1-8*. Ed. T. E. Page, E. Capps, W. H. D. Rouse, L. A. Post, E. H. Warmington. Translated by F. J. Miller. Loeb Classical Library 42. Cambridge: Harvard University Press, 1951.

OVÍDIO. *Poemas da carne e do exílio*. Seleção, tradução, introdução e notas de José Paulo Paes. São Paulo: Companhia das Letras, 1997.

OVIDE. *Tristes*. Texte établi et traduit par J. André. Paris: Les Belles Lettres, 2008.

OVIDIO. *Tristia*. Trad. di R. Mazzanti. Milano: Garzanti, 1999.

OVIDIUS. *Tristia. Ibis. Ex Ponto libri. Fasti.* R. Ehwald edidit ex iterata recognitione Rudolphi Merkelii. Leipzig: Teubner, 1884. Disponível em: https://archive.org/details/ovidopera03oviduoft/page/n5/mode/2up.

OVID. *Tristia & Ex Ponto*. Translated by A. L. Wheeler. Revised by G. P. Goold. Loeb Classical Library 151. Cambridge: Harvard University Press, 1996.

OVID. *Tristia*. Ed. T. E. Page; E. Capps; W. H. D. Rouse. With an English translation by A. L. Wheeler. Cambridge: Harvard University Press, 1939. [1924]

OVÍDIO. *Tristium*. Trad. de Augusto Velloso. Belo Horizonte: Tipografia Castro, 1940.

PINDAR. *Olympian Odes. Pythian Odes*. Edited and translated by William H. Race. Loeb Classical Library 56. Cambridge: Harvard University Press, 1997.

PLÍNIO, o Velho. *Historia Natural.* Ed. Josefa Cantó, Isabel Gómez Santamaría, Susana González Marín y Eusebia Tarriño. Madrid: Cátedra, Letras Universales, 2007.

PRATA, P. *O caráter alusivo dos Tristes de Ovídio*: uma leitura intertextual do livro I. 2002. 163 f. Dissertação (Mestrado em Linguística) – Instituto de Estudos da Linguagem, Unicamp, Campinas, 2002. Disponível em: http://acervus.unicamp.br/index.asp?codigo_sophia=232709.

PRATA, P. *O caráter intertextual dos Tristes*: uma leitura dos elementos épicos virgilianos. 2007. 421 f. Tese (Doutorado em Linguística) – Instituto de Estudos da Linguagem, Unicamp, Campinas, 2007. Disponível em: http://acervus.unicamp.br/index.asp?codigo_sophia=394807.

PROPÉRCIO. *Elegias de Sexto Propércio.* Organização e tradução G. G. Flores. Belo Horizonte/São Paulo: Autêntica, 2014.

QUEIROZ, M. J. *Os males da ausência ou A literatura do exílio.* Rio de Janeiro: Topbooks, 1998.

SARAIVA, F. R. *Dicionário latino-português.* Rio de Janeiro: Garnier, 2006.

SENECA THE ELDER. *Declamations, Volume I: Controversiae, Books 1-6.* Trans. M. Winterbottom. Loeb Classical Library 463. Cambridge: Harvard University Press, 1974.

SÓFOCLES. *Filoctetes.* Tradução, posfácio e notas de Trajano Vieira. São Paulo: Editora 34, 2009.

SUETÔNIO & AUGUSTO. *A vida e os feitos do Divino Augusto.* Trad. M. Trevizam, P. S. Vasconcellos, A. M. de Rezende. Belo Horizonte: Editora UFMG, 2007.

TITO LÍVIO. *História de Roma*: Livro I – A Monarquia. Trad. M. Costa Vitorino. Belo Horizonte: Crisálida, 2008.

VIRGILE. *Énéide.* Livres I-VI. Texte établi par H. Goelzer et traduit par A. Bellessort. Paris: Les Belles Lettres, 1959.

VIRGILE. *Énéide.* Livres VII-XII. Texte établi par R. Durant et traduit par A. Bellessort. Paris: Les Belles Lettres, 1957.

VIRGÍLIO. *Eneida brasileira.* Trad. M. Odorico Mendes. Campinas: Unicamp, 2008.

VIRGILIO. *Georgiche.* A cura di A. Barchiesi. Introduzione di G. B. Conte. Milano: Mondadori, 1980.

WHEELER, A. L. Introduction. In: OVID. *Tristia & Ex Ponto.* Translated by A. L. Wheeler. London and Cambridge: Loeb Classical Library, 1996, p. VII-XXXVIII. [1924]

WILLIAMS, G. *Banished Voices*: Readings in Ovid's Exile Poetry. Cambridge: University Press, 1994.

WILLIAMS, G. Ovid's Exile Poetry: *Tristia, Epistulae ex Ponto* and *Ibis*. In: HARDIE, P. (ed.). *The Cambridge Companion to Ovid*. Cambridge: Cambridge University Press, 2006, p. 233-245.

WILLIAMS, G. Ovid's Exilic Poetry: Worlds Apart. In: BOYD, B. W. (ed.). *Brill's Companion to Ovid*. Leiden/Boston/Köln: Brill, 2002, p. 337-381.

SOBRE A TRADUTORA

Júlia Batista Castilho de Avellar é professora de língua latina, literatura latina e filologia românica no Instituto de Letras e Linguística da Universidade Federal de Uberlândia. É doutora e mestre pelo Programa de Pós-Graduação em Letras: Estudos Literários da Universidade Federal de Minas Gerais e licenciada em letras – latim/português – pela Faculdade de Letras da UFMG. É coautora, com Antônio Martinez de Rezende, da tradução para o português do *Diálogo dos oradores*, de Tácito (Autêntica, 2014), e escreveu, em coautoria com Tereza Virgínia Barbosa e Matheus Trevizam, o livro *Tempestades Clássicas: dos antigos à era dos descobrimentos* (Imprensa da Universidade de Coimbra, 2018). Organizou, com Tereza Virgínia Barbosa e Rafael Silva, o livro *Ser clássico no Brasil: apropriações literárias no modernismo e pós* (Imprensa da Universidade de Coimbra, 2022). É autora do livro *Uma teoria ovidiana da literatura: os Tristia como epitáfio de um poeta-leitor* (Relicário Edições, 2023), que aborda o diálogo das *Tristezas* com as produções anteriores de Ovídio. Seus interesses de pesquisa envolvem latim, poesia augustana, tradução, Ovídio, intertextualidade, recepção clássica e literatura comparada.

Esta obra foi composta em Crimson Text e Le Monde Livre
e impressa sobre papel Pólen Soft 80 g/m² para a Relicário Edições.